Reinhard Körner

Das Vaterunser

Spiritualität aus dem Gebet Jesu

Reinhard Körner

Das Vaterunser

Spiritualität aus dem Gebet Jesu

benno

4., erweiterte Auflage

Bibliografische Information der Deutschen Nationalbibliothek
Die Deutsche Nationalbibliothek verzeichnet diese Publikation in der Deutschen Nationalbibliografie; detaillierte bibliografische Informationen sind im Internet über http://dnb.d-nb.de abrufbar.

Besuchen Sie uns im Internet:
www.st-benno.de

Gern informieren wir Sie unverbindlich und aktuell auch in unserem Newsletter zum Verlagsprogramm, zu Neuerscheinungen und Aktionen.
Einfach anmelden unter www.st-benno.de.

ISBN 978-3-7462-5934-5

Umschlaggestaltung: Ulrike Vetter, Leipzig
Umschlagabbildung:
Rembrandt van Rijn: Die Heimkehr des verlorenen Sohnes (1642)
Gesamtherstellung: Kontext, Dresden (D)

Inhalt

Vorwort

Kein Gebet ist rund um den Erdball so bekannt wie das Unser Vater oder Vaterunser. Übersetzt in mehr als tausendzweihundert Sprachen beten es Protestanten, Orthodoxe, Katholiken, Anglikaner, Angehörige der Freikirchen und aller christlichen Gemeinschaften. Auch viele Nicht-Christen kennen es, zumindest in unserem Kulturkreis.

Die folgenden Seiten wollen ein Angebot sein, das Hauptgebet der Christenheit gründlicher verstehen zu lernen. Ich möchte hier weitergeben, was ich als Theologe aus der bibelwissenschaftlichen Fachliteratur lernen konnte und zugleich etwas von den Erkenntnissen, die in den Generationen vor uns über diesen alten Gebetstext gewonnen worden sind. Die fast zweitausendjährige Auslegungsgeschichte in der abendländischen Kirche und die gegenwärtige Vaterunser-Forschung sollen also gleichermaßen Berücksichtigung finden.

Mein Anliegen besteht vor allem darin, das, was wir heute über das Gebet Jesu wissen, für die *Spiritualität* fruchtbar zu machen. Unter „Spiritualität" (lat.: spiritus = Geist) verstehe ich die ideellen Grundgedanken, nach denen ein Mensch lebt, sprich: den „Geist", von dem er sich in seinem Tun und Denken leiten lässt. Wie das Vaterunser uns *leben* helfen kann, darum geht es in diesem Buch. Ich habe es geschrieben, um der Bitte so mancher Teilnehmer an meinen Exerzitienkursen und Bibelseminaren nachzukommen, doch das einmal schriftlich zu fassen und einem größeren Kreis zugänglich zu machen, was ich ihnen mündlich vorgetragen habe. Gerade diese Frauen und Männer – junge und ältere, katholische, evangelische, freikirchliche und konfessionslose – haben mich darin bestärkt, das Vaterunser nicht nur als Gebet zu betrachten, sondern auch als *Gebets- und Lebensschule*, als eine komprimierte Zusammenfassung der christlichen Spiritualität.

Nachdem das Buch nach drei Auflagen (2002, 2003 und 2008) über längere Zeit vergriffen war, habe ich es für die Neuausgabe mit einem Nachtragskapitel (Kap. 15) versehen. Darin möchte ich die wichtigsten Erkenntnisse weitergeben, die inzwischen zum Verständnis des christlichen Hauptgebetes hinzugewonnen werden konnten.

Ich wende mich mit diesem Buch, wie damals schon, nicht nur an Christen. Denn das Vaterunser gehört – wie alle Worte Jesu – jedem Menschen auf unserer Erde.

Karmel Birkenwerder, im Advent 2020

Reinhard Körner OCD

1.

Weisheit aus Erfahrung

Leben will gelernt sein – erfüllt leben jedenfalls. An dieser Aufgabe kommt keiner vorbei. Jeder Generation stellt sie sich auf besondere Weise, von jedem Einzelnen muss sie ganz persönlich angegangen werden, in jeder Lebensphase steht sie von Neuem an. Und doch muss niemand „das Rad noch einmal erfinden". Die Geschichte der Menschheit trägt in ihren Religionen und Kulturen einen Schatz an Erfahrung und Weisheit mit sich durch die Zeiten, den wir nutzen können. Gerade was die Grundfragen des Lebens betrifft – solche, die in der Sehnsucht, in der Angst und in der Liebe wurzeln –, ist hier so manches zu finden, was schon andere vor uns bedacht haben. Daran können wir anknüpfen, uns zumindest Anregung, Rat und Orientierung holen. Es ist gewiss etwas dran, wenn ein wacher Zeitgenosse schreibt:

> „Die aktuelle Nachfrage nach Religion äußert sich vor allem in der Suche nach einem ‚Lebenswissen', nach einer neuen ‚Lebenskunst', welche die Grundkonflikte und Reifungskrisen des Menschen kreativ zu bewältigen hilft, seine Lebenspraxis sinnvoll strukturieren kann und die Möglichkeit zur Vergewisserung der eigenen Identität gibt. Vom Religiösen erwartet man Auskunft auf die Frage, was es mit dem Leben eigentlich auf sich hat, worauf man es gründen kann, um Stand und Stehvermögen im Dasein zu gewinnen. Im Religiösen erhofft man Gegenmittel für den Utopieverlust, die Fantasielosigkeit und Monotonie des modernen ‚business as usual'" (Hans-Joachim Höhn).[1]

Freilich, nicht jede Perle in der Schatztruhe der Weisheitstraditionen ist echt und unter Blattgold nagt nicht selten der Wurm. Kritisches Urteil ist gefragt und dazu die Entschlossenheit, letztlich nur das zu übernehmen, was sich als wahr in seiner Nährkraft und Heilkraft erweist. Das Leben ist es wert, dass wir mit Geringerem nicht zufrieden sind. Nur was aufbaut, hilft weiter, nur was heilt, ist Gewinn, und nur was aufrecht gehen lässt, ist des Menschen würdig.

Das VATERUNSER ist eine kostbare Perle. Es geht auf Jesus von Nazareth zurück und ist bis heute allen Konfessionen des Christentums heilig. Seit nunmehr 20 Jahrhunderten – das sind etwa 60 Generationen – geben es Mütter und Väter an ihre Kinder weiter. Im Laufe der Geschichte hat es vielen Menschen, auch mir, etwas von der „Lebenskunst" vermittelt, die Jesus lehrte. Das VATERUNSER ist eine *Lebensschule*, nicht nur für kirchliche Insider, sondern darüber hinaus für alle, die in der christlichen Religion nach spiritueller Lebensweisheit suchen.

Der größte Märtyrer auf Erden

Das VATERUNSER – eine Orientierungshilfe, um *leben* zu lernen? Dieser Gedanke mag selbst engagierten Christen zunächst etwas befremdlich erscheinen. Sie kennen das VATERUNSER oder UNSER VATER als das Hauptgebet ihrer Kirche, es fehlt in keinem Gottesdienst, und in der Regel begleitet es auch den persönlichen und familiären Alltag. Aber schon als *Gebets*worte verstanden, gibt ihnen der Text manches Rätsel auf. Weniger mit dem Christentum Vertraute mögen sich erst recht fragen: Wie kann denn in dieser altertümlich und abgehoben klingenden Aneinanderreihung frommer Formeln so etwas wie eine „Lebensschule" stecken?

Für viele Christen – auch das muss keineswegs verschwiegen werden – ist das VATERUNSER eine Art „Standard-Gebet", das man eben betet, wenn man betet: bei Tisch oder am Grabe, als Morgen- oder als Abendgebet, für den Frieden in der Welt oder um einen guten Prüfungsabschluss …; man braucht dann nicht selbst zu überlegen, was man Gott sagen soll – und wohl gar nicht so selten ist noch heute die Vorstellung, die Anzahl der gesprochenen VATERUNSER erhöhe die

Chancen einer Gebetserhörung. Mit mehr oder weniger „Andacht“ wird es in den Gottesdiensten mitgesprochen. Auf die Bedeutung der Worte achtet man dabei kaum, wohl auch, um sie sich weit ab vom Leibe zu halten. Denn es ist ja wahr: Die eine oder andere Wendung erweckt – in heutigen Ohren – eher den Eindruck, dass dieses Gebet Haltungen und Einstellungen vermitteln will, gegen die sich jedes gesunde Empfinden sträubt. Wer möchte sich schon vor einer göttlichen Vaterfigur auf die Knie werfen, seinen eigenen Willen aufgeben müssen („*Dein* Wille geschehe“), oder einen Gott, der „in Versuchung führt“, anbetteln, er möge es gnädigerweise nicht tun!? *Solche* Gedanken hält man seinem Leben lieber fern!

Jesus selbst hatte einst gesagt: „Wenn ihr betet, sollt ihr nicht plappern wie die Heiden …“ (Mt 6,7). Und dann lehrte er das VATERUNSER – einen Gebetstext also, der doch geradezu zum „Plappern“ einlädt! Ob das nicht ein Fehler war? An anderer Stelle heißt es, einer aus dem Jüngerkreis sei mit dem Wunsch an ihn herangetreten: „Lehre uns beten …“ (Lk 11,1), und auch hier folgt unmittelbar darauf als Antwort Jesu das VATERUNSER. Aber ist nicht gerade das VATERUNSER schuld daran, dass viele Christen *nicht* beten lernten? Bereits Martin Luther klagte, das VATERUNSER sei – beobachtet in der römisch-katholischen Kirche des 16. Jahrhunderts wie ebenso in den neuen Reformkirchen der protestantischen Christenheit seiner Zeit – „der größte Märtyrer auf Erden, denn jedermann plagt’s und missbraucht es: Wenige trösten es und machen es fröhlich durch rechten Gebrauch“.[2] Der Reformator urteilt nicht etwa aus nörgelnder Kritiksucht. Er gehörte zu den Menschen, denen das VATERUNSER im Laufe des Lebens mehr geworden war als eine ehrwürdige Gebetsformel zum bloßen Aufsagen. Daher schmerzt es ihn, wenn der Reichtum dieser Worte übersehen und „zerbetet“ wird. Martin Luther bekennt:

> „Ich sauge noch heutigen Tages am Vaterunser wie ein Kind, ich trinke und esse davon wie ein alter Mensch und kann sein nicht satt werden; es ist mir auch über den Psalter hinaus (den ich doch sehr liebhabe) das allerbeste Gebet. Fürwahr, es zeigt sich, dass es der rechte Meister

> aufgestellt und gelehrt hat. Es ist Jammer über Jammer, dass solch ein Gebet eines solchen Meisters so ohne alle Andacht zerplappert und zerklappert werden soll in aller Welt. Viele beten im Lauf des Jahres vielleicht etliche tausend Vaterunser, und wenn sie tausend Jahre so beten sollten, hätten sie doch nicht einen Buchstaben oder Strich davon geschmeckt oder gebetet."[3]

Ähnlich wie Martin Luther haben viele Menschen im VATERUNSER Nahrung für ihr Leben gefunden. Das Nahrhafte, Stärkende und Heilende aber, so haben sie erkannt, kann nur „geschmeckt" werden (s. o.), wenn man sich Zeit und Muße nimmt, den Worten auf den Grund zu gehen. Das VATERUNSER ist nicht zum feierlichen Rezitieren da, erst recht nicht zum mehr oder weniger gedankenlosen Gebrauch als „Gebet für alle Fälle". Es will durchdacht, bedacht und meditiert werden. Erst dann wird es im Herzen des Beters auch Gebet sein. Von Bruder Klaus von Flüe zum Beispiel, dem Nationalheiligen der Schweiz aus dem 15. Jahrhundert, wird erzählt, er habe sich, während er zu Fuß zum Kloster Einsiedeln wallfahrtete, zu einem einzigen VATERUNSER vier Tage Zeit genommen. Und Teresa von Ávila, die Zeitgenossin Martin Luthers, der 1970 in der katholischen Kirche die höchste christliche Autorität – die einer „Kirchenlehrerin" – zuerkannt wurde, schrieb ihren Schwestern:

> „Selbst wenn wir in einer Stunde nicht mehr als ein einziges Vaterunser beten, so genügt ihm (Jesus) das – wenn wir nur daran denken, dass wir bei ihm sind, und die Bitten, die wir da rezitieren, auch verstehen. Wenn wir nur wüssten, wie gern er uns beschenkt und welche Freude es ihm bereitet, bei uns zu sein! Er will nicht, dass wir mit dauerndem Reden unseren Geist ermüden. Möge der Herr euch in diese Art zu beten einführen, soweit ihr sie noch nicht kennt!"[4]

Das VATERUNSER ist ein Gebet. Doch lässt man sich näher auf den Text ein, offenbart es sich darüber hinaus als eine komplette, tiefsinnige Gebets*schule*, ja mehr noch: als *Schule einer bestimmten Art, das Leben zu leben.* Schon Gregor von Nyssa (gest. um 394) sah im VATERUNSER eine „Anleitung zu einem gottseligen Leben".[5] Bernhard Häring, der Nestor der katholischen Moraltheologie, spricht sogar von einem ganzen „Lebensprogramm", geeignet, um an ihm „zu wachsen und darin unsere volle Identität zu suchen".[6] Warum das so ist, erklärt Heinz Schürmann, einer der Pioniere in der bibelwissenschaftlichen VATERUNSER-Forschung, folgendermaßen:

> „Wenn Jesus uns belehrt, wie und um was wir beten sollen, dann sagt er uns doch einschlussweise gleichzeitig damit, wie wir sein und leben müssen, um so beten zu können. […] Wenn wir die liebsten Wünsche, die zentralsten Interessen, die heiligsten Anliegen eines Menschen kennenlernen möchten, müssten wir wohl sein Gebet belauschen können. Wenn wir also die eigentlichen Anliegen und letzten Intentionen Jesu erfragen wollen, befragen wir am besten sein Beten. Es wird uns mehr verraten als seine Verkündigung. Wenn wir aber vom Beten Jesu lernen wollen, bieten sich uns nicht nur die wenigen kurzen Gebetsrufe Jesu an, sondern vor allem seine zentrale Gebetsanweisung: das Vaterunser. Um was es Jesus recht eigentlich ging, was letztlich sein Handeln bestimmte, sein innerstes Anliegen also, ist hier in gültiger Weise von ihm selbst in Worte gefasst worden – dazu in einer Beschränkung auf das Wesentliche und Eigentliche, aus der eine unüberbietbare Einfachheit leuchtet."[7]

Die Lebensart, die sich in diesem Gebet ausdrückt, ist alles andere als weltfern oder gar entmündigend. Die frühen Christen, die uns das VATERUNSER überlieferten, fanden im Denken und Handeln Jesu nicht nur Anleitung für ein erfülltes Leben, sondern sogar, wie die Autoren des Johannesevangeliums sagen, für ein *„Leben in Fülle"* (Joh 10,10).

Ich war sechs Jahre alt, als ich das VATERUNSER beten lernte. Ich erinnere mich, wie es mir meine Mutter Vers für Vers vorsprach und mein Vater dann am Abend prüfte, ob ich es gut und richtig auswendig konnte. Verstanden habe ich damals die Bedeutung der Worte nicht; gespürt habe ich aber, dass meine Eltern sie mit tiefer Innerlichkeit beteten. Jahrelang habe ich dieses Gebet mehr oder weniger „andächtig“ mitgesprochen und es wohl nicht selten nur dahergesagt. Zu *verstehen*, was ich da bete, begann ich erst, als ich während des Theologiestudiums in Erfurt (1969–1975) den tieferen Sinn der einzelnen Verse kennenlernte. Die bisher so lebensfern-formelhaften Worte begannen nun zu sprechen. Seitdem habe ich mit Leidenschaft (fast) jedes Buch zum VATERUNSER gelesen, das mir in die Hände fiel. Zur *Lebensschule* – das Wort stammt von Heinz Schürmann[8] (gest. 1999), der in Erfurt mein Lehrer war – wurde mir das VATERUNSER, nachdem ich dem Rat meiner Ordensmutter Teresa von Ávila folgte und über mehrere Jahre hin meditierte, was ich mit dem theologischen Verstand wusste. Und *kostbar, überaus kostbar* wurde es mir im vergangenen Jahr, als ich nach vier schweren Operationen und 16 Tagen im Koma vier lange Monate im Krankenhaus lag, neun Wochen davon auf der Intensivstation mit einer Überlebenschance von nur 1 zu 100, und, kraftlos an Körper und Geist, zum gewohnten Beten meiner „Klostergebete“ nicht fähig war. Das VATERUNSER hat sich bewährt als nährend und heilend in der bisher schwersten Zeit meines Lebens.

Eine Lebensschule und ihr großer Schülerkreis

Wer heute in die „Lebensschule Vaterunser“ geht, gesellt sich einem großen Schülerkreis zu. Das zeigt sich nicht zuletzt an den vielen Schriften über das VATERUNSER. „Allein eine Zusammenstellung der Literatur umfasst ein ganzes Buch“, sagt Rudolf Schnackenburg[9], ein katholischer Fachmann in der VATERUNSER-Forschung.

Die lange Liste der Autoren beginnt – rückblickend – um das Jahr 200 mit den Theologen *Tertullian* und *Origenes* aus dem östlichen Mittelmeerraum. Ihnen folgen bis zur Mitte des Jahrtausends weitere bekannte Namen wie *Cyprian von Karthago, Cyrill von Jerusalem, Gregor von Nyssa, Augustinus von Hippo* und *Ambrosius von Mailand* – um nur einige zu nennen. Die Schriften dieser Kirchenväter oder Vätertheologen, wie wir sie heute nennen, prägten das VATERUNSER-Verständnis bis ins 20. Jahrhundert hinein. Große Theologen des Mittelalters, vor allem aus den Orden der abendländischen Kirche wie der Zisterzienser *Bernhard von Clairvaux*, der Dominikaner *Thomas von Aquin* und der Franziskaner *Bonaventura*, verbanden in ihren Traktaten über das „Herrengebet" die Gedanken der Kirchenväter mit den theologisch-philosophischen Reflexionen ihrer Zeit. Im 13. Jahrhundert hat *Franziskus von Assisi*, den man gern den „Heiligen des Vaterunsers" nennt, mit einer kleinen Auslegung sehr dazu beigetragen, dass das Gebet Jesu über den klösterlichen und den liturgischen Gebrauch hinaus zu einem Volksgebet werden konnte. Ein Jahrhundert später schrieb der Erfurter Dominikaner *Meister Eckhart* – er zählt zu den großen Mystikern des Christentums – einen tiefgründigen Traktat über das VATERUNSER. Von *Nikolaus Cusanus*, Theologe und Kardinal, sind uns vier Predigten erhalten, die darüber Aufschluss geben, wie das christliche Hauptgebet im ausgehenden Mittelalter verstanden wurde. Am Beginn der Neuzeit haben vor allem *Teresa von Ávila* im katholischen Spanien und mehrfach der Reformator *Martin Luther* in Wittenberg ihre Erfahrungen mit dem VATERUNSER niedergeschrieben; ihre Auslegungen inspirieren viele Menschen bis heute. Seit dem 16. Jahrhundert finden wir mehr oder weniger ausführliche Erklärungen in allen *Katechismen* der nun getrennten Kirchen. So mancher katholische Christ im 19. und noch im 20. Jahrhundert lebte von den Kalender-Büchern des Theologen und Volksschriftstellers *Alban Stolz*; seine alltags- und lebensnahen VATERUNSER-„Geschichten" erreichten höchste Auflagenziffern. Aus dem 20. Jahrhundert zählen unter den vielen geistlichen Kommentaren die von *Helmut Thielicke, Reinhold Schneider* und *Romano Guardini* zu den bekanntesten.[10]

Heute boomt die VATERUNSER-Literatur geradezu: Allein in diesen Wochen, im Advent 2007, sind im Buchhandel mindestens 86 Bücher, die das VATERUNSER direkt und ausdrücklich zum Thema haben, erhältlich[11] – nur diejenigen gezählt, die in deutscher Sprache erschienen sind. Darunter sind Veröffentlichungen namhafter Autoren wie *Eugen Biser, Bernhard Häring, Hermann-Josef Venetz, Josef Imbach, Eugen Drewermann, Gerhard* und *Norbert Lohfink, Jörg Zink* und *Elmar Gruber*. Auch *Papst Benedikt* hat in seinem vielbeachteten Jesus-Buch dem VATERUNSER ein eigenes Kapitel gewidmet. Und die Zahl der *katechetischen Anregungen* für den Religionsunterricht, meist in Form von Medienmappen, ist ohnehin unüberschaubar.

Hinzu kam seit den 1950er-Jahren eine Fülle von *bibelwissenschaftlichen Veröffentlichungen*. Evangelische und katholische, ja auch jüdische Theologen haben sich inzwischen sehr gründlich mit dem Gebetstext Jesu beschäftigt, so gründlich, wie es über fast zwei Jahrtausende hin nicht möglich war. Meilensteine in der modernen VATERUNSER-Forschung waren die Studien der evangelischen Theologen *Ernst Lohmeyer* und *Joachim Jeremias* und die Kommentare meines Lehrers, des katholischen Neutestamentlers *Heinz Schürmann*. Es ging den Fachleuten der Bibelwissenschaft um Fragen wie diese: In welchem Wortlaut hat *Jesus von Nazareth* das VATERUNSER gebetet? Hat er es selbst formuliert oder hat er es, eventuell in Teilen, aus einer älteren Gebetstradition übernommen? Und vor allem: Wie waren die Worte, die er vorbetete, von ihm gemeint? Frühere Autoren hatten die Erkenntnisse noch nicht, die nun gewonnen werden konnten, und in der gegenwärtigen Literatur – wie weithin wohl auch in der Unterrichts- und Predigtpastoral – werden sie (leider!) kaum berücksichtigt. Die meisten VATERUNSER-Bücher enthalten zwar wertvolle Gedanken der jeweiligen Autoren, aber nur sehr wenige gehen den Worten Jesu wirklich auf den Grund. Freimütig urteilte bereits Heinz Schürmann:

> „Wollten wir alle ‚Erklärungen' des Herrengebetes zusammentragen, wir würden eine sehr große Bibliothek füllen. Meist handelt es sich freilich um erwägende Betrachtungen zum Vaterunser, mögen sie sich auch häufig zu Unrecht als ‚Erklärungen' ausgeben. Versuche, das Gebet des Herrn ganzheitlich aus der Gedankenwelt Jesu selbst heraus zu verstehen, wurden […] gar nicht so häufig unternommen."[12]

Aus eigener Erfahrung weiß ich, wie aufschlussreich bibelwissenschaftliche Erkenntnisse zum Verständnis des VATERUNSERS sind. Sie haben auch mir geholfen, auf die „ureigene Stimme Jesu" zu hören und den ursprünglichen Sinn seiner Worte wenigstens annähernd zu erfassen.

Doch so wichtig theologisches Sachwissen ist – mindestens ebenso hilfreich ist der Blick in die *Wirkungsgeschichte* (ein Ausdruck aus der Theologen-Sprache), die das VATERUNSER im Laufe der Jahrhunderte geschrieben hat. Nicht Theorie allein, sondern *Erfahrungswissen* hilft uns leben. Dabei erweisen sich gerade die vielen *geistlichen Schriften* zum VATERUNSER, auch solche, die in der „vor-wissenschaftlichen" Zeit verfasst wurden und aus heutiger Sicht gewiss manche theologische Mängel aufweisen, als Quellen von hohem Wert. Die 23 Kapitel etwa, in denen Teresa von Ávila über das VATERUNSER spricht[13] – niedergeschrieben in einer Zeit, die längst nicht mehr die unsere ist –, haben etwas an sich, das sie noch heute anziehend macht. Mögen die Worte für unsere Ohren da und dort auch etwas veraltet anmuten: sie sind glaubhaft, denn sie sind durch Erfahrung gedeckt.

Bewusst lasse ich auf den folgenden Seiten eine große Zahl von Autoren – jüdische und christliche, katholische und protestantische, Fachtheologen und geistliche Schriftsteller – selbst zu Wort kommen. Nicht zuletzt dadurch möchte ich deutlich machen, dass das VATERUNSER eine Lebensschule ist, in der schon viele Menschen gelernt haben. Auf wichtige Veröffentlichungen werde ich darüber hinaus in einer Literaturzusammenstellung hinweisen (s. S. 275). Für alle Ausleger, natürlich auch für mich, gilt, was Nikolaus Cusanus schon 1451 einer seiner VATERUNSER-Predigten voranstellte: „… Alle Lehrer, die je waren und je sein werden, (können) den Sinn dieser Worte mit menschlicher Einsicht auf keine Weise ganz ergründen."[14] Die „Lehrer" sind und bleiben immer *Schüler*. „Deshalb", so der Kardinal in einer früheren Predigt zum selben Thema, „belehrt der eine den andern, und sie begehren voneinander zu lernen."[15]

Wie die „Lebensschule Vaterunser“ begann

Bevor ich darangehe, den Text auszulegen und die darin enthaltene Spiritualität als eine Lebensschule für Menschen unserer Tage aufzuschlüsseln, muss ich eine wichtige Vorbemerkung machen: Das VATERUNSER, wie wir es heute beten, steht so nicht in der Bibel. Dort, genauer: im Neuen Testament, ist es in zwei Fassungen überliefert, die sich beide von dem uns vertrauten Wortlaut nicht unerheblich unterscheiden. Auch miteinander sind sie nicht identisch.

Die eine Textfassung steht im Lukasevangelium, die zweite, deutlich längere, im Evangelium nach Matthäus. Ich gebe sie hier in einer Übersetzung wieder, die dem jeweils griechischen Original möglichst wortgetreu nahekommt:

Unser Vater, der in den Himmeln,	Vater,
es werde geheiligt dein Name.	es werde geheiligt dein Name.
Es komme dein Königtum,	Es komme dein Königtum.
es geschehe dein Wille	
wie im Himmel auch auf der Erde.	
Unser Brot, das notwendige,	Unser Brot, das notwendige,
gib uns heute.	gib uns täglich.
Und erlass uns unsere Schulden,	Und erlass uns unsere Sünden,
wie auch wir (sie) unseren	denn auch wir erlassen jedem,
Schuldnern erlassen haben,	was er uns schuldet,
und führe uns nicht hinein in	und führe uns nicht hinein in
Versuchung,	Versuchung.
sondern rette uns von dem Bösen.	
(Mt 6,9–13)	(Lk 11,2–4)

Beide Fassungen sind in den achtziger Jahren des 1. Jahrhunderts niedergeschrieben worden, zu einer Zeit also, als sich in den östlichen Mittelmeerländern bereits die ersten christlichen Gemeinden fest etabliert hatten. Das war reichlich fünf Jahrzehnte nach der Kreuzigung Jesu. Dessen Lebensspanne wird heute von den Historikern in die Zeit zwischen 7/6 v. und 30 n. u. Z. datiert. Die Autoren der beiden Evangelien gehören schon der zweiten oder dritten Christengeneration an. Sie selbst hatten Jesus nicht mehr erlebt. Auch einander dürften sie nicht gekannt haben.

Lange wurde in bibelwissenschaftlichen Kommentaren die Ansicht vertreten, dass Lukas und Matthäus, unabhängig voneinander, das VATERUNSER der sogenannten LOGIENQUELLE (abgekürzt: Q) entnommen haben[16], einer recht frühen, um mindestens zwanzig Jahre älteren Zusammenstellung von Jesus-Worten (= Logien), aus der nachweislich viele andere Passagen der beiden Evangelien stammen.[17] Inzwischen urteilt man darüber vorsichtiger, denn da diese Schrift schon bald verlorengegangen ist, lässt sich nur sagen, dass einige Argumente „auf die Logienquelle hindeuten" – so z. B. der katholische Neutestamentler Josef Ernst in der überarbeiteten Fassung seines Lukas-Kommentars (von 1993).[18] Wenn das Gebet Jesu bereits in dieser Schrift enthalten war, könnte es, rekonstruiert aus den übereinstimmenden Teilen der Matthäus- und der Lukasfassung, etwa folgendermaßen gelautet haben:

Vater,
es werde geheiligt dein Name.
Es komme dein Königtum.
Unser Brot, das notwendige, gib uns heute.
Und erlass uns unsere Schulden,
wie auch wir (sie) unseren Schuldnern erlassen,
und führe uns nicht hinein in Versuchung (Q 11,2b–4).

Der Vergleich mit der Matthäus- und der Lukas-Fassung lässt erkennen, dass beide Evangelisten diesen ursprünglicheren Text, sollte es ihn tatsächlich gegeben haben, dann jeweils etwas verändert bzw. erweitert hätten.

Eine andere Auffassung unter den Fachleuten besagt, dass sowohl Lukas als auch Matthäus das VATERUNSER bereits in ihrer jeweiligen, also unterschiedlichen Fassung vorgefunden haben.[19] Diese Meinung vertritt zum Beispiel Rudolf Schnackenburg. Auf die Frage, wo sie es vorfanden, antwortet er: „Sicherlich im liturgischen Leben und in der Gebetspraxis ihrer Gemeinden. Das erklärt auch ihre im Wortlaut abweichende Textgestalt. [...] Die abweichenden Textgestalten lassen auf einen Ursprungstext durchblicken, der nur dem Gebrauch in verschieden zusammengesetzten Gemeinden angeglichen wurde."[20] Das hieße dann, dass nicht Matthäus und Lukas, sondern schon die Beter in den fünf Jahrzehnten vor ihnen das VATERUNSER Jesu abgeändert und in unterschiedlicher Gestalt weitergegeben haben.

Beide Auffassungen haben gute Argumente für sich, und sie schließen einander nicht aus. So konstatierte schon Heinz Schürmann, der es noch für relativ sicher hielt, dass das VATERUNSER in der LOGIENQUELLE enthalten war: „Obgleich man annehmen darf, dass sowohl Matthäus als auch Lukas bei der Wiedergabe des Gebetes hier und da vom Gebrauch desselben in ihren Gemeinden beeinflusst sind, haben die Evangelisten doch die gemeinsame Q-Vorlage vor sich."[21]

Wie auch immer: Die frühen Christen kannten jedenfalls keine Scheu, das Gebet Jesu da und dort auch *umzuformulieren*. Das bestätigt sich noch einmal in einer Schrift, die um das Jahr 100, also zehn bis zwanzig Jahre nach den beiden Evangelien entstanden sein muss: in der ebenfalls griechisch geschriebenen DIDACHE oder ZWÖLF-APOSTEL-LEHRE.[22] Darin werden die Gläubigen aufgefordert, nach alter jüdischer Sitte „dreimal am Tag" zu beten, und zwar „wie der Herr in seinem Evangelium es aufgetragen hat" (Did 8,2). Der dann wiedergegebene VATERUNSER-Text, der – einmal abgesehen von der unsicheren Fassung in der LOGIENQUELLE – die dritte Überlieferung aus frühchristlicher Zeit darstellt, entspricht im Wesentlichen der Fassung des Matthäusevangeliums. Dieser gegenüber hat der Text der DIDACHE aber wiederum einige Besonderheiten; darüber hinaus ist er mit einem abschließenden Zusatz versehen. Das Gebet Jesu lautet dort so:

> Unser Vater, der im Himmel,
> es werde geheiligt dein Name.
> Es komme dein Königtum,
> es geschehe dein Wille wie im Himmel auch auf der Erde.

Unser Brot, das notwendige, gib uns heute.
Und erlass uns unsere Schuld,
wie auch wir (sie) erlassen unseren Schuldnern,
und führe uns nicht hinein in Versuchung,
sondern rette uns von dem Bösen.
Denn dein ist die Kraft und die Herrlichkeit
in Ewigkeit (Did 8,2).[23]

Das Gebet Jesu wurde also nicht in strenger Wortwörtlichkeit rezitiert und ebenso wenig pedantisch-wortgetreu weitergegeben. Einzelne und ganze Gemeinschaften haben es vielmehr Vers für Vers *bedacht und meditiert*, mit ihm *Lebenserfahrung* gemacht und diese Lebenserfahrungen dann *in die Worte Jesu mit hineingebetet*. Das wird noch deutlicher werden, wenn wir die verschiedenen Fassungen *inhaltlich* näher betrachten. Wir haben damit einen Beleg dafür, wie ungezwungen frei man einst mit Gebetstexten umgegangen ist. Vorformulierte Gebete – selbst aus der Autorschaft Jesu – dürfen, ja müssen „zurechtformuliert" werden, um Gebet zu sein. „Seid zufrieden, im Vaterunser ein Muster von Gebet zu haben, aber lasset euer Gebet in der Freiheit des Herzens geschehen", schrieb der große protestantische Theologe Karl Barth (gest. 1968) in seinen VATERUNSER-Betrachtungen, ein Grundanliegen der Reformationszeit zusammenfassend.[24] Die unverkennbaren Unterschiede in den drei frühchristlichen Überlieferungen sind, so urteilt auch der katholische Bibeltheologe Josef Ernst, „Hinweis auf die Lebendigkeit eines Gebrauchstextes"[25]; man habe damals das VATERUNSER Jesu verstanden als einen „Leitfaden, dem entlang man beten darf".[26] In dieser Eigenart ist es im Laufe der Geschichte von vielen Betern wiederentdeckt worden. Auch in fast allen theologischen Kommentaren der Gegenwart wird es als *Mustergebet* oder *Leitgebet* bezeichnet.

Dem VATERUNSER, das wir Christen *heute* beten, liegt eine lateinische Fassung, das PATERNOSTER, zugrunde. Es entstand im Laufe der ersten Jahrhunderte im lateinisch-sprachigen Mittelmeerraum und stellt im Wesentlichen eine Übersetzung der Matthäus-Fassung dar.

Bischof Ambrosius von Mailand, gestorben im Jahre 397, überliefert es uns bereits in fast demselben Wortlaut, wie wir es heute kennen[27]; lediglich im „Versuchungs-“Vers gibt es einen nicht unerheblichen Unterschied, auf den ich im Kapitel 12 zu sprechen kommen werde. Die lateinische Fassung der Weltkirche und die deutsche Übertragung haben heute folgenden Wortlaut:

Pater noster, qui es in caelis,	Vater unser im Himmel,
sanctificétur nomen tuum;	geheiligt werde dein Name;
advéniat regnum tuum;	dein Reich komme;
fiat volúntas tua,	dein Wille geschehe,
sicut in caelo et in terra.	wie im Himmel so auf Erden.
Panem nostrum quotidiánum	Unser tägliches Brot
da nobis hódie;	gib uns heute;
et dimítte nobis débita nostra,	und vergib uns unsere Schuld,
sicut et nos dimíttimus	wie auch wir vergeben
debitóribus nostris;	unsern Schuldigern;
et ne nos indúcas in tentatiónem,	und führe uns nicht in Versuchung,
sed líbera nos a malo.	sondern erlöse uns von dem Bösen.

Seit der Regierungszeit Karls des Großen (768–814) verbreitete sich die Fassung des Paternoster auch in volkssprachlichen Übersetzungen über das ganze Abendland. Heute wird es rund um den Erdball in 1214 Sprachen und Dialekten gebetet.[28] Als ältester deutscher – genauer gesagt: alemannischer – Text ist das St. Gallener Vaterunser überliefert. Es wurde, wie damals in den Klöstern des fränkischen Reiches bei liturgischen Texten üblich, Wort für Wort unter die jeweiligen lateinischen Worte geschrieben (die Fachleute sprechen von einer „Interlinear-Übersetzung“). Es klang dadurch zwar etwas holprig, konnte nun aber auch im Volk verstanden werden. Die noch heute gebräuchliche, eigentlich ganz undeutsche Wortstellung in der Anrede – „Vater unser“ (= Pater noster), statt „Unser Vater“ – hat in dieser für modernes Empfinden recht sklavisch anmutenden Übersetzungsart ihren Ursprung. Unsere Vorfahren aus dem St. Gallener Raum beteten um die Mitte des 9. Jahrhunderts:

Fater unseer thu pist in himile,
wihi namun dinan
qhueme rihhi din,
werde willo din
so in himile sosa in erdu.
prooth unseer emezzihic kip uns hiutu.
oblaz uns sculdi unseero,
so wir oblazem uns sculdikem.
enti ni unsih firleiti in khorunka,
uzzer losi unsih fona ubile. Amen.[29]

Übrigens: Der Vorläufer heutiger Fahrstühle und Rolltreppen, der „Paternoster-Aufzug", hat in der Tat etwas mit dem lateinischen VATERUNSER zu tun. Die stetig in Bewegung befindlichen, an zwei endlosen Ketten umlaufenden Kabinen erinnerten – nicht gerade auf rühmliche Weise – an die „Paternosterschnur" (den Vorgänger des späteren Rosenkranzes), an deren Perlen man ein PATERNOSTER nach dem anderen betete, oder eher wohl: aufsagte.

Nach Martin Luthers Tod (1558) fügten einige evangelische Katechismen an das VATERUNSER einen Zusatz an, den der Reformator bei seiner Bibelübersetzung aus dem Griechischen in einer späten Abschrift des Matthäusevangeliums gefunden hatte und damals für den Urtext des Evangelisten halten musste. Daher kommt es, dass dieser Zusatz in den protestantischen Kirchen seit dem späten 16. Jahrhundert immer mitgebetet wurde.[30] Heute wissen wir, dass es sich hierbei um den feierlichen VATERUNSER-Abschluss aus der DIDACHE handelt, der, etwas erweitert, in Martin Luthers griechische „Urtext"-Vorlage eingefügt worden war. Inzwischen ist er im Zuge der ökumenischen Revision des VATERUNSERS auch von der katholischen Kirche übernommen worden. So endet das Gebet Jesu heute in fast allen christlichen Konfessionen mit den Worten:

Denn dein ist das Reich
und die Kraft und die Herrlichkeit
in Ewigkeit. Amen.

Natürlich stellt sich spätestens hier die Frage, wie denn wohl *Jesus selbst* das VATERUNSER gebetet und vorgebetet hat. Eine Mitschrift seiner Worte haben wir leider nicht. Aber auch in dieser wichtigen Frage wird uns eine genaue inhaltliche Textanalyse weiterhelfen. Dank der theologischen und sprachwissenschaftlichen Forschung können wir, so wird sich zeigen, dem ursprünglichen Wortlaut doch recht sicher nahekommen.

Das VATERUNSER begann, das sei zunächst festgehalten, seinen langen Weg durch die Geschichte als *Lebensschule*. Alle Textüberlieferungen stammen aus dieser Schule. Sie enthalten die Worte Jesu, aber in den unterschiedlichen Formulierungen auch schon einen beachtlichen Teil an Gebets- und Lebenserfahrung späterer Christen-Generationen. Das gilt bereits für die beiden biblischen VATERUNSER-Fassungen. Allein schon der Vergleich des heute gebräuchlichen Textes mit den unterschiedlichen Überlieferungen kann da und dort den Sinn der einzelnen Verse erhellen.

2.

Beten? – Gott?

Wer „Vater" sagt und damit *Gott* meint, wer dieses Wort nicht nur als eine religiöse Vokabel ausspricht, sondern als *Gebet* mit zu vollziehen versucht, der steht möglicherweise sofort vor der Frage: *Gibt es denn Gott, diesen „Vater", überhaupt? Bete ich nicht vielleicht ins Leere hinein?* – Für die Ersten, die das Vaterunser hörten, gab es diese Frage nicht. Heute aber nagt der Zweifel an der Existenz Gottes selbst in den Herzen religiöser Menschen, Juden und Christen eingeschlossen. Als der katholische Publizist Walter Dirks Anfang der 1970er-Jahre ein Buch über das Vaterunser schrieb[31], hat er in zeitgenössischer Einfühlsamkeit und zugleich sehr persönlich-existentiell dieser Tatsache ins Auge geschaut. Ich kenne kein Vaterunser-Buch, das die Herausforderung, vor die das Gebet Jesu uns stellt, so ernst genommen hätte; allein zwei Drittel des Seitenumfangs sind den Grundfragen nach der Glaubbarkeit Gottes, radikalisiert durch die damals in Blüte stehende „Gott-ist-tot-Theologie", gewidmet. Auch ich möchte diese Problematik nicht übergehen.

Das Dilemma des Menschseins

In der Geschichte der christlichen Spiritualität ist wiederholt von den „zwei Bekehrungen" gesprochen worden, die der Mensch zu vollziehen habe, damit ein Christ aus ihm wird.[32] Er müsse sich – ganz bewusst und ganz persönlich – in einem ersten Schritt zum *Glauben an* Gott und in einem zweiten zum *Leben mit* Gott bekehren. Heute würden wir anstelle von „Erster Bekehrung" wohl besser von einer *grundlegenden Lebensentscheidung* sprechen, und anders als in früheren Zeiten geht es dabei nicht nur um eine Entscheidung für den Glauben an die Existenz Gottes, sondern darüber hinaus auch um die Entscheidung für ein bestimmtes Gottesbild. Die „Zweite Bekehrung" entspricht dem, was der Schweizer katholische Theologe Hans Urs von Balthasar (gest. 1988) den „Ernstfall des Glaubens" nannte: Um nicht beim Bekenntnis zu einer weltanschaulichen Theorie, in der die Vokabel „Gott" vorkommt, stehenzubleiben, muss man seinen Glauben in die Tat umsetzen. Es komme darauf an, sagt auch der jüdische Religionsphilosoph Martin Buber (gest. 1965), dass der Mensch seinen Glauben „als gelebtes Vertrauen zu Gott *wirklichmache*".[33]

Wer sich in die „Lebensschule Vaterunser" begibt, ist gleich beim ersten Wort zu einer solchen *Ersten* und *Zweiten Bekehrung* herausgefordert. Es geht dabei um Entscheidungen, von denen es abhängt, wie wir unser Dasein verstehen, auf welcher Grundlage wir unser Menschsein leben, wie wir denken und wie wir handeln.

Jesus hat – wohl ausnahmslos – zu gottgläubigen Menschen gesprochen. Auch Juden und Christen späterer Generationen, ja alle Völker der Erde (in gewissem Sinne mit Ausnahme der Buddhisten, deren Religion nicht ausdrücklich theistisch ist) lebten mit Selbstverständlichkeit im Glauben an die Existenz einer Gottheit. Das setzte sich fort bis ins 18. Jahrhundert hinein, in die Zeit, die wir die „Aufklärung" nennen. Seither nimmt in Europa und inzwischen weltweit die Zahl der Menschen zu, die Gott und die Glaubensinhalte der Religionen – ganz zu Recht – vor das Forum der *Vernunft* stellen. Im Zuge des wissenschaftlichen, vernunftorientierten Denkens kam es bald zu der Meinung, da Gott nicht „beweisbar" sei, könne es ihn auch nicht geben. Der Marxismus wie auch einige westliche philosophische und psychologische Schulen des 19. und 20. Jahrhunderts unterstützten diese Auffassung. Im Zweiten Vatikanischen Konzil (1962–1965) hat die katholische Kirche ausdrücklich auf die neue Situation reagiert. Die Konzilstheologen räumten dabei sogar selbstkritisch ein, dass an den „verschiedenen Ursachen" des zunehmenden Atheismus „auch die Gläubigen einen erheblichen Anteil haben, insofern man sagen muss, dass sie durch Vernachlässigung der Glaubenserziehung, durch missverständliche Darstellung der

Lehre oder auch durch die Mängel ihres religiösen, sittlichen und gesellschaftlichen Lebens das wahre Antlitz Gottes und der Religion eher verhüllen als offenbaren“.[34]

Worin auch immer die Ursachen noch zu suchen sind: Heute jedenfalls sehen sich gerade im einst christlichen Abendland viele Menschen vor die Frage gestellt, ob es denn Gott überhaupt „gibt“ oder nicht – und für viele stellt sich selbst die Frage nicht mehr: sie bezeichnen sich weder als atheistisch noch als areligiös, sondern einfach als „normal“. Wir alle stehen vor der nicht mehr rückgängig zu machenden Erkenntnis, dass es für den Glauben an Gott letztlich keinen Beweis – im Sinne der wissenschaftlich-experimentellen Nachweisbarkeit – gibt.

Ich persönlich war schon recht früh dazu herausgefordert, eine begründete Entscheidung für meinen Glauben an Gott treffen zu müssen. Als ich während der ersten Schuljahre von einem marxistisch denkenden Lehrer hörte, die Religion wäre unwissenschaftlich, weil Gott nicht beweisbar sei, war ich in meinen kindlichen Glaubensvorstellungen aufs Tiefste verunsichert. In meiner Not ging ich zu unserem Kaplan. Der erklärte mir: „Euer Lehrer hat recht, wir können Gott nicht beweisen, wir *glauben* an ihn; aber auch der Lehrer kann seinen Atheismus nicht beweisen, er *glaubt*, dass es Gott nicht gibt.“ – Diese so einfache Klarstellung hat fortan meine „Lebensphilosophie“ getragen. Sie bringt auf den Punkt, was auch beste Theologen und Philosophen, die ich später las und hörte, mit allem denkerischen Scharfsinn im Ergebnis nicht anders zu sagen vermögen. So schrieb der jetzige Kardinal Joseph Ratzinger – schon 1968, wenige Jahre nach der Zeit, als ich meine ersten Glaubenszweifel hatte – in seiner EINFÜHRUNG IN DAS CHRISTENTUM:

> „Wie es dem Glaubenden geschieht, dass er vom Salzwasser des Zweifels gewürgt wird, das ihm der Ozean fortwährend in den Mund spült, so gibt es auch den Zweifel des Ungläubigen an seiner Ungläubigkeit, an der wirklichen Totalität der Welt, die zum Totum (= zum einzig Existenten, R. K.) zu erklären, er sich entschlossen hat. Er wird der Abgeschlossenheit dessen, was er gesehen

> hat und als das Ganze erklärt, nie restlos gewiss, sondern bleibt von der Frage bedroht, ob nicht der Glaube dennoch das Wirkliche sei und es sage. So wie also der Gläubige sich fortwährend durch den Unglauben bedroht weiß, ihn als seine beständige Versuchung empfinden muss, so bleibt dem Ungläubigen der Glaube Bedrohung und Versuchung seiner scheinbar ein für allemal geschlossenen Welt. Mit einem Wort – es gibt keine Flucht aus dem Dilemma des Menschseins. Wer der Ungewissheit des Glaubens entfliehen will, wird die Ungewissheit des Unglaubens erfahren müssen, der seinerseits doch nie endgültig gewiss sagen kann, ob nicht doch der Glaube die Wahrheit sei. […]
>
> Es ist die Grundgestalt menschlichen Geschicks, nur in dieser unbeendbaren Gestalt von Zweifel und Glaube, von Anfechtung und Gewissheit die Endgültigkeit seines Daseins finden zu dürfen."[35]

Ein zu DDR-Zeiten unter uns Christen beliebter – zugegeben: auch mit ein bisschen Schadenfreude weitererzählter – Witz wusste dieselbe Erkenntnis scherzhaft so zu vermitteln:

> „Gott sei Dank", sagt die Bäuerin, „es kommt Regen."
> „Aber Genossin", antwortet der Kolchosvorsitzende, „du weißt doch, einen Gott gibt es, Gott sei Dank, nicht."
> „Sicher, Genosse, aber wenn es nun, was Gott verhüten möge, doch einen gibt?"

Ich denke, es ist gut, sich dieses „Dilemma des Menschseins" einmal in Ruhe bewusst zu machen. Wir alle kommen in der wichtigen Frage „Gott oder nicht Gott" um eine *Glaubens*entscheidung nicht herum. Wir können sie uns nicht durch „Wissen" abnehmen lassen.

Das Grundproblem der meisten Menschen, sowohl im atheistischen wie im religiösen Lager, besteht nach meiner Menschenkenntnis darin, dass sie diese grundlegende Lebensentscheidung noch nicht wirklich ganz persönlich, ganz existentiell und ganz bewusst vollzogen haben.

Doch auch *nicht* zu entscheiden, entscheidet über unsere Lebensqualität: Wer sich nicht im „Grund" verankert hat – ganz gleich zunächst, ob er diesen „letzten Grund" seines Daseins religiös oder atheistisch deutet –, wird die Neigung haben, in den stürmischen Wellen des Lebens treibend sich an irgendwelchem Treibholz festzuhalten. Oder wie Münchhausen an sich selbst. Da Letzteres, wie das bekannte Märchen und die Erfahrung uns lehren, nicht möglich ist, wird er sich *schaffen*, was ihm Lebensqualität und Lebensinhalt zu geben scheint: Ansehen, Karriere, Spaß, Macht – gegebenenfalls auch um den Preis der Würde des anderen; Wohlstand und Wirtschaftswachstum – auch um den Preis der Erde; aller nur denkbarer Aberglaube in Form von „Volksfrömmigkeit" oder „Esoterik", Kartenlegen oder Horoskop-Abhängigkeit, Sektentum oder „Gemischtwaren-Religion" … – auch um den Preis der Vernunft; und in alledem wird „des Menschen bester Freund sein Dogma sein"[36] – auch um den Preis der Wahrheit. Das alles aber hat Auswirkungen im persönlich-psychologischen, familiären, beruflichen und gesellschaftlichen Lebensbereich; und darüber hinaus hat es, spätestens heute, auch globale Folgen.

Die *Grund*entscheidung ist nötig. Wirklich fällen wird sie nur können, wer sich des menschlichen „Dilemmas" bewusst ist, auf irgendeine Art *glauben* zu müssen. Diese grundlegende Entscheidung in einer Frage, die immerhin auch der vermeintlich „wissenschaftliche" Atheismus des Marxismus-Leninismus die „Grundfrage der Philosophie" nannte, ist eine *Glaubens*entscheidung. Wir kommen nicht daran vorbei, das Leben auf eine der beiden Karten zu setzen: *„Gott ist"* oder *„Gott ist nicht"* – ohne jede Überheblichkeit, es besser zu „wissen" als der, der sich anders entschieden hat.

Ich leb mein Leben ohne Gott …

Ich war Theologiestudent, als ich die ersten Gedichte von Eva Strittmatter (geb. 1930) las, einer DDR-Schriftstellerin. Darunter war folgendes Bekenntnis:

Ich leb mein Leben ohne Gott,
Aber mit seiner Negation
Und treibe mit ihm keinen Spott.
Ich kenne keine Religion,
Der ich mich unterwerfen würde.
Aber ich achte das Prinzip:
Nehmt voneinander eure Bürde
Und: Habt den andren Menschen lieb,
Er ist wie ihr. Alttestamentlich
Geprägter schöner Gleichheitssatz.
Und wär das Weltall auch unendlich,
Die Erde hat für alle Platz.
Und GOTT war diesseits oder gar nicht
Verkörperung für ein Gesetz.

WIR wollen Flieger sein mit Klarsicht,
Artisten ohne Seil und Netz.[37]

Ich hatte damals noch nicht wirklich eindeutig auf die Karte „Gott ist" gesetzt. Hier begegnete mir eine Frau, die eine Entscheidung getroffen hatte. Sie hatte ihre Existenz und ihr schriftstellerisches Wirken entschieden auf das Fundament *„Ich leb mein Leben ohne Gott"* gebaut. Und doch hatte sie ihre Seele nicht an Treibholz festgemacht; sie hatte ein „Prinzip", eine Basis, auf das sie ihr Leben gründete: *die Menschenwürde*. Diese Haltung eines bewussten humanistischen Atheismus faszinierte mich. Sie half mir, schließlich auch selbst eine Wahl zu treffen.

Menschen wie Eva Strittmatter sind mir, zumal ich von Geburt an (1951) im Ostteil Deutschlands lebe, im Laufe der Jahre oft begegnet. Mit einigen verbindet mich eine tiefe Freundschaft. Viele von ihnen haben ein Werte-Bewusstsein und leben eine Mitmenschlichkeit, durch die sie meinem Herzen näher sind als mancher Christ, und ich kann aus eigener Erfahrung nur bestätigen, was der in Erfurt lehrende katholische Philosophieprofessor Eberhard Tiefensee bereits mehrfach, durch seriöse Untersuchungen gut belegt, betont hat: „Die neuen Bundesländer beweisen nun, dass die Gesellschaft ohne Religion offenbar nicht merklich schlechter funktioniert als mit ihr. Besonders die These vom Werteverfall in einer areligiösen Gesellschaft ist derzeit kaum zu halten. [...] Auch signifikante Desorientierungen oder Sinndefizite lassen sich nicht feststellen."[38] *Solche* Atheisten „treiben keinen Spott", weder mit Gott noch mit den Gläubigen. Der Chefarzt eines ostdeutschen Krankenhauses zum Beispiel, der mich in den vergangenen Monaten durch meine schwere Krankheit brachte, ist ein solcher Mensch. In einem unserer vielen guten Gespräche sagte er mir: „Ich glaube nicht an Gott. Aber ich bin mit Gott versöhnt." Selten habe ich einem Menschen so sehr vertrauen können wie ihm. Wenn ich nach jemandem suche, mit dem ich ihn vergleichen könnte, fällt mir (ich übertreibe nicht!) Jesus von Nazareth ein ...

... oder mit Gott

Ich persönlich bin für *mich* zu der Erkenntnis gekommen, dass die besseren Argumente für die Karte *„Gott ist"* sprechen. Diese Argumente aufzuführen, würde hier freilich den Rahmen sprengen. Nur so viel:

Bereits der große Gelehrte des Hochmittelalters, Thomas von Aquin (1225–1274), hat „fünf Wege (quinque viae)" aufgezeigt – *Wege*, nicht Beweise –, die noch heute hilfreich sein können, den Glauben an Gott vor der Vernunft zu rechtfertigen.[39] Seine und andere philosophisch-theologische *Denk-Wege* haben mir Gott nicht bewiesen, aber sie haben mir geholfen, meine persönliche Glaubensentscheidung zu treffen und sie mit meinem Verstand immer wieder einmal denkerisch nachzuvollziehen.

Dazu kommen für mich gerade vonseiten der Naturwissenschaften, die in der Kirche über lange Zeit hin als Bedrohung für den Glauben an Gott empfunden und von atheistischen Weltanschauungen gegen die Religionen ins Feld geführt wurden, sehr plausible Argumente: Auf den Punkt gebracht stellt uns ihr derzeitiges Wissen um die Entstehung und Beschaffenheit des Universums und des Lebens vor die Wahl, an ein unglaubliches Maß an Zufall über Zufall zu glauben oder an einen großen, alles umfassenden, schaffenden Geist. „Die mathematische Wahrscheinlichkeit, dass das Universum durch Zufall hervorgebracht wurde, ist praktisch gleich Null", sagen zum Beispiel die als Astrophysiker tätigen Zwillingsbrüder Igor und Grichka Bogdanov[40], und der britische Physiker Paul Davies spricht aus, worin sich Naturwissenschaftler des 20. Jahrhunderts wie Albert Einstein, Werner Heisenberg, Pascal Jordan, Carl Friedrich von Weizsäcker, John Polkinghorne oder Ilya Prigogine trotz unterschiedlicher Meinungen in Sachfragen einig sind: „Es mag seltsam erscheinen, aber meiner Auffassung nach bieten die Naturwissenschaften einen sichereren Weg zu Gott als die Religion"[41], denn „die Gesamtheit der physikalischen Dinge" verlange „nach einer Erklärung von *außerhalb*".[42] Zwar läuft alles, so wissen sie, in der Natur nach uns bekannten und noch nicht bekannten Gesetzen ab, und jeder Schritt zum „Höheren", im physikalischen, chemischen wie biologischen Entwicklungsgeschehen, hat (mehr oder weniger erklärbare) natürliche Ursachen. Aber das heißt nicht, dass darin eine alles erklärende, naturgesetzliche Notwendigkeit waltet. Von den ersten ‚zigtausendstel Sekunden während des Urknalls oder eines ähnlichen kosmischen Geschehens am Beginn unseres Universums – den „Big Beng" gab es jüngeren Erkenntnissen nach in der bisher angenommenen Form womöglich gar nicht[43] – bis zur Mutation zum Homo sapiens sapiens, zum Menschen also, verhält es sich bei jedem „dialektischen Sprung" so, wie wenn ein Buchdrucker versehentlich (zufällig!) seine Buchstabenkiste umwerfen und dabei (zufällig!) ein Gedicht von Goethe auf den Boden fallen würde …

Da ich diesen beeindruckenden Vergleich im Moment nicht mehr in der Literatur belegen kann, hier noch zwei ähnliche von Igor und Grichka Bogdanov: „Um die unvorstellbare Genauigkeit zu veranschaulichen, mit der das Universum reguliert worden zu sein scheint, braucht man sich nur vorzustellen, welche Leistungen ein Golfspieler zu erbringen hätte, dem es gelingen müsste, von der Erde aus seinen Ball in ein Loch irgendwo auf dem Mars zu platzieren ...“[44], und: „Anhand einer von den numerischen Lösungen algebraischer Gleichungen abgeleiteten Regel hat man Zufall produzierende Maschinen programmiert. Hier weisen die Wahrscheinlichkeitsgesetze darauf hin, dass diese Rechner Milliarden mal Milliarden mal Milliarden Jahre, das heißt eine nahezu unendlich lange Zeit rechnen müssten, bevor eine Kombination von Zahlen vergleichbar denen auftauchen kann, die die Entstehung des Universums und des Lebens ermöglicht haben.“[45]

Die Alternative: Zufall oder naturgesetzliche Notwendigkeit gibt es auf der Basis heutiger naturwissenschaftlicher Erkenntnisse nicht mehr! Die Alternative heißt: atemberaubender, schier unglaublicher Zufall – oder atemberaubender, schaffender und ordnender Geist.[46]

Nicht weniger beeindruckend sind die Überlegungen, die Naturwissenschaftler und Philosophen unter dem Begriff „anthropisches Prinzip“ zusammenfassen[47]: Wären in unvorstellbar großer Zahl von Situationen im Entwicklungsprozess unseres Universums und dann unseres Planeten auch nur Winzigkeiten anders geschehen, als sie geschehen sind, hätte es den Menschen (griech.: anthropos) nicht geben können. Ein in diesem Zusammenhang gern gebrauchter Vergleich sagt, dass selbstbewusstes Leben aufkommen konnte, sei so wahrscheinlich, wie eine Stecknadel, die senkrecht auf einen Spiegel gestellt würde, ca. 6000 Jahre stehen bliebe.[48]

Wie gesagt: Solche Argumente können, so beeindruckend sie sein mögen, uns Gott nicht beweisen. *Gott ist immer der geglaubte, nicht der „gewusste“ Gott.* Auch Thomas von Aquin bezeichnete das Absolute, auf das er mittels seiner Denk-Wege aus der Tatsache schloss, dass alles Sein kontingent, d. h. von etwas „abhängig“ ist, nicht zwingend als „Gott“; er sagte nur: „... und das (das Absolute, R. K.) nennen alle Gott.“[49] Heute würde er in Redlichkeit und mit Toleranz hinzufügen: und viele nennen es absolute Materie oder Weltgeist, alles durchwaltende Energie oder höhere universelle Kraft. Seine und andere Denk-Wege wollen und können also nicht den Beweis für die Existenz eines Gottes erbringen, wie Jesus ihn in seinem VATERUNSER meint. Sie können bestenfalls hellhörig machen, das Staunen wecken und zum Nachdenken führen. Aber sie helfen dem, der sich von Gott und vom Leben aus dem Glauben angezogen fühlt, dafür eine klare, vor den Fragen und den Zweifeln der Vernunft begründete Entscheidung zu fällen.

Wer freilich heute noch seinen Atheismus mit der Naturwissenschaft „beweisen“ wollte, würde damit nur verraten, dass er die Forschungsergebnisse der Biologie, der Physik und der Kosmologie seit mindestens 20 Jahren nicht mehr zur Kenntnis genommen hat. Und wer an der Frage, ob denn Jesus wirklich über das Wasser gegangen ist oder nicht, seinen Glauben an Gott festmachen oder nun doch wenigstens im Urknall den Beweis für die Schöpferhand Gottes sehen wollte, der würde nur zu erkennen geben, dass er noch nicht weiß, was – im biblischen Sinne – *glauben* ist. Es gibt *Hinweise* und rationale *Argumente* für die Vernünftigkeit einer solchen grundlegenden Lebensentscheidung, aus dem Bereich der Naturwissenschaft ebenso wie aus dem, was da „mehr zwischen Himmel und Erde“ ist, als wir sehen und begreifen können; aber das sind – in unterschiedlicher Bewertung – Argumente für die Vernünftigkeit *beider* Lebensentscheidungen.

Vor dem Forum der *Vernunft* wird die Grundentscheidung in *beiden* Fällen getroffen werden müssen. Sich nicht mit den Gründen auseinanderzusetzen, die – schlicht formuliert – für oder gegen die Existenz Gottes sprechen, hieße für den Gläubigen, den fragenden und suchenden Verstand an der Kirchentür abgeben, und für den Atheisten, ihn der „aufgeklärten Weltanschauung“ opfern. Bereits Augustinus (gest. 430) lehrte, man solle, „was wahr ist, nicht allein glaubend, sondern auch einsehend […] erfassen“.[50] Ja, es gibt *gute Gründe*, aber für die eine wie für die andere Karte. Doch es gibt keine *Beweise*, aber wiederum weder für das eine noch für das andere Lebensfundament. Der britische Philosoph John Leslie Mackie (gest. 1981) zum Beispiel hat sich als bekennender Atheist in großer Fairness und denkerischer Redlichkeit mit allen je vorgetragenen „Gottesbeweisen“ auseinandergesetzt, und dennoch wiegen für ihn die Gegenargumente stärker: Er bleibt am Schluss bei seiner atheistischen Ausgangsposition.[51] Mit der gleichen Redlichkeit und in Auseinandersetzung mit denselben Argumenten fanden andere, ich schließe mich selbst mit ein, durch die Lektüre seines Buches, das er in einer Mischung von Ironie und Wertschätzung des anderen Standpunkts DAS WUNDER DES THEISMUS nannte, eine Bestärkung ihres Glaubens an Gott. (Dieses Buch ist übrigens, soweit ich es sehen kann, der letzte sachlich-kompetente Versuch, die Nicht-Existenz Gottes philosophisch-wissenschaftlich zu begründen.)

Nur wenn ich entschieden auf die Karte *„Gott ist"* setze und dann – im Sinne der oben genannten „Zweiten Bekehrung" – darauf meine Existenz baue, mein Denken und mein Handeln danach orientiere, kann ich zu dem finden, was die Theologie *Glaubensgewissheit* nennt: zum „Wissen" *aus Lebenserfahrung*, dass ich auf einem guten Wege bin. Und nur wenn einer entschieden auf die Karte *„Ich leb mein Leben ohne Gott"* setzt, wird er zu einem Humanismus fähig sein, der seinem Leben einen tiefen Sinn gibt und seinem Herzen „Versöhnung mit Gott"; er kann dann sogar, wie der tschechische Marxist Milan Machoveč, „mit einer positiven Leidenschaft" im „Meister aus Nazareth" den „Jesus für Atheisten" entdecken.[52]

Es ist die *Lebenserfahrung*, die einer macht, wenn er die ganze Existenz auf das Fundament seiner Grundentscheidung gebaut hat – *sie* allein gibt die *Gewissheit* (nicht die Sicherheit des Wissens!), dass die Grundentscheidung gut war und die darauf bauende Lebensart richtig ist. Nur fällen muss ich sie, damit ich eine solche Lebenserfahrung machen und zu solcher Gewissheit finden kann. Eine „Weltanschauung" lässt sich nur legitimieren durch den Nachweis ihrer Bewährung im Leben.[53]

Auch ich hatte mich einmal entschlossen, Atheist zu sein. Ich war damals Student der Theologie im dritten Semester, und all die wirklich guten, redlichen Reflexionen unserer Professoren und Dozenten über Gott und die Glaubensfragen hatten mich nicht davor bewahrt, auch die Gegenargumente der atheistischen Religionskritik ernst zu nehmen und zu bedenken. So verabschiedete ich mich schließlich innerlich von meinem Glauben an Gott und lebte, so gut das in Toleranz und Achtung gegenüber den Mitbewohnern in einem kirchlichen Hause möglich war, fast ein Jahr lang bewusst atheistisch. Bevor ich dann konsequenterweise das Studium abbrechen und versuchen wollte, zur Medizin zu wechseln, trug ich meine Gedanken in einem persönlichen Gespräch einem der Professoren vor, jenem Professor Heinz Schürmann, bei dem ich einige Semester später die erste bibelwissenschaftliche Auslegung des VATERUNSERS kennenlernte. Der hörte mich lange an, sagte kein Wort, und als ich meine Rede beendet hatte, griff er nach einem Buch in seinem Regal. „Lesen Sie das doch noch, bevor Sie sich im Rektorat abmelden …" Es war eine Textauswahl aus den Schriften Teresas von Ávila und ihres geistlichen Gefährten Johannes vom Kreuz. Ich verstand damals längst nicht alles, was ich da las – aber was ich verstand, sollte meinem Leben eine andere Richtung geben. Hier sprachen Menschen, wenn auch aus längst vergangener Zeit, nicht über Theologie und über die Lehre der Kirche, hier erzählte jemand von seiner *Lebenserfahrung*, die er mit dem Glauben an Gott gemacht hatte. Und hinter den Zeilen strahlte eine Menschlichkeit und ein Erfülltsein hervor, gepaart mit Aufrichtigkeit, gedanklicher Klarheit und Herzenstiefe, dass ich spontan wusste: Wenn *das* glauben ist, dann will ich es lernen …

Ich habe inzwischen wenigstens so viel gelernt, dass ich heute sagen kann: Anders möchte ich nicht mehr leben. Eine Lebenseinstellung und Lebensform auf der Basis „Ich leb mein Leben ohne Gott" wäre *mir*, gemessen an meiner Erfahrung mit dem Weg des *Glaubens an Gott*, zu wenig, hätte eine viel zu geringe Lebensqualität. Der Glaube, den Jesus von Nazareth in die Welt brachte, ist mir aus Erfahrung zur Gewissheit geworden. – Es war die überzeugende Lebenserfahrung von Menschen wie Teresa von Ávila und Johannes vom Kreuz, die mich dazu bewog, auf die Karte „Gott ist" zu setzen. Es sind die Argumente der Vernunft, die mir sagen, dass meine damals neu gefällte Grundentscheidung nicht abstrus und verstiegen sein kann. Es ist meine eigene, über die Jahre hin gewonnene Lebenserfahrung auf der Basis dieser Grundentscheidung, die mir die Gewissheit gibt, dass wahr ist, was ich glaube. Es sind die Mitmenschen und die Freunde, mit denen ich die gleiche Art zu denken und zu leben teile, die mir helfen, ehrlich zu bleiben auf diesem Weg, korrigierbar, veränderbar, kritisch, authentisch. Und das atheistische Jahr in meinem Leben ist es, das es mir möglich machte, auch die zu verstehen und mich auch mit denen in hoher Wertschätzung, ja in Freundschaft verbunden zu wissen, die eine andere Grundentscheidung getroffen und eine andere Lebensart gewählt haben; ich weiß, wir „sitzen im gleichen Boot".

Auch ich möchte wie Eva Strittmatter und so mancher meiner atheistischen Freunde „Flieger sein mit Klarsicht" (s. o.). Auch ich bin nicht bereit – weder in meiner Grundentscheidung für Gott noch im Umgang mit allen weiteren Glaubenswahrheiten, die sich aus dem Glauben an Gott ableiten – das Opfer der Vernunft zu bringen; denn, um mit dem Schriftsteller Hermann Hesse zu sprechen: „Dieses Opfer bringen heißt für mich: Wegwerfen einer der edelsten Gaben Gottes."[54] Die Glaubenswahrheiten übersteigen zwar unsere Vorstellungskraft und ebenso die denkerischen Fähigkeiten unserer menschlichen Vernunft; das ist wahr. Aber sie stehen nicht *gegen* die Vernunft. In theologischer Redeweise ausgedrückt: Sie sind *trans*-rational, aber nicht *contra*-rational. Sind sie contra-rational und verlangen sie das „Opfer [...] einer der edelsten Gaben Gottes", so sind sie ganz gewiss nicht (christliche) Glaubenswahrheiten!

Und auch ich möchte leben „ohne Seil und Netz". Wenn Jesus Gott einen „Vater" nennt und die Menschen lehrt, sich als von Gott geliebte Töchter und Söhne zu sehen, dann steckt darin gerade nicht das ins Erwachsenenalter mitgenommene Abhängigkeits- und Absicherungsverhältnis des Kindes, die Projektion des menschlichen Vaters auf einen göttlichen. Die Lebensart, die Jesus vorlebt, ist alles andere als die Absicherung in einem Gott, der als „Seil und Netz" herhalten muss, um die täglichen Unbilden des Lebens zu ertragen und auf alle Fragen ein für alle Mal die Antworten zu haben. Wer in Gott „Seil und Netz" sucht, hat ihn unter das Treibholz eingereiht; er wird sein Leben lang unreif bleiben, erkennbar daran, dass er sich – was mir genauso zuwider wäre wie der Atheistin Eva Strittmatter – „seiner Religion unterwirft". Er sucht dann, ihm selbst meist unbewusst, eben „Seil und Netz", doch das wird er von Gott nicht bekommen! Also sucht er den „Halt" und die „Absicherung", möglicherweise bis hin zur „Unterwerfung“ seiner Vernunft und seines Gewissens, in der Religionsgemeinschaft und in ihren Lehrern und Führern. Durch die „Lebensschule Vaterunser“ habe ich nicht den absichernden Halt, sondern vielmehr – um im Bild der Schriftstellerin zu bleiben – in Gott den „Artisten“ gefunden, den großen Gefährten, mit dem zusammen ich mich durch die Zirkuskuppel des Lebens schwinge …

Franziskus von Assisi (1181–1226) sagt in seiner kleinen VATERUNSER-Auslegung, es sei die „selige Gemeinschaft“ mit Gott (s. u.), die seinen Glaubensweg charakterisiert – jetzt schon, und als zur Gewissheit gewordene *Hoffnung* für ein Leben über den Tod hinaus. *Das* ist es, was der Mensch findet, wenn er sein Leben auf den Gott des Jesus von Nazareth baut. Bruder Franz ist in dieser Lebensgemeinschaft alles andere als ein unterwürfiger Frömmler geworden. Er hat in Gott nicht die Absicherung gesucht, und ebenso wenig in seiner Religion: er war nicht „Kirchenmann“, sondern ein *Gottesmann in der Kirche*. Er fand in der Beziehung zu Gott die Freiheit von aller Unterwürfigkeit, er wurde er selbst und sein Eigen. Er fand zur „Fülle“ seines Lebens und wurde, wie man ihn bald nannte, zum „Spielmann Gottes“, zum „Sänger“ der großen Liebe, die hinter allen Geschöpfen waltet, zu einem wahrhaften Lebenskünstler, zu einem „Artisten ohne Seil und Netz“. – Was sich der „Heilige des Vaterunsers“ da aufgeschrieben hat, mag nicht in allem unserem heutigen theologischen Erkenntnisstand, in der Wortwahl auch nicht ganz unserem „Geschmack“ entsprechen. Es atmet aber – das wird spürbar, wenn man sich in seine Gedanken einfühlt – jenen Geist der Freiheit, der Weite und der Vitalität, des aufgeschlossenen Denkens und der Wärme des Herzens, der das Leben erfüllt und würdevoll macht:

„*Unser*

heiligster

Vater

unser Schöpfer, Erlöser, Tröster und Heiland.

im Himmel:

in den Engeln und in den Heiligen. Du erleuchtest sie zum Erkennen, weil du, Herr, das Licht bist. Du entflammst sie zum Lieben, weil du, Herr, die Liebe bist. Du wohnst in ihnen und erfüllst sie zur Seligkeit, weil du, Herr, das höchste Gut bist, das ewige, von dem jedwedes Gut kommt, ohne den nichts gut ist.

Geheiligt werde dein Name:

aufleuchten soll in uns die Kenntnis von dir, damit wir innewerden der Breite deiner Wohltaten, der Länge deiner Verheißungen, der Höhe deiner Erhabenheit, der Tiefe deiner Gerichte.

Dein Reich komme:

damit du herrschest in uns durch die Gnade und uns lässt in dein Reich kommen, dort, wo sich findet die offenbare Anschauung von dir, die selige Gemeinschaft mit dir, das ewige Verkosten in dir.

Dein Wille geschehe wie im Himmel so auf Erden:

damit wir dich lieben aus ganzem Herzen – und stets an dich denken; aus ganzer Seele – und stets dich ersehnen; aus ganzem Gemüte – und nur dich meinen und deine Ehre in allem suchen; aus all unseren Kräften – und alle Kraft und alles Gespür von Seele und Leib auf deine Liebe verwenden und auf nichts anderes; unseren Nächsten lieben wie uns selbst und alle nach Kräften zu deiner Liebe hinziehen, uns freuen am Gute der anderen gleich wie am eigenen, mitleiden am Elend und je niemand verletzen.

Unser tägliches Brot

deinen geliebten Sohn, unseren Herrn Jesus Christus,

gib uns heute:

zum Gedächtnis, zum Verstehen und zur Verehrung der Liebe, die er zu uns hegte, und all dessen, was er für uns gesprochen, getan und erduldet.

Und vergib uns unsere Schuld

durch dein unaussprechliches Erbarmen und kraft der Leiden deines geliebten Sohnes, unseres Herrn

Jesus Christus, und auf die Verdienste und Fürbitte der seligsten Jungfrau Maria und all deiner Erwählten.

Wie auch wir vergeben unseren Schuldigern:
und was wir nicht vollkommen vergeben, mach du, o Herr, dass wir es gänzlich vergeben, damit wir um deinetwillen die Feinde wahrhaftig lieben und dich für sie aufrichtig bitten, niemandem Böses mit Bösem vergelten und für alle in dir dazusein uns bemühen.

Und führe uns nicht in Versuchung:
sei sie geheim oder offenkundig, unvermutet oder ungestüm.

Sondern erlöse uns von dem Bösen:
dem vergangenen, gegenwärtigen und zukünftigen. Amen."[55]

Der Jesus, der mir das VATERUNSER vorbetet, nennt mich nicht „Knecht", er sagt: „Ich habe euch Freunde genannt" (Joh 15,15). In dem Maße, wie mich seine Worte im Laufe der Jahre im Innern erreichten, haben sie begonnen, meine Lebensqualität zu verändern. Seine „Lebensschule Vaterunser" lehrt mich vor Gott den aufrechten Gang und hat auch in mir den „Artisten" geweckt …

3.

Das Gebet des Juden Jeschua

Das Vaterunser ist ein *jüdisches* Gebet, ein Gebet des Juden Jeschua aus Nazareth, den die Griechen Jäsús und die Lateiner Jésus nannten. Hätten es sich die frühen Christen selbst formuliert – was in der Forschung zunächst nicht ausgeschlossen wurde –, so fände sich darin mit Sicherheit auch eine Anrede an den beim Vater im Himmel fortlebenden Jesus, zumindest aber eine Wendung wie: „… darum bitten wir dich im Namen Jesu, deines Sohnes“. Aber kein einziges Wort im Vaterunser ist spezifisch christlich. Im Gegenteil: Jeder Vers hat inhaltliche, zum Teil sogar wortwörtliche Parallelen in Gebeten, die im Judentum der Zeit Jesu bekannt waren.[56] Schalom Ben-Chorin, ein jüdischer Schriftsteller und theologischer Denker, der viel zum jüdisch-christlichen Dialog beigetragen hat und dafür von beiden Seiten mit hohen Auszeichnungen geehrt wurde, bekennt: „Überall, wo es (das Vaterunser) gebetet wird, habe ich es stets mitgebetet, ohne dabei meinen jüdischen Glauben auch nur um Haaresbreite zu verlassen oder zu verletzen.“[57] Das Lexikon der jüdisch-christlichen Begegnung, heute ein Standardwerk der interreligiösen Theologie[58], kommt sogar zu der Einschätzung:

> „Das Vaterunser ist das wichtigste und unverdächtigste Binde-Gebet zwischen Christentum und Judentum. Wenn die Christen es beten, bekennen sie sich in geistiger Hinsicht zusammen mit Jesus als jüdische Fromme.“[59]

Das „zurechtgebetete“ Kaddisch

Es gibt in der theologischen Forschung inzwischen die These, dass Johannes der Täufer der Vaterunser-Autor sei. Jeschua, der sich nach heutigem Erkenntnisstand nicht nur von ihm taufen ließ, sondern eine Zeit lang mit ihm in Verbindung gestanden hat, hätte dieses Gebet dann von ihm übernommen.[60] Diese Vermutung hat meines Erachtens keine stichhaltigen Argumente für sich. Doch selbst wenn es so gewesen wäre, hätten wir im VATERUNSER ein Gebet vor uns, das Jeschua von Nazareth sich ganz und gar zu eigen gemacht hat. Auf dem Hintergrund *seiner* Glaubenssicht haben es die Christen um Lukas und Matthäus jedenfalls verstanden und gebetet. Näherliegend und von den weitaus meisten Fachtheologen mit guten, vor allem vom Inhalt der Verse her begründeten Argumenten vorgetragen ist die Annahme, dass Jeschua selbst sich das VATERUNSER in Anlehnung an die jüdische Gebetstradition zurechtgeformt hat. Der renommierte katholische Bibelwissenschaftler Rudolf Schnackenburg schreibt:

> „Wenn das Vaterunser […] in die Praxis urchristlicher Gemeinden eingegangen ist, lässt sich das kaum anders erklären, als dass es von Anfang an für das besondere Gebet gehalten wurde, das Jesus seinen Jüngern gelehrt und übergeben hatte. So stoßen wir im Vaterunser auf das ursprüngliche Wort Jesu, das ganz aus seinem Geist und seiner Absicht hervorgegangen ist …“[61]

Ein jüdisches Gebet im engeren, ausschließlichen Sinne also, so auch Heinz Schürmann, „ist dieses ‚Gebet des Juden Jesus‘ trotz aller ‚Judaismen‘ nicht“, denn: „Mögen auch alle Einzelwendungen alttestamentlich und frühjüdisch verstehbar oder gar belegbar sein – die Ganzheitsgestalt, ihre Struktur, ihre Ordnung und Anordnung der Bitten und Elemente, die sich gegenseitig interpretieren, sind ohne Parallele und charakteristisch jesuanisch.“[62] Oder mit den Worten des britischen Neutestamentlers Martin Forward: „… die einzelnen Elemente dieses Gebets (lassen sich) zwar im Judentum ansiedeln, aber sein Tonfall ist christlich.“[63]

Besonders auffallende Gemeinsamkeiten hat das VATERUNSER mit dem KADDISCH (auch: *Qaddisch*), der „Verkündigung der Heiligkeit Gottes“.[64] Heute wird dieses „Lob auf Gott, den König“[65] vor allem beim jüdischen Totengedenken gesprochen. Und bis heute hat es im Judentum eine zentrale Bedeutung: „Das Kaddisch ist hoch verehrt und tief verwurzelt in der Seele Israels. Der glühendste Wunsch eines Vaters oder einer Mutter ist der, dass die Kinder in der Lage sein werden, diese ‚Heiligung' zu sagen, wenn ihre Stunde kommt, so wie frühere Generationen sie für ihre Eltern gesagt haben. Und für die Kinder ist die Ausübung dieser Pflicht ein zutiefst bewegender Akt der Frömmigkeit, und zwar selbst in unserer zunehmend skeptischeren, unreligiösen Welt" (Rabbi S. Ph. de Vries).[66] Zur Zeit Jesu hatte das KADDISCH seinen Platz im Synagogen-Gottesdienst. Es war wahrscheinlich eine Art Antwortgesang nach dem Verlesen der Haggada, der Auslegung zu einem biblischen Text.[67] In seiner damaligen Gestalt – zur heutigen, wesentlich längeren Form ist es erst im Laufe der Jahrhunderte angewachsen[68] – begann es mit den Worten:

> Verherrlicht und geheiligt werde sein großer Name
> in der Welt, die er schuf nach seinem Willen,
> und er lasse kommen sein Königtum
> bei euren Lebzeiten und bei Lebzeiten des ganzen Hauses Israel,
> bald und in naher Zeit,
> darauf sprechet: Amen.[69]

Unverkennbar klingen hier die VATERUNSER-Worte „es werde geheiligt dein Name" und „es komme dein Königtum (dein Reich)" an, wie sie gleichlautend bei Matthäus, Lukas und in der DIDACHE überliefert sind. Die Zeitgenossen Jeschuas, denen die Synagogenliturgie bekannt und vertraut war, mussten sich also bei seinem VATERUNSER sofort an das KADDISCH erinnert gefühlt haben.

Und sie mussten sofort die Unterschiede zu diesem Synagogen-Vers bemerkt haben! Jeschua aus Nazareth hatte aus dem langen Doppelsatz nicht nur eine Kurzfassung gemacht; aus einem Text über Gott war ein Text *zu* Gott geworden, aus der „Er"-Form eine „Du"-Anrede, aus einem liturgischen Antwortgesang ein Gebet. Die Übersetzung des VATERUNSERS für die griechisch sprechenden Christen machte diesen wesentlichen Unterschied dadurch deutlich, dass sie das Anrede-Wort „su – dein“ jeweils an den Schluss stellte. So wurde das zweimalige, in der Matthäus-Fassung sogar dreimalige „Dein“ zu einem auffallend betonten Endreim. – Auch wenn nur die wenigsten Leser und Leserinnen neutestamentliches Griechisch verstehen können, sei der Text, um diesen Endreim wenigstens optisch sichtbar zu machen, hier im Original wiedergegeben; das „σου (su)“ ist ja unschwer zu erkennen:

> ἁγιασθήτω τὸ ὄνομά σου·
> ἐλθέτω ἡ βασιλεία σου·
> γενηθήτω τὸ θέλημά σου …

Im Deutschen nachgestaltet, würden die Verse dann so klingen:

> geheiligt werde der Name *dein*,
> es komme das Reich *dein*,
> es geschehe der Wille *dein* …

Ob ein solcher Endreim auch in der aramäischen Urform enthalten war, konnte bisher noch nicht hinreichend geklärt werden. Der evangelische Theologe Ernst Lohmeyer, einer der ersten wissenschaftlich arbeitenden VATERUNSER-Forscher, legte zwar 1952 entsprechende Rückübersetzungsversuche vor[70], sie blieben aber nicht unumstritten. Wenn ja[71], dann hätten die griechisch sprechenden Christen diesen Endreim bewusst in ihre Sprache übernommen; wenn nein, hätten sie die Abänderung des KADDISCH in die Du-Form auf diese Weise zumindest eigens und auffällig betonen wollen.

Aber da war noch ein weiterer Unterschied zum liturgischen KADDISCH des Synagogengottesdienstes, ja zu den „offiziellen“ Gebeten überhaupt. Diese sprach man im damaligen Israel in der Regel im feierlich-biblischen Hebräisch.[72] Jeschua dagegen sprach den Zuhörern ein Gebet in Aramäisch, in ihrer Umgangs- und Alltagssprache vor; darüber besteht in der Forschung heute weitgehend Konsens.[73] – Mit Gott in der Umgangssprache reden? Auch das musste die Hörer sehr verwundert haben …

Wie sich später noch zeigen wird, hatte Jeschua darüber hinaus sogar den Sinn der beiden Verse völlig verändert.

Und er hatte sein neues KADDISCH nicht nur um einige Verse erweitert, er hatte ihm auch eine Anrede vorangestellt. Lukas überliefert sie als *„Vater ...“*, Matthäus als *„Unser Vater, der in den Himmeln ...“*. Das wäre noch nicht sonderlich beachtenswert, denn auch andere Gebete begannen mit der „Vater“-Anrede (s. u.). Jeschua aber gebraucht hier ein Wort, mit dem man nun ganz und gar nicht gewohnt war, Gott anzusprechen; er nennt ihn *„Abba“* – so wie die Männer unter den Zuhörern von ihren Kindern angeredet wurden, wörtlich übersetzt: „Papa“! Seit den Studien der protestantischen Bibeltheologen Joachim Jeremias (von 1966 und 1971)[74] und Georg Schelbert (von 1981)[75] sind sich die Fachleute darüber einig, dass Jesus als Erster, ohne jede erkennbare Parallele im palästinensischen Judentum seiner Zeit, von Gott als dem Abba gesprochen hat[76] und auch hier, am Beginn des VATERUNSER-Gebetes, in der aramäischen Urform die Anrede „Abba“ gestanden haben muss.

Das KADDISCH – zumindest aber einen ähnlich lautenden Text – hat Jeschua gewiss schon in früher Jugendzeit in der kleinen Synagoge seines Heimatdorfes Nazareth kennengelernt[77], also längst vor seiner Kontaktnahme mit dem Täufer Johannes. Während seiner jahrelangen Tätigkeit als Bauhandwerker, die ihn in viele Städte und Ortschaften Galiläas führte, muss er der „Heiligung“ in den Synagogen-Gottesdiensten immer wieder begegnet sein, dann später auch in seiner „Wahlheimat“ Karfanaum und schließlich auf den ausgedehnten Fußmärschen in der Zeit seines öffentlichen Wirkens. Es lässt sich leicht vorstellen, wie diese Worte aus der Liturgie ihn im Alltag begleitet haben und in seinem Herzen nachklangen, wie er sie meditiert haben mag, sodass sie für ihn zu gefüllten Worten geworden sind. In dieser Sprache der Väter lernte er, seine eigenen Herzensanliegen vor Gott auszusprechen. Es lässt sich aber auch leicht denken, dass eines Tages solche Formeln für ihn nicht mehr „stimmten“. Es mag ihm nicht anders damit gegangen sein, als es Menschen, die in ihrer Lebens- und Glaubensauffassung einen Reifeprozess durchmachen, immer und auch heute geht: Selbst wertvolle, aber vorgeformte Texte und Gebete werden irgendwann „unstimmig“, und allein schon die Ehrlichkeit –

vor Gott, vor sich selbst und vor anderen – gebietet, sie umzuformulieren. Im Gegensatz zu einer im Christentum der katholischen Kirche verbreiteten Auffassung war das im Judentum gang und gäbe. Jeschua selbst hat nicht anders gedacht und gehandelt. Das VATERUNSER wird in ihm über viele Jahre hin bis zur „endgültigen" Form gereift sein. – Zusammenfassend lässt sich also mit Heinz Schürmann sagen:

> „Jedenfalls hat ein derartiges Gebet unverkennbar den ersten Teil des Vaterunsers beeinflusst. Offenbar hat Jesus sich dieses aber ganz persönlich von seiner Grunderfahrung: der Abba-Erfahrung her ‚zurechtgebetet'."[78]

Auf den Lehrer schauen

Die Männer und Frauen im Jüngerkreis Jeschuas, die als Erste in die „Lebensschule Vaterunser" gingen, kannten nicht nur den Text; sie hatten auch den Lehrer bei sich, der sie unterrichtete. Sie wussten, wie er von Gott dachte. Sie erlebten, wie er mit den Leuten redete, wie er sich ihnen zuwandte und wie er sie aufrichtete – so aufrichtete, dass viele buchstäblich ihre Krücken wegwerfen konnten. Auch war ihnen nicht verborgen geblieben, dass ihr Meister oft betete und sich dazu gern „in die Einsamkeit" (z. B. Lk 9,18) zurückzog. Sie spürten, dass diese stillen Momente – manchmal waren es ganze Nächte (z. B. Lk 6,12) – etwas mit dem zu tun haben mussten, was ihn so ausstrahlend und so anziehend machte. Hier war ein Mensch unter ihnen, von dem man *Menschsein* lernen konnte. Und gerade die Art, wie er still-innerlich mit Gott umging, musste, so war ihnen wohl klar geworden, der Schlüssel zu seinem Lebensgeheimnis sein. Sie hatten sich von Jeschua, daran besteht kein Zweifel, nicht einen Text zum „Gebete-Verrichten" gewünscht, sondern Unterweisung und Anleitung, wie auch sie zu der Quelle finden könnten, aus der sich sein Leben speiste. Lukas will das wohl festhalten, wenn er erzählt: „Jesus betete einmal an einem Ort; und als er das Gebet beendet hatte, sagte einer seiner Jünger zu ihm: Herr, lehre uns beten …" (Lk 11,1).

Diejenigen, die mit einer solchen Bitte zu Jeschua kommen, sind gläubige Menschen. Sie kennen ihre Gebete. Wie alle Juden dieser Zeit können sie mindestens das klassische jüdische Gebetbuch, die Psalmen, auswendig, dazu noch manch anderes Gebet mehr. Und was sie nun von Jeschua hören, ist eigentlich nichts Neues. Aus den kurzen Sätzen, die er sie lehrt, hören sie nicht nur das KADDISCH heraus, auch die weiteren Verse haben zahlreiche Parallelen in den biblischen Schriften und im Gebetsschatz ihres Volkes. Die Bitten ums Brot, um Vergebung, um Bewahrung vor Versuchungen: sie waren in Israel bestens bekannt. Die jüdischen und christlichen Forscher verweisen hierzu unter anderem auf das noch heute im Judentum bekannte ACHTZEHNGEBET.[79] Jeschua lehrt also kein grundsätzlich neues Gebet. Aber er lehrt, auf neue – besser: auf *erneuerte* – Weise zu *beten*. Bei Josef Imbach, einem Theologen aus dem Franziskanerorden, fand ich dazu einen schönen Vergleich:

> „Irgendwie verhält es sich mit dem Vaterunser wie mit einem Bild, das jahrzehntelang in einer dunklen Ecke hing und dem man kaum Beachtung schenkte. Eines Tages holt jemand dieses Bild hervor, staubt es ab und reinigt es und hängt es an einen Ort, wo Licht darauf fällt – es ist nicht mehr das gleiche Bild. Man schaut es mit ganz anderen Augen an und sieht jetzt erst, was da eigentlich dargestellt ist: ein Gott, der mit allen Fasern seines Herzens an den Menschen hängt und ihnen all das schenken möchte, was sie zu einem erfüllten Leben brauchen."[80]

Das Licht, das da auf ein inhaltlich altes Gebet fiel, war die Ausstrahlung des Lehrers selbst. Seine Art zu beten, seine Art und Weise, mit Gott umzugehen, war so anders, so ganz neu für die, die mit Jeschua durch Galiläa, Samarien und Judäa zogen. Ihr Wunsch hieß nicht: Lehre uns ein neues Gebet, sondern: Lehre uns *beten* – wie *du* betest.

Die Jünger – das alte deutsche Wort bedeutet, dem griechischen

Original entsprechend, *Schüler/Lernende* – kannten auch die Meinung ihres Meisters zu den gängigen Glaubensvorstellungen ihrer Zeit, zu solchen auch, die das Leben der Menschen eng und angstbeladen und Körper und Geist krank machen konnten. Matthäus hat die kritischen und klärenden Auffassungen Jesu, vor allem zu den vielen veräußerlichten Praktiken religiöser Traditionen, später zu einer „Bergpredigt" zusammengestellt. Und da mittenhinein setzte er das ihm überlieferte VATERUNSER.

War es, wie Lukas erzählt, auf dem Weg zwischen Betanien und Jerusalem, wo Jeschua dem Jüngerkreis das VATERUNSER vorsprach? Die Paternoster-Kirche der Karmelitinnen am Hang des Ölbergs zum Tempelplateau hin erinnert heute an diesen Ort. Oder betete er es, so nach Matthäus, vor einer großen Menschenmenge auf dem Hügel am Ostufer des Sees Gennesaret, an dem Ort, den römische Pilger im 4. Jahrhundert mit der „Bergpredigt" in Verbindung brachten? Möglicherweise weder da noch dort. Denn sowohl die Unterweisungen der Jünger auf dem Weg nach Jerusalem (Lk 9,51–19,27) wie auch die „Rede der Reden" (Hans Weder) auf dem Berg der Seligpreisungen (Mt 5,1–7,29) sind Zusammenstellungen von Jesus-Worten durch die Evangelisten. Weder Lukas noch Matthäus lag daran, im Nachherein zu recherchieren, was Jeschua vor fünf Jahrzehnten im Einzelnen *wann* und *wo* gesagt haben mag. Es ist eher anzunehmen, dass die Jüngerinnen und Jünger das VATERUNSER mehrmals von ihm gehört, ja des Öfteren mit ihm gebetet haben.

Wichtig ist die Tatsache, dass das VATERUNSER am Anfang seiner Wirkungsgeschichte nicht ohne dessen Lehrer aufgenommen wurde. Es war ein Gebetstext, der auf dem Hintergrund des Denkens Jesu und seiner gesamten Lebenseinstellung verstanden wurde. Und darin sind sich die Theologen auch heute einig: Was diese zweitausend Jahre alten Worte sagen wollen, kann nur authentisch erfasst werden, wenn sie im Zusammenhang mit dem Gesamtanliegen Jesu betrachtet werden. „*Die Verkündigung Jesu muss das Vaterunser aufschlüsseln*, lautet unser Auslegungsgrundsatz", schreibt Heinz Schürmann in seiner Studie von 1957, die wegweisend für die spätere und gegenwärtige VATERUNSER-Forschung geworden ist.[81]

Der Rat einer Erfahrenen

Bevor Teresa das VATERUNSER auslegte, gab sie den Karmelitinnen des neugegründeten Klosters San José in Ávila, für die ihr Buch zunächst bestimmt war, den Rat, jede Schwester möge sich vorstellen, Jesus säße neben ihr und würde ihr sein Gebet persönlich vorsprechen. Sie jedenfalls habe damit gute Erfahrung gemacht:

> „Gut ist es [...] sich vor Augen zu halten, dass jede Einzelne das Vaterunser von Jesus lernt, dass er selber jede Schwester darin unterweist. Der Meister ist ja niemals so weit von seinem Schüler entfernt, dass er eine laute Stimme nötig hätte, er ist ihm ganz nahe. Ich wünschte, dass ihr das begreift: Um das Vaterunser gut zu beten, darf man sich nicht von der Seite des Meisters entfernen, der es uns lehrt.
>
> [...] Ich selbst habe schon Verschiedenes erprobt, doch das beste Mittel, das ich gefunden habe, ist, den Geist dem zuzuwenden, an den ich meine Worte richte. Deshalb habt Geduld und versucht, euch etwas von dieser notwendigen Haltung zur Gewohnheit zu machen."[82]

Für Teresa von Ávila ist der Jeschua von damals der Jesus Christus von heute. Sie baut darauf, dass er als Auferstandener lebt und von Gott her stets anwesend ist. Deshalb, so glaubt sie, kann er auch ihr und ihren Schwestern, wie einst den Jüngern und Jüngerinnen, nahe sein. Ein Gedanke von bleibender Gültigkeit in der christlichen Spiritualität! Als der *inwendige Lehrer* – ein Wort des Kirchenvaters Augustinus (354–430)[83] – spricht er auch denen, die heute in seine Schule gehen, das VATERUNSER vor.

Und er ist dabei derselbe, der er in Galiläa am See war oder auf dem Weg nach Jerusalem, er „denkt" so und „fühlt" so wie damals. Die Personen, die ihm zuhören, und die Umstände, unter denen sie leben, haben sich verändert, doch seine kritische und klärende, aufrichtende und heilende Botschaft ist noch immer die gleiche.

Teresa gab viel auf das Urteil der Theologen. Selbst bei der Wahl des Beichtvaters zog sie notfalls einen nur gelehrten einem nur „frommen" vor.[84] Sie würde dem Auslegungsgrundsatz, den Heinz Schürmann allen späteren VATERUNSER-Erklärern ins Stammbuch schrieb (s. o.), voll und ganz zustimmen. Mit großem Interesse – „ich war immer eine Liebhaberin von Studien"[85] – würde sie die gegenwärtige bibelwissenschaftliche Erforschung des Lebens und der Botschaft Jesu verfolgen. Denn für Teresa ist die gründliche, möglichst ursprungsnahe *Kenntnis der Glaubenssicht Jesu* von hoher Bedeutung. Sie ist auch heute eine notwendige Voraussetzung für das rechte Verständnis des VATERUNSER-Textes; sie ist der Horizont, auf dem sich der Sinn der Gebetsworte erst erkennen lässt.

Das „Vaterunser-Buch", wie Teresa ihr Werk mit Vorliebe nannte (später bekam es den Titel WEG DER VOLLKOMMENHEIT)[86], ist keine Auslegung im eigentlichen Sinne. Die Kirchenlehrerin der christlichen Spiritualität leitet den Leser vielmehr dazu an, das VATERUNSER als eine *Schule* zu betrachten, in der man beten und leben lernen kann. Darin besteht der bleibende Wert ihrer Schrift. Lauschen soll ich, sagt uns Teresa, mehr hören als reden, mir das VATERUNSER Wort für Wort vorsprechen lassen, bevor ich es selber spreche. Ich soll hineinhören in den Innenraum meiner Seele, wo Jesus, der Lehrmeister in dieser Schule, die Worte von damals heute spricht. Und ich soll ihn fragen: Was meinst du mit dieser und mit jener Zeile? Welchen Sinn haben deine Worte, wenn ich an all das denke, was uns die Evangelien von dir und deiner Botschaft überliefern? Aber auch: Wer bist du, was für eine Seele hast du, Jesus, wenn du so mit Gott redest – und mit mir? … Eine neue Welt tut sich dann auf. Eine Lehrzeit beginnt … Wichtig ist, dass ich mir Zeit lasse für jeden einzelnen Vers, eine täglich dafür reservierte Viertelstunde vielleicht, Tage und Jahre …

In den Klöstern des Karmel haben viele Schwestern und Brüder diese Anregung Teresas aufgegriffen. Auch ich habe damit gute Erfahrung gemacht.

4.

„Du, Gott …“?

Das Kaddisch der Synagogenliturgie sprach über Gott, Jesus machte daraus Worte *zu Gott hin.* Aus einem „heiligen Text“ wurde so ein Gebet. Die Menschen damals – und wiederum alle Gottgläubigen bis in die Zeit hinein, da die Aufklärung ihre Folgen zeigte – hatten damit keine Schwierigkeiten. Zu beten waren sie gewohnt. „Gott“, das war für die jüdischen Zuhörer Jesu mit Selbstverständlichkeit einer, den man ansprechen kann, ein Gott, der „hört, wenn ich zu ihm rufe“ (Ps 4,4), ein *personaler* Gott also, einer mit „Bewusstsein“, einer, der „denkt und fühlt“ und von sich „ich“ sagt. Der Name ihres Gottes lautete „Ich bin da (Jahwe)“, so kannten sie ihn aus einer uralten Überlieferung in ihren Heiligen Schriften (Ex 3,14).

Mancher Zeitgenosse von heute steht hier erneut vor einem Problem: Kann man sich denn Gott als *Person* vorstellen? Ist das nicht zu menschlich gedacht? Muss man sich die große göttliche Macht, die „die Welt im Innersten zusammenhält“, nicht eher als eine „alles umfassende *Energie*“, als eine *un*persönliche Kraft jedenfalls, denken? Viele Menschen in unserem Kulturkreis glauben es heute so. Auch unter den katholischen und evangelischen Christen, die an meinen Glaubenskursen teilnehmen, begegnen sie mir. Bei meinen Gebetsanregungen zu den ersten Worten des Vaterunsers stehen sie dann vor der Frage, die wiederum zu einer grundlegenden Lebensentscheidung im Sinne der „Ersten Bekehrung“, zur Lebensentscheidung Nr. 2 also, herausfordert: *Kann ich an Gott als an eine Person glauben?*

Gott – eine Person?

Hier soll zunächst eine Klarstellung weiterhelfen: Die Juden der Zeit Jesu kannten den Begriff „Person“ noch nicht. Er wurde erst im Laufe des 3. und 4. Jahrhunderts von christlichen Gelehrten aus dem Lateinischen aufgegriffen und in die Theologie eingebracht. Die „persona“ war die Maske, die sich die antiken Schauspieler bei ihren Theateraufführungen vor das Gesicht hielten. Das Wort leitet sich von „personare = hindurchtönen“ her. Im Sprachempfinden der Lateiner war „persona“ eine Verkleidung, durch die der echte Mensch dahinter „hindurchtönte“. Die Theologen gebrauchten nun diesen Begriff als *Bildwort*, und zwar zunächst für eine Aussage über den Menschen: Durch jedes Gesicht „tönt“ das Ich hindurch, das Ich-Bewusstsein mit seinem Denken und Fühlen, seinem inneren Erleben, seinen inneren Werten und seinem ganz eigenen Selbst-Sein. Seither charakterisiert der Begriff „Person“, der inzwischen in die Sprachen vieler Kulturen eingegangen ist, die Würde des Menschen in seiner Eigenständigkeit, „Ich“-Bewusstheit und Originalität. Dasselbe Bildwort konnten die Theologen dann benutzen, um eine ähnliche Wesensaussage über Gott zu machen: Auch Gott ist „Person“, denn hinter seinem Namen verbirgt sich ein großes – in diesem Fall göttliches – „Ich-Bewusstsein“.

Wenn wir also vom personalen Gott, ja im Christentum sogar von drei Personen in Gott sprechen, so ist das wie eine Maske, eine „Begriffs-Maske“ sozusagen. Durch diese Begriffs-Maske „Person“ blickt uns natürlich *weit Größeres* an als das, was wir im menschlichen Bereich Person und Persönlichkeit nennen.

Manche Menschen, so weiß ich aus vielen Gesprächen, denken noch heute, mit dem „personalen Gott“ sei ein Gott mit menschlichem oder menschenähnlichem *Körper* gemeint; an einen solchen können sie freilich nicht glauben. Andere meinen, Gott sei zwar eine „rein-geistige“, aber doch der menschlichen *Psyche* – mit all ihren Eigenheiten – vergleichbare Person. Solche Vorstellungen greifen in der Tat zu kurz. Gott ist in einem viel umfassenderen und vollkommeneren, für uns nicht auslotbaren Sinn „Person“. Durch die Persona Gott „tönt“ weit mehr hindurch als durch die Persona Mensch. Wenn wir dennoch von Gott als einer „Person“ sprechen, so deshalb, weil kein anderes Wort geeigneter und angemessener wäre, um *in die richtige Richtung* zu weisen, in der wir von Gott denken und uns seine Wirklichkeit bewusst machen können. Wir wollen damit sagen: *Weniger* als Person kann Gott nicht sein. Er ist ein Gott, der von sich „ich“, zu uns „ihr“ und zu mir „du“ sagen kann.

Der durch viele Bücher bekannte evangelische Autor Jörg Zink hat diese Gedanken folgendermaßen zum Ausdruck gebracht:

> „Wem immer eine christliche Erziehung zufiel, dem ist es selbstverständlich, dass Gott als ‚Person‘ anzusprechen sei und dass man vieles an ihm durch einen Vergleich mit einer menschlichen Person angemessen beschreibe. Gott handelt, Gott redet, er urteilt. Er hört und sieht, er denkt, er kommt und geht. Er spricht uns an. Er antwortet. Er liebt. Und das ist nicht so weit hergeholt. Wenn Gott denkende Menschen geschaffen hat, kann ihm selbst die Kraft zu denken nicht fremd sein. Schon das Alte Testament sagt: ‚Der das Ohr geschaffen hat, sollte der nicht hören? Der das Auge geschaffen hat, sollte der nicht sehen?‘ (Ps 94,9). […] Gott, wie ihn das Christentum beschreibt, ist nichts Verschwimmendes, nichts Ungenaues, wie ja auch der Mensch selbst kein verschwimmendes, sondern ein konturiertes Wesen ist.“[87]

Kann denn, so sagt uns also auch hier ein Argument der Vernunft, Gott, der Urgrund von allem, was da ist, kleiner und geringer sein als das, was die Schöpfung als höchste Daseinsform hervorgebracht hat? Und kann er denn von geringerer Daseinsform sein als der Galiläer Jeschua von Nazareth, der uns als eine menschliche Person Gott nahegebracht und vorgelebt hat? Gott muss, so die Schlussfolgerung in diesem Argument, *mindestens* das sein, was wir Person nennen. Natürlich ist er nicht im menschlich begrenzten Sinne Person; das Bild „Gott, die Person“, so erläutert Jörg Zink, „übersteigt das göttliche Person-Sein ins Unendliche“.[88]

Doch auch in diesem Fall sind Argumente kein zwingender Beweis. Auch hier ist es die Lebenserfahrung, die einem Menschen wie Jörg Zink die Gewissheit gibt, dass Gott ein personaler Gott ist. Erst wenn einer (gestützt auf solche Argumente) sein Leben auf das Fundament *„Gott ist göttliche Person“* gebaut hat, sich dann diesem als Person geglaubten Gott zuwendet und *„du, Gott“* zu ihm sagt, wird er die Erfahrung machen können, dass er nicht auf Sand gebaut hat. Er muss also, um zu dieser Gewissheit zu gelangen, „Ernstfall“ gemacht haben mit seiner Entscheidung für einen personalen Gott. Er muss Gott anreden, „du, Gott“ zu ihm sagen und dieses „du, Gott“ auch wirklich *meinen*. Die Erste Bekehrung, zu der das VATERUNSER herausfordert, verlangt auch in diesem Fall nach der Zweiten Bekehrung. Der Entscheidung zum *Glauben an Gott als Person* muss die Entscheidung für ein bewusstes *Leben mit Gott als Person* folgen. – Jörg Zink lädt seine Leser und Leserinnen mit den folgenden Worten dazu ein:

> „Was sagt mir nun das Evangelium? Es sagt: Wende dich an Gott! Höre seine Stimme! Antworte ihm! Finde deine aufrechte Gestalt im Gegenüber zu ihm. Er sieht dich. Er hält dich in seiner Hand, auch wo du dich selbst nicht mehr in der Hand hast. Er bleibt dein klares Gegenüber, auch wo du selbst vor deinen Augen unklar wirst und verschwimmst. Sprich zu ihm als zu deinem Vater im Himmel.
>
> Es meint also: Halte dich daran, dass Gott das Wesen einer Person hat über alles hinaus, was sonst über ihn zu sagen ist. Das Rätsel Gott hat ein Gesicht. Ein vertrauenswürdiges. Dein Vater im Himmel ‚weiß, was du brauchst‘.
>
> Gott ist ein Du. Dieses Du triffst du an, wenn du in dich hineinhorchst und seine Stimme vernimmst. Du triffst es an, wohin immer auf der Erde du blickst. Und Gott bleibt

das Du. Er wird nie ein ‚Es'. Er spricht dich nicht an, als wärest du ein ‚Es', sondern als das Du, das du für ihn bist. Gott ist nie etwas Allgemeines, sondern immer ein Du, ein tröstliches. Ein wissendes. Halte das fest.

Und halte fest, dass du selbst ein Gesicht hast. Ein unverwechselbares. Ein unverlierbares. Und dieses Gesicht bleibt dir auch in aller Begegnung mit Gott. Und wenn du dir entgleitest, wenn sich dir dein Gesicht im Spiegel zu verwischen scheint, wenn du an deiner Unverlierbarkeit zweifelst oder wenn dein Herz dich anklagt, ‚dann ist Gott größer als dein Herz und weiß alle Dinge' (1 Joh 3,20).“[89]

Ein ansprechbarer Gott

In der Religionswissenschaft gab man dieser Art zu leben den Namen *Mystik*. Das ist ein recht missverständliches und in der Tat heute vielfach missverstandenes Wort. Ich möchte es daher zunächst erklären.

Das Substantiv „Mystik“ ist eine Wortschöpfung der katholischen Theologie und stammt aus dem späten 17. Jahrhundert, es geht auf das griechische Verb *myein* zurück, das so viel wie „die Augen schließen“ bedeutet. Zuvor verwendete man den Begriff nur adjektivisch und sprach von *mystisch*, um das innere, seelische Geschehen zu beschreiben, das sich „hinter den geschlossenen Augen“ vollzieht, wenn sich ein Mensch Gott zuwendet. Ein Mystiker bin ich, wenn ich nicht nur *von* Gott rede, *über* Gott nachdenke und mein Gebet *vor* Gott verrichte, sondern mich – bewusst und von innen her – *zu* Gott hinwende.

Mystiker sind also keine religiösen Überflieger, in der Regel auch keine Visionäre mit außergewöhnlichen oder gar übersinnlichen Erfahrungen (die können auch völlig unreligiöse Menschen haben!). Mystiker sind ganz normale Männer und Frauen. Sie betrachten ihren Glauben allerdings nicht nur als Weltanschauung oder als ethischen Normenkodex, sie praktizieren ihn nicht nur als mehr oder weniger aktive Mitgliedschaft in einer Religionsgemeinschaft. Der Mystiker lebt in einer *persönlichen, innerlich vollzogenen Beziehung* zu seinem Gott. Das tut er, indem er sich bewusst macht – sich „vergegenwärtigt", sagt die christliche Tradition –, dass Gott verborgen anwesend ist, dass sich also hinter der Vokabel „Gott" *Wirklichkeit* verbirgt; und dieser verborgen-gegenwärtigen Wirklichkeit wendet er sich „von innen heraus" zu.

Diese Erklärung des Begriffs „Mystik" gilt allgemein, d. h. für alle Religionen, wie auch immer sich ein Mensch Gott bzw. das Göttliche vorstellen mag.

In den *theistischen* Religionen ist Gott ein Jemand, eine *personale* Wirklichkeit. Der jüdische, christliche oder islamische Mystiker wendet sich folglich Gott zu *von Ich zu Du.* Er sagt nicht nur: „Ich glaube an Gott", er sagt: „Ich glaube an *dich*, Gott" und „Ich glaube *dir*, Gott", wobei er das „dich, dir, du, Gott" auch innerlich vollzieht, bewusst *zu Gott hin*. – Als Augustinus der Christin Proba in einem Brief das VATERUNSER erklärte, schrieb er ihr, unsere Gebete sollten „gleichsam Pfeilgebete sein", aus uns selbst heraus und auf Gott hin gerichtet, in „sorgfältig erweckte(r) Herzensandacht".[90] Und ein solcher Mensch *spricht* nicht nur zu Gott, ob nun laut mit dem Mund oder still im Innern, ob mit Worten und Gedanken oder mit dem wortlosen Empfinden des Herzens – er *hört und horcht* auch zu Gott hin, fragt, was vor den göttlichen Augen recht ist und wahr ist; er *lässt* sich von Gott her etwas „sagen" und versucht, es in die Tat umzusetzen. Theistische Mystik ist, wenn auch anders als die Kommunikation zwischen zwei Menschen, immer *dialogisch*. Ein theistischer Mystiker ist also ein Mensch, der *im Innern seines Herzens mit dem Gott lebt, an den er glaubt*, und der *aus dieser „Zweisamkeit" heraus so zu denken und zu handeln versucht, wie es seinem Gott entspricht*.

Das Spezifische der *christlichen* Mystik lässt sich dann so beschreiben: Ich lebe mit *dem* Gott und denke und handle aus dem Geist *des* Gottes, den Jesus von Nazareth verkündete und vorlebte. Auf der Basis seiner Gottesverkündigung wird daraus sogar eine

Dreifaltigkeitsmystik. Mystik ist, auch für uns Christen, nicht eine Sonderform des Glaubens, sondern sein „Ernstfall“, sein innerster Kern. Edith Stein, die prominente jüdische Christin des 20. Jahrhunderts, hat diese mystische Art, den christlichen Glauben zu leben, einmal so umschrieben:

> „Die Glaubenswahrheiten annehmen heißt Gott annehmen, denn Gott ist der eigentliche Gegenstand des Glaubens, von dem die Glaubenswahrheiten handeln. Gott annehmen, das heißt aber auch, sich Gott im Glauben zuwenden oder ‚zu Gott hin glauben‘ (credere in deum), Gott zustreben … (Ein Mystiker) will mehr als einzelne Wahrheiten von Gott, er will Ihn selbst …“[91]

Mit der Formulierung „zu Gott hin glauben“ – zu der personalen Wirklichkeit *Gott selbst* hin also, nicht nur und nicht zuerst zu „einzelnen Wahrheiten von Gott“ – beschreibt Edith Stein geradezu klassisch, was *glauben* überhaupt und im Kern bedeutet. Schon Thomas von Aquin hatte „die ureigenste Tat der Religion“, den zentralen „Akt“ des Glaubens an Gott, im *Gebet* gesehen („oratio est proprie religionis actus“)[92]; glauben, also die *christliche Art, Mensch zu sein*, ist für ihn im Kern eine „innere Andacht, bei der sich der Geist des Beters zu Gott erhebt (interiorem devotionem, qua mens orantis elevetur in Deum)“.[93] Das Wort „mens“, das der große Theologe des Mittelalters hier verwendet, steht im Sprachempfinden der Lateiner für Denkkraft, Verstand, vernunftbegabtes Bewusstsein, aber auch für Herz, Seele, Gemüt, Wille und Leidenschaft, also für das „Innere“ der menschlichen Person überhaupt, für alle ihre Geistes- und Seelenvermögen.

Edith Stein und Thomas von Aquin bringen damit zugleich noch einmal ins Wort, was *jede* theistische Spiritualität ausmacht. Denn grundsätzlich verbindet uns Christen die mystische Lebensweise, wie Karl Rahner, der wohl bekannteste Theologe des 20. Jahrhunderts, sagt, mit „jedem Menschen, der die radikale Unbegreiflichkeit, Tiefe, Absolutheit seines Daseins auf Gott hin in Freiheit vor sich lässt"[94], in der „dialogischen" Form zumindest mit allen theistischen Religionen: mit dem Judentum, dem Islam und mit vielen anderen Gott-Gläubigen auf dieser Erde. Es war ein jüdischer Theologe, der Religionsphilosoph Martin Buber, der 1950 in seinem Buch ZWEI GLAUBENSWEISEN kritisch darauf hinwies, dass sich im Christentum – und natürlich auch „im jüdischen, und zwar schon im vorchristlichen jüdischen" Glaubensleben – eine von der biblischen Hochform abgesunkene Glaubensform etabliert habe.[95] Man begnüge sich mit einem „Dass-Glauben" (ich glaube, dass …), mit dem Bejahen „satzhaft" umschriebener Glaubenswahrheiten.[96] Das aber heiße, lediglich „einen Sachverhalt als wahr anerkenne(n)"[97], also im Sach-Bereich des Glaubens, bei der reinen Weltanschauung stehen bleiben. Es gehe jedoch darum, so Martin Buber, im „Vertrauen … zu dem ‚geglaubten' Gott"[98], im *Beziehungs-Glauben* also, zu leben; denn: „Man kann ‚glauben, dass Gott ist', und in seinem Rücken leben; wer ihm vertraut, lebt in seinem Angesicht."[99]

Schon in den 1960er-Jahren hat Karl Rahner das viel zitierte und von ihm selbst mehrfach in Erinnerung gebrachte Wort gesagt: „Der Christ der Zukunft wird ein Mystiker sein, einer, der etwas ‚erfahren' hat, oder er wird nicht mehr sein."[100] Die damals beschworene Zukunft ist inzwischen längst Gegenwart geworden. Kaum noch ein Christ in unserem Land ist heute getragen von einer Selbstverständlichkeit des Glaubens in Familie und Bekanntenkreis. Er muss heute selbst wissen, warum es gut und richtig ist, als Christ zu leben, obwohl viele um ihn herum eine andere Lebensart vorziehen (und dabei durchaus auch gute Menschen sind!). Nicht das religiöse Umfeld, nur noch die *persönliche*, und das heißt letztlich die *mystische* Erfahrung, dass Glaube einen „Mehrwert" hat, wird ihn tragen. Gerade in einer solchen Zeit kann das VATERUNSER gleich mit seinen ersten Worten eine Herausforderung sein, sich (wieder neu) zu entscheiden für die mystische Art, Christ zu sein. – Und natürlich meint auch Karl Rahner eine Mystik, die „dem normalen Christen […] zugänglich ist".[101] Er hatte bei seinem prophetischen Blick in die Zukunft nicht „vollkommene Heilige" vor Augen. Nicht erst dann darf einer ein Mystiker genannt werden, wenn er die „höchsten Stufen der

Vollkommenheit" erreicht hat, wie leider auch von dem einen oder anderen Theologen noch immer gesagt wird, sondern schon dann, wenn er in aller Schlichtheit und Armseligkeit mit Gott in persönlicher Ich-Du-Beziehung zu leben beginnt. Mystik ist, ähnlich wie jede menschliche Freundschaft, ein *Weg*: sie hat einen Beginn, sie kennt ein Auf und Ab, und sie kann zu tiefer Vertrautheit heranreifen.

Die Alternative

Es ist selbstverständlich möglich, einen anderen, nicht-christlichen oder sogar nicht-theistischen Weg mystischen Lebens zu gehen. Man kann das Absolute, das hinter allem Dasein waltet, auch als a-personal verstehen, als „die große göttliche Kraft", die alles trägt und formt; man glaubt an „*das* Göttliche", nicht an einen „Gott" im theistischen und christlichen Sinne. Auch aus diesem Glauben kann man „Ernstfall" machen. Eine solche Mystik – etwa die des Buddhismus oder des Taoismus – hat dann freilich nicht einen betend-dialogischen, sondern eher einen schweigend-einfühlenden Charakter. (Ich kann ja nicht „du, Gott" sagen, wenn ich nicht daran glaube, dass das Göttliche „ich" sagen kann; oder ich werde „du, Gott" nur im uneigentlichen Sinne sagen, so wie ich etwa „du Baum" oder „du Erde" sage.) Der Mystiker einer solchen Spiritualität wird sich in das allumfassend Göttliche hineinversenken können, er wird (in glücklichen Momenten) in diesem Göttlichen ein Eins-Sein mit allen Geschöpfen erfahren, und das wird in ihm eine Haltung der Achtsamkeit, der Toleranz und des Mitgefühls mit allen Geschöpfen ausprägen.

Und auch diese Sicht ist möglich: Man betrachtet das Absolute, das Letzte und Höchste, den „Grund" allen Daseins, nicht als das „Über-Natürliche", sondern als etwas zur Natur Gehörendes: als die für uns Menschen nicht fassbare, aber alles umgreifende, alles ins Dasein bringende „Energie", aus der das Weltganze und jedes seiner

Teile, vom Atom bis zur Galaxie, vom Einzeller bis hin zum Menschen, „gemacht“ ist. Die Philosophie spricht hier von einer holistischen Weltanschauung (griech: holos = das Ganze). Ein personales Gegenüber, gar ein „Vater im Himmel“, kann auch in diesem Fall das „Göttliche“ nicht sein, und entsprechend wird sich das innere (mystische) und äußere Glaubensleben gestalten. – In Deutschland wurde diese Sicht, nicht ganz eindeutig abgegrenzt von der erstgenannten, in jüngster Zeit durch den Benediktinerpater Willigis Jäger (Würzburg) vertreten. Ich möchte seine Gedanken hier als ein Beispiel für viele ähnlich strukturierte Auffassungen, die heute sehr verbreitet sind, anführen, um den Unterschied zu der Spiritualität deutlich zu machen, die das VATERUNSER Jesu uns vermittelt.

Durch jahrelange Erfahrung mit dem Zen-Buddhismus wie auch durch naturwissenschaftliche Lektüre geprägt ist Gott für Willigis Jäger die „Erste Wirklichkeit“ des Weltganzen, die „durch alle Wesen hindurchgehende treibende, unfassbare Energie des Einen“.[102] Wenn wir uns das Göttliche „als einen unendlichen Ozean“ vorstellen, so Willigis Jäger, dann sind wir Menschen „die Wellen auf diesem Meer“.[103] Das „Göttliche“ sei, mit meinen Worten erläutert, so etwas wie der „Grundbaustein“ von allem, was existiert. Was die Religionsgeschichte der Menschheit „Gott“ nennt, sei nicht eine „über-natürliche“, sondern eine zur Natur gehörende Wirklichkeit, die „Erste“, alles tragende und formende freilich. Als solche aber könne Gott nicht ein personales Gegenüber für den Menschen sein. Ausdrücklich grenzt sich Willigis Jäger mit dieser Auffassung von den theistischen Religionen, einschließlich der christlichen Glaubenssicht, ab.[104] Auch er erhebt – ganz zu Recht – den Anspruch, Mystiker zu sein und zu einer „mystischen Spiritualität“[105] hinzuführen. Seine Mystik hat aber nicht eine personale, dialogische Gestalt. Der Mensch müsse die innere Beziehung zum Göttlichen vielmehr „transpersonal“[106] vollziehen, also indem er sein menschliches Person-Sein überschreite („trans-“) und sich hineingebe in das große „Eine“, dessen momenthaftes Teil er sei. „Ziel des spirituellen Weges“ sei ein „Bewusstseinszustand“, in welchem der Mensch zur Erfahrung „der Einheit der eigenen Identität mit der Ersten Wirklichkeit“, zur „Erfahrung der Leere, der prädikatlosen ‚Gottheit‘“ gelange[107]; im Bild gesprochen: „Er erfährt: Alles ist Welle und Ozean zugleich.“[108]

Ich denke, wer sich auf eine Spiritualität dieser oder ähnlicher Art einlässt, wird wiederum an den Früchten, durch die Lebenserfahrung erkennen, ob und wohin ihn ein solcher Weg trägt. Das sage ich – obwohl ich einen anderen Weg gewählt habe – in aller Aufrichtigkeit und Toleranz.

Nicht mitvollziehen kann ich allerdings die Auffassung, dies allein sei „echte Mystik“[109], oder gar: dies sei *christliche* Mystik. Willigis Jäger ist, wie ähnlich denkende spirituelle Lehrer und Autoren auch, der Meinung, große Christen wie Hildegard von Bingen, Meister Eckhart, Johannes Tauler und Johannes vom Kreuz hätten – ebenso wie „Jesus und Buddha“[110] – ihre Mystik nicht anders als in diesem „transpersonalen“ Sinne gelebt, und es hätte ihnen an nichts anderem gelegen, als „Wege aufzuzeigen, wie andere Menschen zu der gleichen Erfahrung gelangen können“.[111] Bei Johannes vom Kreuz zum Beispiel finde sich „nichts Personales und nichts Christliches“.[112] Der spanische Mystiker sei vielmehr „wie ein mit Christentum vollgesaugter Schwamm. Drückt man alles heraus, bleibt die volle mystische Theorie zurück“[113] – womit der Autor sagen will, christlich sei lediglich die Sprache, die damit wiedergegebene mystische Lebensform aber sei nicht anders als die von ihm, Willigis Jäger, vertretene Theorie. Und Teresa von Ávila? „Ich liebte die heilige Teresa und las sie immer wieder und immer wieder. Sie ist zuerst Christin und nur in zweiter Linie Mystikerin. Dann ging mir auf, dass ich – was das Beten anging – fünfzehn Jahre vergeudet hatte.“[114]

Mir jedenfalls und einer ganzen Heerschar von Lesern und von Theologen ist in den Werken und Poesien des „doctor mysticus“ Johannes vom Kreuz das christliche Gottesbild geradezu in Reinkultur begegnet, dazu eine Gottes-, Christus- und Dreifaltigkeitsmystik, die an Eindeutigkeit und Tiefe ihresgleichen sucht. Und mit den Schriften Teresas „vergeude“ ich gern und gewinnbringend noch immer meine Zeit.

Johannes vom Kreuz und Teresa von Ávila haben mit dem *personalen*, freilich alles menschliche Person-Sein überschreitenden *Gott der Bibel* gelebt und darin mystische Erfahrung gemacht – die in mancher (nur in mancher!) Hinsicht gewiss Ähnlichkeiten mit der mystischen Erfahrung anderer Gottesvorstellungen hat. Willigis Jäger dagegen sucht, so meine ich, *die mystische Erfahrung* – und kommt dabei zu einer Gottesvorstellung, die weit hinter der zurückliegt, die seit drei Jahrtausenden den jüdischen und später den christlichen und islamischen Glauben geprägt hat. Um dazu einen jüdischen Autor zu Wort kommen zu lassen: Der in Israel und im englischen Sprachraum hochgeschätzte jüdische Philosoph und Theologe Abraham Joshua Heschel (gest. 1972), der auch in Deutschland gerade wiederentdeckt wird[115], wandte sich in seinen Schriften gegen jede Art, den Gott der Bibel zu einem „Was" zu erklären; Gott ist für ihn weder die Summe aller Werte und Ideale („Verkörperung für ein Gesetz", Eva Strittmatter, s. o.) noch eine – wenn auch „Erste" – hintergründige, unpersonale Wirklichkeit dieser Welt. Im Blick auf die große Gebetstradition seines Volkes schreibt er:

> „Ein ‚Ich' betet nicht zu einem ‚Es'. Wenn Gott nicht wenigstens so wirklich ist wie ich selbst, wenn ich nicht sicher bin, dass Gott mindestens so lebendig ist wie ich – wie kann ich dann beten?"[116]

Die Mystiker der abrahamitischen Religionen unterscheiden klar zwischen der „Schöpfung" und dem „Schöpfer", sie finden „Gott *in* allen Dingen" (Ignatius von Loyola), aber sie sagen nicht, alle Dinge – alle Natur, das Weltganze, der Mensch selbst – *sind* Gott (Willigis Jäger dagegen: „Die Welle ist das Meer."[117]) In theologischer Sprache ausgedrückt: ihre Mystik hat nicht eine holistische oder pantheistische Welt- und Gottessicht zur Grundlage (alles ist Gott / Gott ist alles), sondern eine theistische und pan*en*theistische: Gott ist *in* allem, was Natur ist, aber er ist mit ihr nicht identisch.[118] Und dieser über-natürliche Schöpfer, so unser gemeinsamer Glaube, muss mindestens das sein, was wir „personal“ und „Person“ nennen.

Die Vaterunser-Betrachtungen des großen katholischen Religionsphilosophen Romano Guardini (1885–1968) sind gerade auf diesem Hintergrund bis heute aktuell und überaus lesenswert. Der weit über Deutschland hinaus bekannte Theologe schrieb schon 1932 sehr einfühlsam, es seien „keine geringen und unfrommen Menschen, die Gott in solch pantheistischer Weise als unpersönliches Allwesen dachten und mit ahnender Scheu und Sehnsucht verehrten“, denn „es gibt etwas im Wesen der Welt, in der Wurzel der Dinge, in den Tiefen der Seele, das zu solcher Anschauung lockt und sich solcher Frömmigkeit erschließt.“[119] Und dennoch weiß er klarzustellen:

> „Wo immer das Herz eines Menschen religiös empfänglich ist, fühlt es jenes Mehr, das überall webt, über alles hinaus, was die Dinge sind. […] Unser Bewusstsein merkt, dass diese auf etwas anderes hinweisen; dass Gerät und Tisch, Haus und Straße, Baum und Land und Berg und alles, was da steht und sich bewegt, von etwas umwoben ist, das mehr ist als jenes Erstgegenwärtige. Dieses Etwas ist geheimnisvoll und doch tief vertraut. Es ist heilig. Es ist das Göttliche. […] Ebenso geht es mit dem menschlichen Dasein, mit Fügung und Schicksal. Auch da, in aller menschlichen Gestalt, in allem Tun und Widerfahren, ist etwas darüber hinaus: ein Umgebendes; ein Webendes; Zusammenhang, Hinweis und Sinn: das Göttliche.
>
> Die Worte des Vaterunsers aber sagen: Du hast es nicht nur mit einem ‚Göttlichen‘ zu tun, nicht nur mit einem Geheimnisvoll-Webenden, sondern mit einem Wesen. Nicht nur ein Etwas ist da, das du fühlen, sondern ein Jemand, den du anreden kannst. Nicht nur ein Walten, das dich anrührt, sondern ein Angesicht, in das zu schauen du gerufen bist. Nicht nur ein Sinn, den du fühlst, sondern ein Herz, an das du dich wenden magst. […] Dieses ‚Gött-

liche‘ ist Gott, der Herr; und Er ist so, dass du zu ihm sagen kannst: ‚Du‘.

[…] So wagen wir es mit Gott, der ‚im Himmel‘ ist und anders als unsere Erde. Wir wollen keinen Gott, wie wir ihn uns von der Erde her vorstellen können. Wir wollen keinen Menschen-Gott, keinen Ding-Gott, keinen Welt-Gott. Wir wollen Ihn, den Lebendigen, der gesagt hat: ‚Ich bin der Ich-bin.‘“[120]

Auch mir persönlich wäre ein Glaube an einen (wie auch immer vorgestellten) *un*personalen Gott, gemessen an meiner Lebenserfahrung mit dem „Vater“-Gott Jesu, einfach zu wenig. Und so sehr ich die Menschen verstehe, die – so Willigis Jäger über die Teilnehmer an seinen Kursen – „sich in ihrem angestammten christlichen Umfeld nicht mehr zu Hause (fühlen)“ und „mit dem Glaubensgebäude, das in den Kirchen gelehrt wird […] nichts oder nicht mehr viel anfangen (können)“[121]: eine „mystische Spiritualität“ dieser Art erscheint mir doch als eine nur scheinbare Alternative. Ich finde in meinem Leben bestätigt, was der Jude Martin Buber in seinem Buch ICH UND DU ausführlich beschreibt und zu bedenken gibt: *„Das Ich wird am Du“* und *„alles wirkliche Leben ist Begegnung.“*[122] Es sind die Ich-Du-Beziehungen, die freundschaftlich-liebevollen und die kritisch-herausfordernden, die mich reifen lassen; und es ist gerade auch die Ich-Du-Beziehung zu Gott, der ich verdanke, dass ich der bin, der ich heute bin. Mit weniger möchte *ich* mein Leben nicht verbringen …

5.

„Unser Vater, der in den Himmeln“

Nach all den einführenden Erläuterungen zur Herkunft des Unser-Vater-Gebetes und nach den grundlegenden Gedanken zum Gottesglauben überhaupt, die mir für ein erfolgreiches Lernen in der „Lebensschule Vaterunser“ notwendig erschienen, möchte ich mich nun dem Text selbst zuwenden. Dabei beabsichtige ich, Zeile für Zeile durchzugehen und den Sinn der einzelnen Verse theologisch verantwortet, aber doch möglichst allgemeinverständlich aufzuschlüsseln. Zugleich will ich versuchen, daraus die entsprechenden Schlussfolgerungen für unser Leben zu ziehen. Auch möchte ich Hinweise geben, wie man das Vaterunser bedenken, meditieren, mitbeten und es sich – ganz nach dem Vorbild Jesu und der frühen Christen – für sich selbst „zurechtbeten“ kann. Zugrunde lege ich die frühchristlichen, insbesondere die beiden biblischen Überlieferungen, nicht die heutige Fassung. Denn es muss unser Anliegen sein, zunächst einmal zu fragen, was *Jesus selbst* mit seinem zurechtgebeteten Kaddisch sagen wollte und welche Lebensweisheit *er* in diesen Worten zum Ausdruck gebracht hat. Um das herauszufinden, müssen wir – mit Hilfe der bibelwissenschaftlichen Textanalysen der Fachleute – die Matthäus- und die Lukas-Fassung, gegebenenfalls auch die der Didache, miteinander vergleichen, das Kaddisch und andere jüdische und alttestamentliche (Gebets-)Texte berücksichtigen und als Verstehenshintergrund die gesamte Lebens- und Glaubenssicht Jesu im Auge behalten. Aber auch dem, was andere vor uns aus dem Vaterunser gelernt oder sogar schon in die überlieferten Texte mit hineingebetet haben – das trifft ja, wie gesagt, bereits für die beiden biblischen Fassungen selbst zu –, werden wir unsere Aufmerksamkeit schenken.

Das neue alte Gottesbild …

Es ist nicht schwer zu erkennen, dass Lukas mit der kurzen Anrede „Vater“ den *ursprünglichen* Beginn des Gebetes Jesu wiedergibt. Denn die Worte „der in den Himmeln“ verraten die Handschrift des Matthäus, und auch das „unser“ dürfte, wie sich zeigen wird, von den frühchristlichen Gemeinden hinzugefügt worden sein. In der theologischen Fachwelt ist man sich darin seit Langem einig.

Es war und ist im Judentum nichts Ungewöhnliches, von Gott als *Vater* zu sprechen. Immerhin 14 Mal nennt das Erste („Alte“) Testament, die Bibel des Volkes Israel, Gott einen Vater. Es handelt sich dabei natürlich um ein *Bildwort*. Es meint nicht, wie man annehmen könnte, Gott als den Erzeuger der Welt und des Lebens; von diesem mythischen Wortgebrauch, wie er in den Religionen der Nachbarvölker üblich war (im Sinne der Erschaffung der Welt durch Vater- und Muttergottheiten), grenzten sich die Theologen Israels sogar bewusst ab. „Vater“ nennen sie ihren Gott vielmehr, um seine *„väterliche“ Liebe*, seine Fürsorge, durchaus auch sein erzieherisches Wirken auszudrücken. Sich selbst verstanden die Menschen in Israel als ein Volk, das wie ein *Sohn* dieses Vaters ist. Bibelworte wie die folgenden waren den Zuhörern Jesu gewiss vertraut: „Der Herr, dein Gott, hat dich auf dem ganzen Weg, den ihr gewandert seid, getragen, wie ein Vater seinen Sohn trägt“ (Dtn 1,31); „Du sollst die Erkenntnis gewinnen, dass der Herr, dein Gott, dich erzieht, wie ein Vater seinen Sohn erzieht“ (Dtn 8,5); „Von Jugend an hat wie ein Vater er mich großgezogen, vom Mutterschoß an mich geleitet“ (Ijob 31,18); „Wie ein Vater sich seiner Kinder erbarmt, so erbarmt sich der Herr über alle, die ihn fürchten“ (Ps 103,13). Oder der Satz aus der alttestamentlichen Weisheitsliteratur, der heute leider in entstellender Verkürzung als Sprichwort im Umlauf ist: „Wen der Herr liebt, den züchtigt er, wie ein Vater seinen Sohn, den er gern hat“ (Spr 3,12).

In all diesen Bibelworten heißt es, Gott sei *wie* ein Vater. Die vergleichende, *bildhafte* Weise, von Gott als Vater zu sprechen, kommt hier deutlich zum Ausdruck. Und immer bezieht sich der Vergleich auf die *Charaktereigenschaften* eines Vaters, und zwar eines *guten, liebenden Vaters*, auf die väterlich-liebevolle, sorgende und erzieherische Einstellung eines Vaters gegenüber seinen Söhnen und Töchtern. „Mit der Metapher ‚Vater' (ist) stets", so der katholische Bibeltheologe Hubert Frankemölle, „Nähe, Fürsorge, Barmherzigkeit, Liebe … assoziiert."[123]

Ein besonders eindrucksvolles Beispiel für dieses Vater-Bild in der Gottesvorstellung Israels findet sich im Ersten Testament bei Hosea. Der um 750 v. Chr. entstandene Text lässt Gott zu seinem „Sohn Israel" die folgenden Worte sagen, die ich hier in der Übersetzung der jüdischen Theologen Martin Buber und Franz Rosenzweig zitieren möchte:

> „Als Jissrael jung war, liebte ich ihn,
> von Ägypten an rief ich meinem Sohn zu. […]
> Sie haben den Baalen geschlachtet,
> den Schnitzdocken aufrauchen lassen.
> Und doch stellte ich selber den Fuß Efrajim zurecht,
> indem ich an meine Arme ihn nahm,
> sie aber erkannten nicht, dass ich sie heile.
> Ich hielt sie an Menschenbanden,
> an Stricken der Liebe,
> so war ich ihnen,
> wie wer an die Wangen den Säugling sich hebt,
> ich reichte ihm die Atzung (= Nahrung) …" (Hos 11,1–4).[124]

Und man spricht so nicht nur *von* Gott, sondern auch *zu* ihm. Wie die unmittelbare Antwort der Söhne und Töchter auf die Worte ihres väterlichen Gottes aus Hosea klingt ein Text aus dem Buch Jesaja, etwa 250 Jahre später niedergeschrieben; ich gebe ihn hier ebenfalls in der Übersetzung der jüdischen Theologen wieder:

> „Du ja bist unser Vater! […]
> DU selber bist unser Vater,

Unser-Löser-seit-Urzeit dein Name! [...]
Allsamt
sind wir wie der Maklige worden,
all unsre Bewährungen
wie ein regelbefllecktes Gewand,
wie Laub welken wir alle,
wie der Wind trägt unser Fehl uns davon.
Keiner ist,
der deinen Namen noch anruft,
der sich aufrafft, dich festzuhalten. [...]
Jetzt aber, DU –
du bist unser Vater!
Wir sind der Ton,
du bist unser Bildner,
allsamt sind wir Tat deiner Hände" (Jes 63,15–64,7).[125]

Diesen Gott, der im Glaubensverständnis des Volkes Israel *wie ein Vater* ist, meint Jesus am Beginn seines zurechtgebeteten KADDISCH. Seine Gottesanrede hätte die jüdischen Hörer also nicht verwundern müssen. Doch im Alltag ihres Lebens war der Glaube an einen liebevoll sorgenden Vater-Gott bei den allermeisten in Vergessenheit geraten. Das väterlich-pädagogische Formen durch seine Hände (s. o.) war, sicherlich nicht zuletzt durch die Erfahrung autoritärer und strafender Strenge ihrer menschlichen Väter, für sie kaum vorstellbar gewesen. In den Herzen der Menschen war die Ehrfurcht vor Gott der Furcht vor Gott gewichen. Wohl aus diesem Grunde waren zur Zeit Jesu liturgische wie auch persönliche Gebete mit der Vater-Anrede sehr selten geworden. Sie verbreiteten sich im Judentum erst wieder im Laufe des ersten und zweiten Jahrhunderts n. Chr.

Gott mit „Vater" anzusprechen, war für die Zuhörer Jesu also zwar ungewöhnlich, auf dem Hintergrund ihrer Heiligen Schriften aber hätten sie darin nichts Besonderes sehen müssen. Was Jesus tat, war im Rahmen des Vertretbaren. Wenn da nicht die ungewohnte Art gewesen wäre, in der er ihnen dieses Gottesbild in Erinnerung brachte! Jesus begann sein Gebet nicht mit dem hebräisch-biblischen „abbinu (unser Vater)“ oder „abbi (mein Vater)“ – Worte, die, enthoben der Alltagssprache, einen feierlichen und ehrfürchtig-distanzierten Klang hatten –, sondern benutzte das vertrauliche, aramäisch-umgangssprachliche *„abba“*. Das war doch die Art, wie Kinder, freilich auch erwachsene Söhne und Töchter, ihren Vater „zu Hause über den Tisch“ (Hans Weder)[126] anredeten! „Niemand würde es gewagt haben“, schreibt der Pionier der Abba-Forschung, Joachim Jeremias, „Gott so anzureden.“[127] Wenn dieser Handwerker aus dem „Galiläa der Heiden“ für sich allein, in seinem „Kämmerlein“ so gebetet hätte – nun gut. Aber so sollten, seinem Wunsch und seiner Lehre nach, *alle* beten! Und so betete er nicht nur und lehrte er nicht nur beten – so, mit diesem familiären Vaternamen, sprach er auch sonst von Gott! Das war dem Denken seiner Umwelt nicht nur fremd, das muss, für viele jedenfalls, geradezu eine Unerhörtheit gewesen sein! Es war damals, so Rudolf Schnackenburg, ähnlich wie heute:

> „Diesen Gott, den Jesus verkündete, kannten sie und kannten sie doch nicht so, wie ihn Jesus vor sie hinstellte. Es war … eine neue Gottesoffenbarung für sie.“[128]

„Tatsächlich bestätigen uns die Kenner der jüdischen Gebetsüberlieferung“, resümiert Heinz Schürmann, „dass als Anrede an Gott *abba* in jüdischen Gebeten der damaligen Zeit noch keine dokumentierte Parallele hat.“[129] Jesus wagt im Gespräch mit Gott – in aller Öffentlichkeit und gegen den religiösen Sprachgebrauch seiner Zeit – die familiär übliche Anrede „Abba“. Er betet mit einem Urwort des Vertrauens, mit einem der beiden ersten Worte, die der Mensch sagen lernt, wenn er sich der bergenden, liebenden Gegenwart von Mutter und Vater bewusst wird und sich noch nicht anders als in Lallworten – „imma (Mama)“ und „abba (Papa)“ – artikulieren kann.[130] Das musste in der Tat aufhorchen lassen. Die Wirkung war – dieser Vergleich drängt sich mir hier auf – wie der legendäre reformatorische Thesen-Anschlag von Wittenberg: Gott „Abba“ zu nennen, war wie ein Hammerschlag gegen die Türen der Synagogen und gegen die Tore der Herzen.

Der Fortgang der Geschichte sollte schon bald zeigen, dass die Folgen den späteren Ereignissen im 16. Jahrhundert durchaus nicht unähnlich waren: Vielen wurde Jesus mit dieser Art, von Gott zu denken und zu sprechen, zum Ketzer; er wurde zur Gefahr für die althergebrachten Strukturen des religiösen Lebens, nicht zuletzt für den Opferkult am Tempel in Jerusalem, auf den ganze Berufszünfte ihre Existenz gegründet hatten. Andere erfuhren durch Jesus und seinen Abba-Gott einen Befreiungsschlag. Sie wussten sich geheilt von ihren Ängsten und erlöst aus ihrem religiösen Sklavendasein. In dem kleinen Wörtchen „Abba" war „alles eingeschlossen, was die Menschen letztlich suchen und bei Weitem nicht immer finden: Respekt und Herzlichkeit, Zutrauen und Liebe, Geborgenheit auch und Wärme und eine große Zärtlichkeit" (Josef Imbach).[131] Sie fanden ihre menschliche Würde wieder und bildeten, was Jesus ebenso wenig beabsichtigt hatte wie später Martin Luther, eine neue, an Zahl immer größer werdende Gemeinschaft.

Leider gehört zur Geschichte dieser neuen Gemeinschaft, die sich nach Ostern „Kirche Gottes" (1 Kor 1,2) nannte, auch die Tatsache, dass die befreiende Glaubenssicht Jesu schon bald wieder erdrückt wurde; erdrückt durch jenen *„Geist der Schwere"*, jenen Ungeist der Gottesangst und des religiösen Leistungsdrucks, wie ihn Jahrhunderte später Friedrich Nietzsche (1844–1900) auch seiner lutherischen und meiner römisch-katholischen Kirche attestieren musste.[132] – Bereits Paulus sieht sich gezwungen, den Christen in Galatien und der Gemeinde in Rom in Erinnerung zu rufen:

> „Als die Zeit erfüllt war, sandte Gott seinen Sohn, geboren von einer Frau und dem Gesetz unterstellt, damit er die freikaufe, die unter dem Gesetz stehen, und damit wir die Sohnschaft erlangen. Weil ihr aber Söhne (und Töchter) seid, sandte Gott den Geist seines Sohnes in unser Herz, den Geist, der ruft: Abba, Vater" (Gal 4,4–6).

> „Ihr habt nicht einen Geist empfangen, der euch zu Sklaven macht, sodass ihr euch immer noch fürchten müsstet,

sondern ihr habt den Geist empfangen, der euch zu Söhnen (und Töchtern) macht, den Geist, in dem wir rufen: Abba, Vater!" (Röm 8,14 f.).

Einen neuen Geist hatte Jesus in die Welt gebracht, einen Geist, der so ganz anders war als der Geist der Gottesfurcht, der die Menschheitsgeschichte durchzieht, so ganz anders als jener „Sklaven-Geist", der schon bald auch die christlichen Kirchen über Jahrhunderte hin wieder quälte und mancherorts noch heute die Söhne und Töchter Gottes zu Knechten und Mägden macht.

Die beiden Abschnitte aus den Paulusbriefen sind für uns auch in folgender Hinsicht von großer Bedeutung: Sie belegen nämlich, dass die Abba-Anrede noch in den frühen Gemeinden gebräuchlich war, und zwar bei den lateinisch und griechisch sprechenden Christen sogar unübersetzt in der aramäischen Urform. Paulus, der seine Briefe an sogenannte Heidenchristen schreibt, an Menschen also, die vor ihrer Zugehörigkeit zur Kirche nicht Juden waren und nicht Aramäisch konnten, muss sie an dieses Wort – und an den damit verbundenen „Geist der Sohnschaft" – lediglich erinnern. Es ist dies deshalb ein so wertvoller Beleg, weil Matthäus und Lukas die Gottesanrede in ihren VATERUNSER-Texten jeweils nur mit dem griechischen Wort „patér", also „Vater", wiedergegeben haben. Durch Paulus aber wissen wir, dass die griechisch und lateinisch sprechenden Christen Gott auch, wie Jesus, „Abba" nannten. Und Paulus sagt, sie würden ihn Abba *„rufen"* (s. o.), das heißt, sie haben also so zu ihm *gebetet*. Wo anders aber hätten sie dies hergehabt, als (über die Jüngerüberlieferung) von Jesus selbst!

Ein weiterer Beleg, der uns die Sicherheit gibt, dass Jesus Gott tatsächlich als „Abba" anredete, ist das von Markus um das Jahr 70 tradierte Ölberggebet. Dort überliefert auch das früheste Evangelium das aramäische „Abba", und hier sogar als Gottesanrede in einem Gebet von Jesus selbst. Wie bei Paulus steht es mitten drin im griechischen Text, gefolgt von der griechischen Übersetzung mit „patér": „Abba, Vater, alles ist dir möglich. Nimm diesen Kelch von mir! Aber nicht, was ich will, sondern was du willst, soll geschehen" (Mk 14,36).

Joachim Jeremias äußerte die Überzeugung – die, soweit ich es sehen kann, heute von allen Fachleuten geteilt wird –, dass auch allen anderen Gebetsworten Jesu in den vier Evangelien, in denen Gott ausnahmslos als „Vater (patér)" angeredet wird, das aramäische „Abba" zugrunde liegt. „Dieses ‚Abba'", so der Theologe, „ist ipssisima vox Iesu (= ureigenste Redeweise Jesu)."[133] Es gehört ganz und gar zum Wesen seines Lebens – und seines Sterbens. Und es gehörte ganz zentral zum Glaubensbewusstsein der frühen Kirche: Wenn ich, mit Hilfe des Computers, richtig gezählt habe, sprechen allein die ins Neue Testament aufgenommenen Schriften der ersten Christengenerationen etwa 170 Mal von Gott als dem „Vater" (noch einmal zum Vergleich: im Ersten Testament nur 14 Mal!) – von einem Vater, den Jesus „Abba" nannte.

Auch Martin Luther, des Hebräischen wie des Griechischen kundig, hat in den biblischen Schriften den Abba wiederentdeckt. Er gibt uns dazu die folgende Erläuterung:

> „Das hebräische Wort ‚Abba', welches heißt: ‚Lieber Vater', ist das Rufen, wie ein junges Kindlein, das der Erbe ist, aus einfältiger kindlicher Zuversicht mit seinem Vater lallt und ihm ruft ‚Ab, Ab'. Denn es ist das leichteste Wort, das ein Kind auszusprechen lernen kann, oder wie die alte deutsche Sprache auch fast leichter geredet hat: ‚Etha, Etha'. Solch ein einfältiges kindliches Wort redet auch der Glaube zu Gott durch den heiligen Geist, aber aus tiefem Herzen."[134]

Martin Luther war sich bewusst, dass ein solches Gottesbild Auswirkungen auf das Menschenbild hat. Wer Gott als Abba sehen lernt, lernt auch sich selbst anders sehen, und ebenso seine Mitmenschen; denn „das Wort Abba findet einen Widerlaut im Himmel, der heißt: Lieber Sohn! Ob ich's schon nicht höre, lass' ihn sorgen, er wird's besser verstehen".[135]

... und seine Folgen

In der Tat, das neue alte Gottesbild Jesu hat Folgen. Sie sind bereits an den Zusätzen zur Abba-Anrede in der Fassung des Matthäus zu erkennen. Wie gesagt: die Formulierung „*Unser* Vater, *der in den Himmeln*" ist mit Sicherheit eine Erweiterung; Lukas hat mit der kurzen Anrede „Vater" die ursprüngliche Form bewahrt.

Matthäus schrieb sein Evangelium im heutigen Syrien. Seine Gemeinde war aus dort lebenden Diaspora-Juden hervorgegangen. Diese „Judenchristen" hatten sich zwar im Laufe der Jahre von der Synagoge distanziert, doch nicht von ihren jüdischen Mitmenschen. Und den Juden war der Zusatz *„der in den Himmeln"* sehr wichtig, zumal zu dieser Zeit, im späten 1. Jahrhundert, auch in ihren Gottesdiensten Gebete mit der Anrede „Vater" zunehmend wieder gebräuchlich wurden. Die Formel diente ihnen nämlich, so erläutert der evangelische Neutestamentler Walter Grundmann, zur „Unterscheidung des himmlischen Vaters gegenüber dem irdischen Vater".[136] Mit Rücksicht auf sie schlossen sich die jüdischen Christen ganz bewusst diesem Brauch an, sicherlich auch deshalb, um deutlich zu machen, dass der Vater Jesu kein anderer ist als ihr gemeinsamer Gott Israels.[137] Die dahinter erkennbare Einstellung der Matthäus-Christen ist nicht zuletzt eine Folge des Gottesbildes, das durch die Glaubenssicht Jesu in ihren Herzen erwacht war: Wer Gott zum Abba hat, der kann nicht anders, als in den Mitmenschen, zumal in denen, die in derselben Glaubenstradition leben, Schwestern und Brüder zu sehen: von dem selben Gott geliebte Söhne und Töchter.

Wir finden diese Haltung bei einer jüdischen Christin aus unseren Tagen wieder. Edith Stein (1891–1942), die in Breslau geborene Jüdin, wusste sich auch nach ihrer Taufe eins mit ihrem Volk – bis hin zum Vernichtungstod in Auschwitz-Birkenau. Ja sie wusste sich darüber hinaus eins mit *allen Wahrheitssuchenden*, von denen es gerade zwischen den beiden Weltkriegen innerhalb und außerhalb der Kirche(n) so viele gab. In einem Brief, den sie als Karmelitin in Köln an eine befreundete Studienkollegin schrieb, als diese sich um ihren gemeinsamen Lehrer, den nun sterbenskranken Philosophen Edmund Husserl (gest. 1938) kümmerte, bekennt Edith Stein: „Um meinen lieben Meister habe ich keine Sorge. Es hat mir immer sehr fern gelegen zu denken, dass Gottes Barmherzigkeit sich an die Grenzen der sichtbaren Kirche binde. Gott ist die Wahrheit. Wer die Wahrheit sucht, der sucht Gott, ob es ihm klar ist oder nicht."[138] Auch der Nicht-Christ ist für Edith Stein ein Sohn des Vaters im Himmel und ihr Bruder auf dem Weg zu ihm hin. Sie nahm mit dieser Haltung in einer Zeit, da das berühmte Wort des Augustinus, „außerhalb der Kirche kein Heil", noch sehr eng verstanden wurde, Einsichten voraus, die später das Zweite Vatikanische Konzil (1962–1965) in den Erklärungen über das Verhältnis der Kirche zu den nichtchristlichen Religionen (NOSTRA AETATE) und über die Religionsfreiheit (DIGNITATIS HUMANAE) als für die katholische Kirche verbindlich formulieren sollte. – Wie sehr würde sich die Welt verändern, wenn viele Menschen, entsprechend auch in anderen Religionen und Weltanschauungen, so denken, so glauben, so miteinander leben könnten!

Wie aber kommt es, dass im Matthäus-Text von *den* Himmel*n* die Rede ist, das Wort „Himmel" also im Plural steht? Das ist geradezu typisch für Matthäus. So spricht er zum Beispiel, wo Markus und Lukas vom „Reich Gottes" reden, durchgängig vom „Reich der Himmel" (in den deutschen Bibelausgaben meist mit „Himmelreich" übersetzt). Der Grund dafür liegt weit zurück in der Geschichte des jüdischen Volkes. Schon seit Jahrhunderten war man gewohnt, „*die* Himmel" zu sagen, wenn man den „Ort" benennen wollte, wo Gott „wohnt". *Der* Himmel, das war im Weltbild der Antike das scheinbar kristallene Firmament, das sich über die Erdscheibe wölbt mit seinen Gestirnen daran. Gott aber, so wusste man in Israel, kann nicht Teil dieser Welt sein, weder der Erde noch des Himmels. Er wohnt gerade nicht „im Himmel droben", wie es die deutsche VATERUNSER-Fassung zu denken nahelegt; das wäre, so betonte schon einer der ersten VATERUNSER-Ausleger, der griechische Vätertheologe Origenes (gest. 253), „eine niedrige Auffassung von

Gott".[139] Gott ist Geist, er ist – den Sinnen verborgen – überall gegenwärtig, über die Erde und über ihren Himmel hinaus. „Der Geist des Herrn erfüllt den Erdkreis, er, der alles zusammenhält, kennt jeden Laut", weiß das Erste Testament (Weish 1,7). König David – er regierte das Volk der Israeliten um 1000 v. Chr. – hatte einst sogar gefragt: „Wohnt denn Gott wirklich (nur) auf der Erde?" (1 Kön 8,27). Nein, hatte er geantwortet, auch nicht nur auf der Erde und auf dem ganzen Erdkreis zwischen dem Himmel und der Erde! Denn gäbe es über dem Himmel noch einen Himmel und noch ein Firmament über allen Himmeln – Gott wäre auch dort! Mit Davids eigenen Worten: „Siehe, selbst der Himmel und die Himmel der Himmel fassen dich nicht ..." (ebd.). Davids Sohn und Thronfolger Salomo hatte später auf die gleiche Frage dieselbe Antwort gegeben (vgl. 2 Chr 2,5 u. 6,18). So war im Laufe der Zeit die Rede vom „Gott in den Himmeln" zu einem festen und verständlichen Begriff geworden. *„Der in den Himmeln"* – das war für die Menschen im Judentum der Vater, der *allgegenwärtig* ist, auf dem ganzen Erdkreis, in allem und bei allem, was seine Schöpfung ist, und ebenso im Herzen eines jeden Menschen.

Das konnten auch die jüdischen Christen ohne Wenn und Aber mitbeten. Eine hoheitliche Distanz, wie manche VATERUNSER-Erklärer meinten, oder gar eine Ferne Gottes war – für sie jedenfalls, denen der Vater zum Abba geworden war – in diesem Zusatz ganz und gar nicht ausgedrückt. „Keinem von uns ist er fern", wusste der Judenchrist Paulus sogar den „heidnischen" Griechen auf dem Areopag in Athen zu sagen, „denn in ihm leben wir, bewegen wir uns und sind wir" (Apg 17,27 f.). Und als um 350 Cyrill, der Bischof von Jerusalem, in der gerade erst erbauten Grabeskirche eine Predigtreihe für Taufbewerber bzw. Neugetaufte hielt und dabei das VATERUNSER auslegte, erklärte er den Zuhörern: „Vater unser, der in den Himmeln – die Himmel, das mögen wohl diejenigen sein [...] in denen Gott wohnt."[140]

Louis Evely, ein belgischer Exerzitienbegleiter, dessen Schriften mir in meiner Studentenzeit viel geistliche Nahrung gegeben haben, schrieb einmal:

„*Vater unser im Himmel.*' Ein verhängnisvoller Anfang! Sobald ihr einem Kind das beigebracht habt, findet es sich nicht mehr zurecht. Wir sind schon so blasiert, dass wir darin keinerlei Schwierigkeit sehen, aber ein unverbildeter Geist, der noch denkt, was er sagt, wird davon unmittelbar abgestoßen. […] Unsere Bilderwelt ist derart veraltet, dass die naive Bemerkung Gagarins (die Theologen meinen, sie müssten sich darüber lustig machen) ‚Ich habe Gott auf meiner Reise durch den Himmel nicht getroffen', sich bei allen Kindern unseres Jahrhunderts spontan wiederfindet. Zu einem siebenjährigen Jungen, der kurz zuvor seinen Vater verloren hatte, sagt jemand: ‚Dein Vati ist im Himmel!' Das Kind hebt überrascht den Kopf: ‚In einer Rakete?'

Denn diese Worte sind nicht nur nichtssagend, sie verleiten uns auch dazu, genau das Gegenteil von dem, was Christus sagen wollte, zu verstehen. Für das semitische Denken war die Lokalisierung Gottes im Himmel das Mittel, ihn uns näherzubringen; für das moderne Denken ist es der Ausdruck seiner Entferntheit. […] Man müsste daher übersetzen: ‚Vater unser, der du bist mit uns.' Und diese Korrektur ist von entscheidender Bedeutung."[141]

Würden wir uns den Matthäus-Zusatz also zeitgemäß und für die Menschen der Gegenwart verständlich zurechtformulieren, so könnten wir ganz sinnentsprechend beten: *„Unser aller Abba, lieber guter Vater du, der du unsern Erdball in deinen Händen hältst und das ganze Universum erfüllst, unsern Herzen so nahe bist wie den entferntesten Galaxien …"* Und gäbe es, was einige Naturwissenschaftler nicht mehr ausschließen, noch ein Universum neben dem unsrigen und noch eins und noch eins[142] – auch dort wäre Gott zugegen! Ganz so wie die Matthäus-Christen, lediglich angepasst an ein neues Weltbild, könnten wir das VATERUNSER dann mit den Worten beginnen: *„Unser Abba, der in den Multiversen …"*

Und auch das hätte Folgen. Nicht nur, dass wenigstens der Beginn des VATERUNSERS von den Menschen unserer Zeit – auch von den Kindern! – verstanden würde: Unser Verhältnis zur Natur und zu allen Geschöpfen wäre anders. Unser Interesse an den inzwischen atemberaubenden Erkenntnissen der Naturwissenschaften wäre größer („Religiössein zieht unstillbaren Forschungsdrang nach sich“, sagt der katholische Theologe Alexandre Ganoczy[143]). Unsere Achtung vor den Kulturen, Weltanschauungen und Religionen aller Menschen auf dieser Erde wäre – bei aller Klarheit im Bekenntnis zur eigenen, christlichen Identität – ehrlicher und einfühlsamer …

Unter den vielen VATERUNSER-Büchern, die ich im Laufe der Jahre gelesen habe, ist eines, das mich besonders angesprochen hat. Hermann-Josef Venetz, ein katholischer Neutestamentler aus der Schweiz, hat es 1989 veröffentlicht. Er nannte das VATERUNSER das „Gebet einer bedrängten Schöpfung“.[144] Die „bedrängte Schöpfung“: das ist die Natur, die noch nie so ausgebeutet, einbetoniert und kaputtgemacht worden ist wie in unseren Tagen; das ist die Mehrheit der Menschen auf unserem gemeinsamen Erdball, die in Hunger, Krieg und himmelschreiendem Elend lebt; das ist jeder einzelne Mensch, auch jeder religiöse Mensch und jeder Christ, das ist der Handwerker und der Intellektuelle, der Politiker und der Priester, der Gutsituierte und der Arbeitslose, der Mann, die Frau und das Kind – allesamt Geschöpfe voller Zerrissenheit und Angst, ausgelaugt oder kaputtgespielt, niedergedrückt oder zu „Schauspielern“ geworden … Es ist die *Zärtlichkeit*, sagt der Schweizer Theologe, die dieser „bedrängten Schöpfung“ rund um den Erdkreis so fehlt, eben jene Zärtlichkeit, in der Jesus von Gott spricht, wenn er ihn „Abba, lieber Vater, du …“ nennt. Die folgenden Sätze im Kapitel zum „Vater, der in den Himmeln“ gehören für mich zu den besonders kostbaren Perlen aus der zweitausendjährigen Wirkungs- und Erfahrungsgeschichte in der „Lebensschule Vaterunser“:

> „Ich habe mich oft schon gefragt: Ist der Gott Jesu ein so zärtlicher Gott, weil Jesus auch mit den Menschen so zärtlich umgeht, oder geht Jesus mit den Menschen so zärtlich um, weil er an einen zärtlichen Gott glaubt? Sicher ist, dass die Zärtlichkeit Jesu nichts Verniedlichendes und

überhaupt nichts Kitschiges an sich hat. Im Gegenteil! Gerade bei ihm kann man lernen: je glaubensfester, desto zärtlicher; je reifer, desto zärtlicher; je erwachsener, desto zärtlicher; je verantwortungsbewusster, desto zärtlicher. [...] Das Abba-Sagen verrät einen Lebensstil. Abba sagen zärtliche Menschen, d. h. reife, erwachsene, verantwortungsbewusste Menschen [...] gleichberechtigte Söhne und Töchter, Söhne und Töchter, die eben auch miteinander verantwortungsbewusst und gleichberechtigt – und zärtlich – umzugehen wissen.

Die Anrede im Vaterunser ist wie eine Einladung zur Zärtlichkeit. Wenn wir uns [...] vornehmen, mit den Augen des Vaterunsers die Schöpfung zu betrachten, bleibt uns nichts anderes übrig, als auch die Schöpfung in diese Zärtlichkeit mit einzubeziehen. Und umgekehrt: wenn wir zärtlich sind mit der Schöpfung, werden wir auch eine Ahnung bekommen vom zärtlichen Gott. Legen wir doch unsere Ängste ab. Scheuen wir uns nicht, zärtlich zu sein mit den Blumen im Garten und mit den Regenwürmern und mit den Bäumen. Nur echte Zärtlichkeit wird uns auch zu glaubhaften politischen Entscheidungen führen. Scheuen wir uns auch nicht, zärtlich zu sein miteinander; wir helfen so einander zu echter Reife. Und scheuen wir uns nicht, zärtlich zu sein mit Gott, der unser Vater und unsere Mutter ist."[145]

Das Gebet, das die Welt umspannt

Das kleine Wörtchen *„unser"* weist in eine ähnliche Richtung. Es mag ursprünglich einfach beim gemeinsamen Beten von den Matthäus-Christen hinzugefügt worden sein, zumal das aramäische „abba" offen lässt, ob man sich als Beter ein „mein" oder ein „unser" dazudenkt. Doch auch mit diesem kleinen Zusatz ist eine tiefe Lebensweisheit in das Leitgebet VATERUNSER mit hineingebetet worden. „Der in den Himmeln“ konnte von den jüdischen Christen in Syrien, die den göttlichen Vater als „Abba“ anzureden gelernt hatten, nicht anders gedacht und empfunden werden als ein Vater *aller* Menschen und *aller* Geschöpfe. Er musste für sie, wohl auch im persönlichen Gebet des Einzelnen, zum „*Unser* Abba“ werden.

Helmut Thielicke (gest. 1986) hat 1945 in Stuttgart, noch in der Zeit der Bombennächte, dann während des Zusammenbruchs des Nazi-Regimes und der Besetzung Deutschlands, eine Vortragsreihe über das VATERUNSER gehalten. Als er seine Texte später in Buchform veröffentlichte, schrieb er im Vorwort:

> „Das Vaterunser ist wahrlich das Gebet, das die Welt umspannt: die Welt mit den alltäglichen Bagatellen und den ‚welthistorischen Perspektiven‘; die Welt mit den Stunden des Glücks und den abgründigen Qualen; die Welt mit ihren Bürgern und ihren Soldaten; die Welt mit ‚des Dienstes immer gleichgestellter Uhr‘ und mit den schrecklichen Ausnahmezuständen ihrer Katastrophen; die Welt der unbeschwerten Kinder und doch zugleich der Probleme, an denen Männer zerbrechen können.“[146]

Ich stieß erneut auf diese Zeilen des evangelischen Theologen einen Tag nach jenem 11. September, als die Welt „weltumspannend“ unter dem Schock schrecklichsten Terrors stand … Wie aktuell waren gerade jetzt Helmut Thielickes Worte! Und wie aktuell war gerade jetzt das VATERUNSER – und das „unser“ im VATERUNSER!

Wir sollten es sehr bewusst beten, dieses „unser“. Nach dem Tag, dessen Geschehnisse der Menschheit wohl noch bis weit ins dritte Jahrtausend hinein in Erinnerung bleiben werden, sollten endlich auch wir Deutschen es uns *deutsch* zurechtbeten, damit die „zerplapperte und zerklapperte“[147] Formel „Vater unser“ wieder ein lebendiges *„Unser Vater“* wird. Wir sollten aufhören, uns pedantisch an die Wortfolge „Patér hymón“ und „Páter nóster“ zu halten, die im Griechischen und Lateinischen (wie z. B. auch in den slawischen

Sprachen) korrekt ist, im Deutschen aber, wie der evangelische Bibeltheologe Eduard Schweizer treffend sagt, ein „sklavisch-gesetzliches Klebenbleiben an der lateinischen Form“ erkennen lässt und „so sinnlos ist wie ‚Brot unser‘“[148]. Rückblickend auf die deutschen Fassungen seit der Zeit Karls des Großen bemängelt auch der Text- und Sprachwissenschaftler Ferdinand Urbanek das Festhalten am „quasi dogmatisch kanonisierten Wortlaut“: „Seit 1000 Jahren so gut wie keine sprachliche Veränderung an diesem wichtigsten Gebet der Christenheit!“[149] Rudolf Schnackenburg, der seitens der katholischen Kirche dabei war, als man in den 1960er-Jahren im deutschen Sprachraum um eine gemeinsame und erneuerte Übersetzung des Gebetes Jesu für alle Kirchen der Ökumene rang, bekennt:

> „Es ist […] nicht gerade ermutigend, dass bei der Diskussion um eine ökumenische Fassung des Vaterunsers eine Einigung bei der Anrede nicht leicht war. Weil die einen nach ihrer kirchlichen Tradition beten: ‚Vater unser‘, andere ‚unser Vater‘, stellte man das schließlich frei. Die frühere deutsche Fassung ‚der du bist im Himmel‘, die viel zu sehr den Nachdruck auf Gottes Weilen im Himmel legt, konnte in die kürzere abgewandelt werden ‚Vater unser im Himmel‘. Der Vorschlag, nur ‚Vater‘ zu sagen, wie es bei Lukas steht und familiärer Sprechweise entspricht, kam (leider) nicht durch.“[150]

Natürlich weiß ich, dass die Wortstellung „Vater unser“ einen tiefen theologischen und spirituellen Sinn hat: Man muss erst „Vater“ sagen, auf den allen Menschen gemeinsamen Gott schauen, um tief genug begründet und empfunden „unser“ sagen zu können. Aber ist dafür eine sprachlich so unnatürliche Formel geeignet, bei der die Beter wohl in den allermeisten Fällen weder an den Vater noch an das weltumspannende „unser“ denken? Und würde nicht ein ganz natürlich – ohne den Anschein, eine „religiöse Floskel“ zu sein – ausgesprochenes „Unser Vater“ es auch manchem nichtchristlichen Mitmenschen ermöglichen, mit uns Christen mitzusprechen, was auch er – vielleicht ansatzweise nur und ahnend – in seinem Herzen glaubt und empfindet?

Unter den Theologen der Reformierten Kirche (zumindest in der Schweiz) ist es längst üblich geworden, nicht mehr vom „Vaterunser“, sondern vom „Unser Vater“ zu sprechen[151] – freilich wiederum meistens mit Zusammenschreibung beider Worte, also Unservater[152], was ich sprachlich ebenfalls für unnatürlich halte. Auch deutschsprachige jüdische Autoren wie Schalom Ben Chorin und Martin Buber nennen das Gebet Jesu das „Unser Vater“[153] oder – so mit ihnen auch der katholische Neutestamentler Josef Ernst[154] – das „Unser-Vater-Gebet“[155].

Ich selber meine, wir dürfen das Gebet Jesu durchaus weiterhin so nennen, wie es uns vertraut ist, im Falle der meisten Christen in unserem Land also „Vaterunser“. Im persönlichen, gemeinschaftlichen und auch im gottesdienstlichen *Beten* aber sollten wir uns angewöhnen, „Unser Vater“ zu sagen. In anderen Sprachen, die ähnlich wie das Deutsche strukturiert sind, etwa im Englischen und Französischen, betet man mit Selbstverständlichkeit „Our father“ und „Notre père“. Die evangelischen Christen sollten in *diesem* Fall durchaus das „Lutherdeutsch“ beibehalten, denn der Reformator, der bekanntlich „den Leuten aufs Maul schaute“, übersetzte die Anfangsworte des Gebetes Jesu im Matthäusevangelium ganz natürlich mit „Unser Vater“; diese Wortstellung ist auch in die heutige ökumenische Einheitsübersetzung der Bibel übernommen worden. Und wir katholische Christen, Priester wie Gläubige, sollten ähnlich mit *allen* Gebetstexten umgehen, bis hin zu den approbierten Texten des Römischen Messbuchs, die Hochgebete eingeschlossen (womit ich keineswegs einer Verflachung des Inhalts das Wort rede!); das würde – vorausgesetzt, dass die Natürlichkeit der Gebetssprache mit einer echten Innerlichkeit des (Vor-)Beters verbunden ist – unseren Gottesdiensten die formalistische Starre nehmen und die Mitfeiernden in Berührung mit der Gegenwart Gottes bringen. Jesus und die frühe Kirche geben uns dazu das Vorbild und die Berechtigung – und der Geist des Abba den (dazu da und dort leider noch nötigen) Mut. Wer gehoben daherredet – auch wenn er Richtiges sagt –, wird nichtssagend, seine Worte werden zu verklebten Fenstern, durch die keiner mehr hindurchblicken kann. Liturgische Sprache ist Poesie, nicht Dogmatik oder gar Moral in Orationsform, und Poesie lebt von Klarheit, Innerlichkeit und Natürlichkeit. Dem zu diesem Thema schon zitierten großen protestantischen Theologen Karl Barth (s. S. 22) war es in seinen VATERUNSER-Betrachtungen wichtig „zu bemerken, dass das Gebet in einer Sprache, die man nicht versteht, oder die die betende Versammlung nicht versteht, eine Verspottung Gottes ist, eine entartete Heuchelei, denn das Herz kann nicht dabei sein. Man muss in einer verständlichen Sprache, die einen Sinn für uns hat, denken und sprechen."[156]

Mit dem kleinen, unscheinbaren Zusatz „unser" haben die Matthäus-Christen aber noch eine weitere Erfahrung zum Ausdruck gebracht: Die Abba-Beziehung eines jeden einzelnen hatte zur Folge, dass sie auch untereinander zur Gemeinschaft zusammenwuchsen. Das drängte sie dazu, „*Unser* Vater" zu sagen. Heinz Schürmann begründet das so:

> „Die Vateranrede, wie Jesus sie versteht, ist ‚gemeindebildend', ist ‚kirchen-konstitutiv'. Wer Gott ‚Vater' nennt, macht im gleichen Augenblick die Entdeckung, dass er ‚Brüder' hat."[157]

Auch die *Kirche* gehört also zu den Folgen des durch Jesus erneuerten Gottesbildes. Sie hat ihren Ursprung nicht in einem juristischen Gründungsakt. Erst recht kam die neue Gemeinschaft nicht durch eine bewusste, willentliche Abkehr vom Judentum und vom jüdischen Glauben zustande; die frühen Christen empfanden sich in den ersten Jahren als Gemeinschaft *innerhalb* des Judentums. Die Kirche ist, wie uns alle neutestamentlichen Schriften versichern, ein „Werk des Heiligen Geistes".[158] Sie wurde aus der Kraft geboren, die bewirkt, dass Menschen *zu Verwandten mit „gleicher Sprache"* werden (vgl. die Pfingsterzählung: Apg 2,1–13), zu einer Familie von Schwestern und Brüdern, die um Jesus wissen und um seine Abba-Botschaft für „alle Welt" (Mk 16,15) – zu einer Gemeinschaft *in* unserer großen Menschheitsfamilie. Die Existenz der Kirche, so sagt uns Medard Kehl, ein Fachmann für die historischen und theologischen Fragen nach dem Wesen der Kirche, könne nicht an „punktuell fixierbaren, expliziten Stiftungsakten“ festgemacht werden. Ihre Entstehung habe vielmehr „Prozesscharakter“; sie vollzog sich durch Jahrzehnte hin. So dürfe Jesus auch nicht als der „Gründer“, sondern müsse als der „Grund“ der Kirche betrachtet werden.[159]

Es ist die neue Glaubens- und Lebenssicht, be-„gründet“ in der Abba-Verkündigung Jesu, die „uns“ und „wir“ sagen lässt – und die wie von selbst dazu führt, dass Menschen zu einem Freundeskreis im tiefsten Sinne werden.

Durch dieselbe Erfahrung wurde im 16. Jahrhundert die Reformation ausgelöst. Nicht die Kritik an den Missständen in der Kirche, die natürlich den Anlass gegeben haben, sondern die Rückkehr zum Abba-Gott Jesu im „Turmerlebnis“ zu Wittenberg (s. später, Kap. 6) motivierte den jungen Theologen Martin Luther dazu, seine Stimme zu erheben. Der katholische Kirchenhistoriker August Franzen (gest. 1972) betont ausdrücklich, der „reformatorische Ansatz Luthers“ sei „einem subjektiven Erleben entsprungen“; nicht weil Martin Luther „Ärgernis an kirchlichen Missständen genommen hatte“, sei er zum Reformator geworden, sondern „weil er einen neuen religiösen und theologischen Standort gefunden hatte“.[160] Der Augustinermönch habe lediglich „etwas entdeckt“, was in der Kirche seiner Zeit „verdunkelt und zurückgetreten war“.[161] Als die ersten Schriften Martin Luthers, ermöglicht durch den gerade neu erfundenen Buchdruck, europaweit bekannt wurden, fanden sich viele wache Christen in dieser Erfahrung wieder. Zwischen ihnen formte sich, ähnlich wie im 1. Jahrhundert im palästinensischen Raum und im Diasporajudentum, ein neues „Wir“-Bewusstsein, eine neue *Kirche* inmitten der Kirche. Auch Martin Luther hatte diese Bewegung, so August Franzen, „völlig absichtslos ausgelöst“.[162] Erst die politischen und sozialen Umstände, in die hinein das geistliche Feuer des Wittenberger Theologen wie eine willkommene (und missbrauchte!) Lunte ins Pulverfass wirkte, und die wenig einfühlsame römisch-katholische Gegenreaktion führten dazu – wiederum den Ereignissen des ersten Jahrhunderts nicht unähnlich –, dass schließlich die Einheit der Kirche auf so tragische Weise verloren ging.

Auch heute erleben wir – „weltumspannend“ – ein neues Erwachen hin zum Abba-Gott Jesu. Unter denen, die in ihrem Glauben „zurück zu den Quellen“ gehen, bildet sich (längst schon!) eine *erneuerte Kirche* in der Kirche heran. Sie übergreift Priester, Gläubige und Ordensleute, Kirchgänger und Nichtkirchgänger, Protestanten und Katholiken, Christen und „Religionslose“ …

Eugen Biser, lange Jahre Inhaber des Lehrstuhls für christliche Weltanschauung in der Nachfolge von Romano Guardini und Karl Rahner in München, glaubt daran, dass es der fortlebende Jesus Christus selbst sei, er, der Jeschua von damals, der seinen „Thesen-Anschlag“ an die Tore der Herzen auch in unserer Zeit wiederholt:

> „Ein kaum erst wahrgenommener und dennoch höchst bedeutsamer Vorgang ist eingetreten: Die spirituelle Auferstehung Jesu im Glauben und Unglauben unserer Zeit!“[163]

Vieles spreche dafür, schreibt der katholische Religionsphilosoph, dass dem Unbehagen an der Kirche und selbst dem scheinbaren Glaubensverlust so vieler Menschen, die sich inzwischen von ihren Kirchen entfernt haben, „das Aufdämmern eines neuen Glaubensbewusstseins zugrunde liegt, so diffus sich dieses derzeit noch darstellen mag“.[164] Hinter solchem Aufdämmern und Erwachen, so sagt er, stehe nichts anderes als das Wirken des „inwendigen Lehrers“[165], das Heilswirken eben dieses verborgen-gegenwärtigen Auferstandenen selbst: *Er* sei es, der die Seelen geweckt hat an dieser „glaubensgeschichtlichen Wende“; *er* sei es, der die wahrheitsliebende, und daher auch kirchenkritische Sehnsucht schürt, diesen Hunger – noch „im Zeichen der Anonymität, der Verborgenheit und des Entzugs“[166] – nach *seiner* Spiritualität und nach *seiner* Lebensart.[167] Der alte Mann aus München sagt und schreibt es ähnlich lautend schon seit Jahren immer wieder: Ob wir den Auferstandenen auferstehen lassen in die Kirche hinein und hinein in den Seelenhunger der Mitmenschen, in ihre Sehnsucht nach *Leben* hinein, daran hänge die Zukunft des Christentums und die Zukunft der Welt.[168] Andere Stimmen, wie die des katholischen Theologen Wolfgang Beinert, bilden ähnlich klingend mit ihm einen Chor: „Die Zukunft der christlichen Religion ist angesichts der Verknüpfung … mit dem Überleben der Menschheit wesentlich davon bestimmt, wie weit und wie nachdrücklich es den Christen und Christinnen als einzelne wie auch den durch sie gebildeten kirchlichen Gemeinschaften gelingen wird, das spezifisch Christliche als das Programm von Freiheit und Humanität in der Welt der Gegenwart zu vermitteln."[169]

Kirche im eigentlichen und ursprünglichen Sinne „ist" nicht, sie *ereignet sich* – seit Jesus von Nazareth zu jeder Zeit, innerhalb jeder Kirche und außerhalb der Kirchen. Nur wo sie sich ereignet, da *ist* die Kirche die Kirche, die in Jesus ihren „Grund" hat.[170]

Ich persönlich glaube, den prophetischen Gedanken Eugen Bisers folgend, dass wir gegenwärtig erleben, wie Jesus Christus aus dem „Schoß der Mutter Kirche" heraus- und hinausgeboren wird in die Menschheitsfamilie hinein. Eine für manchen beängstigende, aber eine unaufhaltsame und nicht mehr umkehrbare „Geburt"! Jesus und seine Botschaft gehören nicht (mehr) den institutionalisierten Kirchen allein, so wie sich damals bald zeigte, dass das Evangelium nicht dem Judentum allein gehört. Gottes Heiliger Geist, der „weht, wo er will" (Joh 3,8), „erfüllt den Erdkreis" (Weish 1,7), und er, der Abba, ist „der in den Multiversen". Es geht heute nicht mehr um die Frage, wie die Kirchen die Menschen zurückgewinnen können; es geht – umgekehrt! – darum, *ob sie, die Kirchen, sich von den Menschen gewinnen lassen*, und zwar von denen, die gerade dabei sind, *„unser Abba, du ..."* beten zu lernen. Eine sich abgrenzende Gegenreaktion hätte verheerende Konsequenzen für die Kirchen! Das ist heute zwar noch längst nicht allen, aber doch vielen Bischöfen, Pfarrern und Gläubigen bewusst. Und bloße Strukturveränderungen und kosmetische Operationen an Liturgie und Pastoral werden zur Offenheit für diese „neue" Art von Kirche nicht führen.

Aber ich möchte mich nicht selbst täuschen: Die „große Scheidung" ist schon längst im Gange; sie ist so alt wie das Christentum und geht heute mitten durch die Konfessionen hindurch. Auch ich weiß mich mit so vielen protestantischen, freikirchlichen und katholischen Christen im tiefsten Sinne „verwandt“ – und von vielen anderen, aus meiner katholischen Kirche ebenso wie aus den protestantischen und freikirchlichen Konfessionen, trennt mich ihr Gottes- und Menschenbild und daher schlicht und einfach ihre „Sprache“. Doch auch darin will ich Realist sein: Die *neue Kirche in den Kirchen* wird so wenig Bestand haben wie jedes bisherige „Ereignis Kirche“ Bestand hatte – jedenfalls seinen wesensgemäßen, ursprünglichen Be-„Stand“ im Abba Jesu. Der Abba wird unter dem Einwirken „des Fleisches“, um mit Paulus zu reden (vgl. z. B. Röm 7,25), spätestens bei den Kindern dieser Erwachten wieder vergessen sein …

… bis er ihnen oder anderen neu verkündet wird und sie ihn – betend: „unser Abba, du …“ – in ihre Herzen aufnehmen können. Der Jeschua von damals, von dem ich mit Eugen Biser und mit so vielen Menschen, mit denen zusammen ich heute *Kirche* erfahre, glaube, dass er als der fortlebende Christus zu allen Zeiten seine Art zu leben, zu glauben und zu beten lehrt, dieser Jesus Christus, der sich nicht bindet „an die Grenzen der sichtbaren Kirche“ (Edith Stein, s. o.) und dem *alle* Menschen es wert sind, die „geliebten Söhne und Töchter“ seines Abba zu sein – dieser Jesus Christus lässt mich hoffnungsvoll bleiben für unsere Zukunft.

6.

„Abba …“

Das Vaterunser ist ein „gefährliches“ Gebet. Wer nach dem ursprünglichen Sinn der Worte fragt, dem öffnet es die Augen dafür, dass wir Christen weit hinter dem zurückbleiben, was Jesus gesagt, gewollt und vorgelebt hat. Das betrifft nicht nur und nicht zuerst unsere persönliche und kirchliche *Lebenspraxis*, mit der wir unseren Idealen immer hinterherhinken werden; es betrifft vor allem unsere *Glaubenssicht* und unsere *Vorstellungen von christlicher Spiritualität*. Das Unser Vater, wie Jesus und die frühe Kirche es gebetet haben, offenbart so manche Oberflächlichkeit, so manche Schieflage, so manche Korrekturbedürftigkeit in unseren gewohnten Glaubensanschauungen. Es stellt aber auch ebenso vieles von dem infrage, was wir heute das „neue religiöse Erwachen“ nennen, das sich oftmals weniger an den christlichen Kirchen, sondern eher am Buddhismus und Taoismus oder an esoterischen Praktiken und Sinnangeboten orientiert. Und darüber hinaus unser gesellschaftliches Leben, unser ethisches, soziales und politisches Denken und Handeln! Es gibt kaum ein Vaterunser-Buch, das dem nicht Rechnung tragen würde, von den Schriften der Vätertheologen bis zu den Veröffentlichungen der Gegenwart.

Gesellschafts- und Kirchenkritisches offen auszusprechen, erfordert Mut. Es zu unterlassen aber, rächt sich. Der katholische Moraltheologe Bernhard Häring scheut sich nicht, in seinem Vaterunser-Buch zu schreiben: „Eine unheilvolle Quelle vieler Leiden und sogar des Scheiterns im Glauben war und ist teilweise heute noch der radikale Verzicht auf die Tugend der Kritik gegenüber der realen Kirche und verbunden damit oder als teilweise Folge davon auch falscher Gehorsam und kritiklose Hinnahme sündhafter Strukturen in der weltlichen Welt, bisweilen bis zur Ausführung krimineller Befehle.“[171] – Auch ich werde nicht umhinkommen, das offen aussprechen, was das Unser-Vater-Gebet Jesu meiner Einschätzung nach, heutzutage und hierzulande, zu einem *heilsam-gefährlichen* Gebet für uns macht. Das soll freilich in einer Haltung geschehen, um die schon Paulus bemüht war (vgl. 1 Kor 4,14): nicht verletzend, sondern „in der Sprache des ‚Zuredens' und der Einladung" (Eugen Biser).[172] Bereits das erste Wort im VATERUNSER, die Anrede „Abba, lieber Vater, du …", fordert in diesem Sinne zu einer Klarstellung heraus.

Ein Gott mit zwei Seiten?

Es ist wohl eine Tatsache, dass es – zumindest im europäischen Kulturkreis – nicht allzu viele Mystiker gibt. Meiner Erfahrung nach liegt das vor allem an dem Bild, das der Mensch von Gott im Herzen trägt. Ein Gott, der Angst macht, der als ein gestrenger „Aufpasser" alle meine Schritte beobachtet, über meine Fehltritte „Buch führt", mich mit allerlei Leiden straft, ein Gott, vor dem ich – mag er auch die ganze Welt lieben – aufgrund meiner Vergangenheit und meines ständigen Auf und Ab im (religiösen) Lebenswandel doch nicht bestehen kann, ein solcher Gott macht nicht gerade dazu geneigt, dass ich mich ihm von Herzen zuwende. „Wirklich glauben zu können", schreibt der katholische Theologe Karl-Heinz Menke, „dass Gott ‚in mich verliebt ist', scheint mir die Grundvoraussetzung für das Beten-Können."[173] Eventuell verrichte ich vor einem furchteinflößenden Gott mein Gebet, aber ich bete nicht, jedenfalls nicht in der Glaubenshaltung Jesu; ich besuche den Gottesdienst, aber ich vergegenwärtige mir nicht Gottes Gegenwart. Die Frömmigkeit bleibt äußerlich, der Glaube wird „Satzglaube" und unter Umständen die reinste Ideologie. Dementsprechend ist das Erscheinungsbild unserer Kirche – sie setzt sich ja aus konkreten Menschen zusammen. Vielleicht ist ein solches Gottesbild, darin gebe ich Pater Willigis Jäger ganz und gar recht[174], sogar einer der tieferen Gründe, warum so mancher heute lieber mit einer „göttlichen Energie" leben will als mit einem personalen Vater-Gott; auf diese Weise befreit er sich oder hält er sich frei von knechtischer Gottesangst und entwürdigender Leistungsfrömmigkeit …

Jesus aus Nazareth hat der Welt einen anderen Weg gezeigt, um würdevoll religiös leben zu können: Er hat das *Gottesbild* „reformiert“! So wie keiner vor ihm. Und er hat seine Mitmenschen dazu herausgefordert, diese Reform im eigenen Herzen mit zu vollziehen. Seine Gottesanrede „Abba, lieber Vater, du“ stellt mich vor eine dritte, ebenfalls grundlegende Lebensentscheidung. Nach der Grundentscheidung „Gott ist“ und der Grundentscheidung „Gott ist Person“ wäre dies die Lebensentscheidung Nr. 3. An ihr hängt die Qualität allen religiösen Lebens.

Zur Lebensentscheidung Nr. 3 zu führen, hat schon in der Absicht Jesu gelegen. Denn nach Markus begann er sein öffentliches Wirken mit dem Zuruf: *„Metanoeite!“* (Mk 1,15). Das bedeutet, wortgetreu aus dem Griechischen übersetzt: *„Denkt um!“* oder: *„Ändert eure Sicht, euer Denken, eure Einstellung!“* Paulus wird diese Aufforderung mit den Worten weitersagen: *„Wandelt euch und erneuert euer Denken!“* (Röm 12,2). Die übliche Übersetzung mit „Kehrt um!“ klingt in heutigen Ohren wie ein moralisierender Appell, von nun an nichts Unrechtes mehr zu tun. Aber die hier von Jesus geforderte Veränderung setzt tiefer an. Der Satz in diesem Umkehr-Ruf lautet vollständig: *„Denkt um und glaubt an das Evangelium.“*

„Evangelium“ (griechisch: euangelion) ist ein schwer übersetzbares Wort. Man muss sich seinen Sitz im Leben, in der Alltagserfahrung der Menschen damals, vergegenwärtigen, um mitfühlen zu können, was damit gemeint ist. „Euangelion“ heißt „gute Botschaft“, „gute, frohmachende Mitteilung“. In der Volkssprache benutzte man diesen Ausdruck, um eine *höchst erfreuliche, beglückende, befreiende Nachricht* zu überbringen, zum Beispiel dass ein schwer erkrankter Angehöriger wieder gesund geworden war, das Heer einen Sieg über die Feinde errungen oder nach einer Schreckensherrschaft ein neuer König die Regierung übernommen hatte. Bei Markus ist das unmittelbar zuvor genannte „Evangelium Gottes“, die *gute, befreiende Nachricht über Gott* gemeint, die Jesus in Galiläa verkündete (Mk 1,14): die höchst beglückende Botschaft, dass die Herrschaft des Königs der Welt väterliche Liebe ist. Die Umkehr, zu der Jesus ruft, besteht also zuallererst darin, *dass ich meine Sicht von Gott ändere* und ihm *den Abba-Gott glaube*. Es geht Jesus um eine „Kehrtwendung“ im *Denken über Gott*, um eine Änderung des Gottesbildes – die dann freilich auch eine ganz handfeste „moralische Kehrtwende“ zur Folge haben kann.

Es ist heute in der theologischen Reflexion unumstritten, dass in der „Abba“-Verkündigung die *Mitte* der ganzen Glaubens- und Lebenssicht Jesu gesehen werden muss. Sie ist das Evangelium in den Evangelien. Ich möchte dazu einen Theologen zu Wort kommen lassen, der seit Jahren in aller Deutlichkeit und Eindringlichkeit auf diese Mitte immer wieder hinweist, den schon zitierten Religionsphilosophen Eugen Biser:

> „(Jesus von Nazareth) ist nicht gekommen, um die Menschheit in dem zu bestätigen, was sie immer schon unter Gott verstand und von Gott zu wissen glaubte, sondern dazu, die ‚Tiefen der Gottheit‘ (1 Kor 2,10) zu entsiegeln und das unter der Hülle menschlicher Projektionen verborgene Geheimnis zu erschließen. Gemessen an der Geschichte des Gottesbegriffs erscheint Jesus damit als der größte Revolutionär der Religionsgeschichte. Denn bei aller Verschiedenheit kommen deren Gottesbilder doch allesamt darin überein, dass das göttliche Geheimnis ‚mit Furcht und Zittern‘ verehrt werden müsse, da sich in ihm ein ebenso gütiger wie drohender und strafender Gott verberge. Dazu sah sich die Menschheit ebenso durch ihre Geschichtserfahrung wie durch die Lebenserfahrung jedes Einzelnen veranlasst, die in ihrem Wechsel von Licht und Schatten nach einer Erklärung schrie und die diese im Bild des ambivalenten Gottes gefunden zu haben glaubte.
>
> Jesus aber durchschaute den fatalen Mechanismus, der diese Projektion zustande kommen ließ, und trug sie wie eine störende Übermalung von dem darunter verborgenen Antlitz ab. [...] Worin das Anderssein Gottes besteht, sagt er in dem Kernsatz seiner Bergpredigt: *Liebt eure Feinde, tut Gutes und leiht aus, ohne etwas zurückzufordern;*

dann wird euer Lohn groß sein, und ihr werdet Kinder des Höchsten sein, der gütig ist, sogar gegenüber den Undankbaren und Bösen (Lk 6,35). Wie eine Flamme schlägt dieses Wort in das auf Vergeltung und Kompensation bedachte und von Rachegefühlen umgetriebene Menschenherz. Und so hat Jesus seine Gottesbotschaft auch selbst empfunden: *Feuer auf die Erde zu werfen, bin ich gekommen; und was will ich anderes, als dass es brenne!* (Lk 12,49). […] Zurückgelassen blieb wie eine ausgebrannte Schlacke das alte Gottesbild der Menschheit, dem Jesus in seiner Verkündigung des bedingungslos Liebenden tatsächlich das in der Flamme seiner Botschaft aufleuchtende Bild des neuen Gottes entgegensetzte. Das heißt keineswegs, dass er mit dem Gottesglauben seines jüdischen Volkes gebrochen habe, dem er vielmehr zutiefst, vor allem in der prophetischen Kunde von dem zärtlich liebenden und eifersüchtig wachenden Bundesgott Israels, verpflichtet blieb.[175] … (Doch es) muss ihm deutlich geworden sein, dass Gott von ihm mit jenem Namen angerufen werden wollte, der in seinem Mund einen völlig neuen Klang und Sinn gewann und den er schließlich seinem Modellgebet voranstellte: mit der Zärtlichkeitsanrufung ‚Abba – Vater'. Damit fasste er das Gottesverhältnis, in das er sich hineingenommen wusste, in den einzig zutreffenden Ausdruck; denn in dieser Anrede führte er die menschliche Gottesbeziehung in jene ungeahnte Dimension, die, jenseits aller Sehnsüchte und Erwartungen, von der alternativ-losen Liebe Gottes angemessen war. […] Im Zug dieser wahrhaft ‚sanften' Revolution beseitigte er den Schatten des Grauen- und Schreckenerregenden aus dem Bild des gleicherweise ‚grausamen und gütigen' Gottes, […] um darin stattdessen das Antlitz des bedingungslos liebenden Vaters zum Vorschein zu bringen. Deshalb tilgt er den ‚Tag der Rache' ersatzlos aus der jesajanischen Verheißung, die er in sich selbst erfüllt sieht

> (Lk 4,19), und deshalb fordert er Feindesliebe, indem er auf den Gott verweist, dessen Güte sogar die ‚Undankbaren und Bösen‘ (Lk 6,35) umfängt.[176]
>
> […] Mit dieser Zärtlichkeitsanrede bricht er unwiderruflich mit der Religion der Knechtschaft und der Furcht, um den ‚Tag des Heils‘ und die ‚Zeit der Gnade‘ (2 Kor 6,2) heraufzuführen. Doch damit verwandelt er nicht nur das ambivalente Gottesverhältnis aller Religionen in das der rettenden Eindeutigkeit; vielmehr stellt er in der Konsequenz dessen auch das Verhältnis des Menschen zum Mitmenschen und zu sich selbst auf eine neue, erneuernde Basis. Im Mitmenschen lässt er ihn, jenseits aller eingewurzelten Vorbehalte und Ängste, den Nächsten finden; und ihm selbst schenkt er die Gewissheit, das von unendlicher Güte umsorgte Kind des himmlischen Vaters zu sein.“[177]

Die „Religion der Knechtschaft und der Furcht“, von der Eugen Biser hier spricht, ist nicht etwa pauschal die jüdische Religion. Das wäre genauso falsch wie die im Christentum leider über lange Zeit hin verbreitete Meinung, das Gottesbild Jesu und des Neuen Testaments sei dem Gottesbild des Ersten (Alten) Testaments entgegengesetzt – hier der „Gott der Liebe“ und dort der „Gott des Zornes“. David Flusser, ein jüdischer Theologe, weist, ähnlich wie sein christlicher Kollege, zu Recht darauf hin, dass der „Durchbruch des Jesus“ lediglich darin bestanden habe, „die altorientalische Schlacke, welche an der Glaubensweise des Judentums von alters her gehaftet hat, zu entfernen, um den eigentlichen humanen Kern des Judentums aufleuchten zu lassen“ (und dazu hätten bereits vor Jesus „in einer langen Kette der früheren jüdischen Geschlechter kleine und große Lehrer und Rabbinen die nötige Vorarbeit … geleistet“).[178] Der angstmachende, furchterregende Gott ist vielmehr ein Problem in *allen* Religionen, im real existierenden Christentum nicht minder.

Erst in diesen Tagen erzählte mir eine Katholikin aus einer Großstadt-Gemeinde, ihr Pfarrer habe kürzlich eine sehr gute Predigt über den Gott der Liebe und der Barmherzigkeit gehalten; am Sonntag darauf aber habe er seine Predigt mit den Worten begonnen: „Heute muss ich Ihnen auch die andere Seite Gottes in Erinnerung bringen …“, und es folgte eine Belehrung über den „Zorn Gottes“ und seine „strafende Gerechtigkeit“. – Genau das meint Eugen Biser, wenn er vom „ambivalenten“, also zweiseitigen Gottesbild spricht (s. o.). Zwar ist die Frohbotschaft Jesu vom Abba-Gott und seiner bedingungslosen Liebe im Christentum nicht vergessen, doch mancher glaubt, sie durch die Drohbotschaft vom „strafenden Gott“ ergänzen zu müssen.

Inzwischen hat Papst Benedikt mit seiner ersten Enzyklika, die den Titel GOTT IST DIE LIEBE trägt (vom Januar 2006), Klarheit geschaffen. Er beginnt sein Schreiben an die Christenheit mit den Worten:

> „Gott ist die Liebe, und wer in der Liebe bleibt, bleibt in Gott, und Gott bleibt in ihm“ (Joh 4,16). In diesen Worten aus dem *Ersten Johannesbrief* ist die Mitte des christlichen Glaubens, das christliche Gottesbild und auch das daraus folgende Bild des Menschen und seines Weges in einzigartiger Klarheit ausgesprochen. […] In einer Welt, in der mit dem Namen Gottes bisweilen die Rache oder gar die Pflicht zu Hass und Gewalt verbunden wird, ist dies eine Botschaft von hoher Aktualität und von ganz praktischer Bedeutung. Deswegen möchte ich in meiner ersten Enzyklika von der Liebe sprechen, mit der Gott uns beschenkt und die von uns weitergegeben werden soll […] (einer) Liebe, die Gott dem Menschen in geheimnisvoller Weise und völlig vorleistungsfrei anbietet. [179]

Viele schon hatten das, seit den Tagen der ersten Christen, ähnlich gesagt, und viele hatten längst schon ausführlicher, manche vielleicht auch tiefsinniger oder poetischer darüber gesprochen; aber nun hat es ein Papst gesagt: Die notwendige Erneuerung des Christentums – im Herzen des Einzelnen wie in Kirche und Gesellschaft – kann nur möglich werden, wenn wir endlich, nach zweitausend Jahren, mit Jesus gleichziehen, mit ihm das so verhängnisvolle ambivalente Gottesbild überwinden und seinen Abba-Gott, den „Gott, der nur lieben kann“ (Roger Schutz), zur *Mitte* (s. o.) unseres Glaubenslebens machen.

Was der Rückfall in das ambivalente Gottesbild an Schrecklichem hervorbringen kann, zeigt die Geschichte des Christentums. Aber nicht nur Kreuzzüge, Ketzerverbrennung, Zwangsmissionierung, Heiliger Krieg, beispielloser Terror und Terrorismusbekämpfung mit den Mitteln hochtechnisierter Vernichtungsgewalt gehören zu den furchtbaren Folgen solcher „Religiosität“. Die „Gottesvergiftung“ (Tilmann Moser)[180], die im Gewand von Kirchlichkeit, Rechtgläubigkeit und Frömmigkeit noch immer von so manchen Kanzeln verbreitet wird, ist kein geringfügigeres Unrecht, auch wenn keine Geschichtsschreibung und keine Tagespresse all ihrer Opfer gedenkt. „Nobody knows the trouble I've seen“ – niemand kennt das Leid in den Seelen der vielen Menschen, auch heute noch und hierzulande, deren Lebensqualität durch die „religiöse“ Erziehung in Elternhaus und Kirche verdorben wurde! Man kann nur ahnen, wie viel von solchem Leid und solchen Seelenqualen dem jungen Dominikanerpater, den man später Meister Eckhart nannte, gerade in seinem Zeitalter der Strafgerichts- und Höllenpredigten begegnet sein muss, dass er sich dazu genötigt sah, gleich zu Beginn seines Traktates über das VATERUNSER darauf hinzuweisen: „Merke zuerst […] dass Gott mehr geliebt als gefürchtet sein will; daher sagt er (Jesus) *unser Vater*, nicht ‚unser Herr‘.“[181]

Woher kommt dieses so verhängnisvolle Gottesbild, dieses Reden von einem Gott, der – zumindest auch – der strafende, vergeltende und verdammende sei? Woher kommt es gerade in *der* Religion, die doch in der Abba-Verkündigung Jesu ihren historischen und theologischen „Grund“ hat?

Bevor wir uns den einzelnen Versen des VATERUNSERS zuwenden, müssen wir einmal ausdrücklich dieser Frage nachgehen. Es besteht sonst die Gefahr, dass wir die Lebensschule, in die Jesus uns führt, missverstehen. Aus der Menge der sicherlich vielfältigen und bei jedem Menschen jeweils ganz persönlichen Ursachen des ambivalenten Gottesbildes möchte ich im Folgenden einige nennen, die wohl zu den hauptsächlichen gehören.

Der projizierte „Patriarch"

Der Mensch neigt dazu – der Pfarrer, der Bischof, die Theologin, der Religionslehrer und der „einfache Gläubige" in gleicher Weise –, seine nicht immer glücklichen Erfahrungen mit menschlichen Autoritäten auf die göttliche „Autorität" zu übertragen. Der Name „Gott" fungiert dabei wie eine Leinwand, auf die das Unterbewusste das kleine – *immer* viel zu kleine – Dia der menschlichen Autoritätserfahrung projiziert. Die psychologische Religionskritik des 19. und 20. Jahrhunderts hat diesen Mechanismus durchaus richtig erkannt. (Ihr Fehler bestand lediglich in der Verallgemeinerung dieser Erkenntnis auf das Ganze und Grundsätzliche des religiösen Lebens.) Und da der jüdisch-christliche Glaube Gott einen „Vater" nennt, liegt es natürlich nahe, die tief eingeprägten Erfahrungen mit dem eigenen Vater – und/oder mit den „Vaterfiguren" wie Lehrern, Erziehern, Priestern … – auf den göttlichen Vater zu übertragen.

Neben vielen anderen hat sich Helmut Jaschke mit diesem Problem auseinandergesetzt. Sein erhellendes und klärendes Buch GOTT VATER? WIEDERENTDECKUNG EINES ZERSTÖRTEN SYMBOLS sei, auch wegen der guten Allgemeinverständlichkeit und Lesbarkeit, hier ausdrücklich zur Lektüre empfohlen.[182] Der katholische Religionspädagoge sieht in dieser unbewussten Projektion das „Kernproblem"[183] des religiösen Lebens in Geschichte und Gegenwart. Die Erkenntnis, „dass Gott nicht ist wie ein Mensch", gehe „offenbar immer wieder leicht verloren, sodass die Erfahrungen mit der Willkür der Väter im Patriarchat stets von Neuem das Antlitz Gottes verdunkeln, Gott zum zornig-grimmigen Despoten machen, der seine Übermacht gegen die ‚Sünder' geltend macht, wenn er sich nicht noch im letzten Moment dazu bewegen lässt, Gnade walten zu lassen"; das Vater-Sein Gottes sei, auch in der Geschichte des Christentums, „zu sehr an dieses Erleben gebunden und trug die Züge des irdischen Vaters".[184]

Helmut Jaschke zeigt zugleich auch den Weg, der aus solchem verhängnisvollen Gott-Empfinden herausführt: Jesus habe nicht ohne Grund gesagt: „Wer *mich* gesehen hat, hat den Vater gesehen" (Joh 14,9):

> „Das aber bedeutet: Jesus bricht die eherne Verbindung zwischen der Erfahrung des irdischen Vaters im Patriarchat und Gott als Vater auf und verweist auf sich und sein Tun, um VATER als Symbol für Gott wiederzugewinnen. [...] Die totale Identifikation Jesu mit dem Vater-Gott ist somit der Schlüssel für den Zugang zu Gott unter dem Symbol des VATERS. Das aber heißt, dass die Erfahrung Gottes als Vater *Jesuserfahrung* sein muss, um nicht zu einem angstmachenden Zerrbild Gottes entstellt zu werden. Es ist, als spürten dies viele Menschen, die ‚nicht mehr hören können, wenn von Gott als Vater gesprochen wird'. [...] Erst durch die Jesuserfahrung hindurch, als ‚Filter' gleichsam, können dann die konkreten Erlebnisse mit Vätern – leiblichen und ‚geistlichen' – eine Brücke zum Symbol des VATERS werden. Sie bedürfen einer Reinigung, einer ‚Klärung', nicht selten einer regelrechten Entgiftung."[185]

Auch ich kann diese Problematik nur bestätigen. Sie begegnet mir laufend in den persönlichen seelsorglichen Gesprächen mit meinen Exerzitienteilnehmern. Erst in diesen Tagen stand auf einem Fragezettel nach einem Vortrag über die Gottesverkündigung Jesu: „Wie kann ich zu Gott Abba sagen, da ich selbst einen ganz schwierigen Vater (Alkoholiker!) gehabt habe?" Meiner Erfahrung nach sind es viele Christen – auch Seelsorger und Seelsorgerinnen –, die sich sehr schwer damit tun, wirklich von Herzen an den Abba Jesu zu glauben. Es mag sein, dass ich mich nicht immer gut genug in sie hineinfühlen kann, um zu ermessen, *wie* schwer solchen Mitmenschen das „Um-Denken", ja die ganzheitliche, auch gefühlsmäßige „Kehrtwende" fällt. Denn ich hatte das große Glück, einen leiblichen Vater und auch den einen oder anderen „geistlichen Vater" zu haben, die es mir von Jugend an leicht machten, zu Gott „du, lieber Vater, du" zu sagen. Aber umso mehr kann auch ich meinen Gesprächspartnern nur raten, was Jesus damals dem „Volk“ und „seinen Jüngern“ (Mt 23,1) sehr eindringlich ans Herz gelegt hat: *„Ihr sollt niemanden auf Erden Vater nennen; denn nur einer ist euer Vater, der in den Himmeln“* (Mt 23,9). Das ist eine Schlüsselstelle in der Unterweisung Jesu!

Eine weitere steht im Markusevangelium. Sie erschließt sich allerdings nur dem sehr, sehr aufmerksamen Bibelleser. Dort sagt Jesus:

> „Amen, ich sage euch: Jeder, der um meinetwillen und um des Evangeliums willen Haus oder Brüder, Schwestern, Mutter, Vater, Kinder oder Äcker verlassen hat, wird das Hundertfache dafür empfangen: Jetzt in dieser Zeit wird er Häuser, Brüder, Schwestern, Mütter, Kinder und Äcker erhalten, wenn auch unter Verfolgungen, und in der kommenden Welt das ewige Leben“ (Mk 10,29 f.).

Ich wäre selbst wohl nie darauf gekommen, hätte ich es nicht in einem Buch von Gerhard Lohfink gelesen: In diesem sorgfältig gebauten Parallelismus fehlt in der zweiten Aufzählung der Vater! „Die Väter“, schreibt der katholische Neutestamentler, „werden im zweiten Teil des Spruchs bewusst nicht mehr genannt, weil es in der neuen Familie keine ‚Väter‘ mehr geben soll. Sie sind allzu sehr Symbole patriarchalischer Herrschaft. Jesu Jüngergemeinde … soll nur einen einzigen Vater haben: den im Himmel! […] Die Macht und die Herrschaft gehören allein dem Gott, den die Jünger mit abba anreden dürfen.“[186] Man muss sich, gegebenenfalls, wirklich entschieden von seinen „Vätern“ und „Übervätern“ trennen. Oder richtiger und im Sinne Jesu: Man muss sie – wenigstens innerlich, im eigenen Herzen – zu *Brüdern* werden lassen, sie unter die Brüder in der Familie Gottes einreihen. Das wäre durchaus keine Degradierung. Es bedeutet eine Aufwertung, denn damit gewähre ich dem „Vater“, dass auch er ein *Mensch* sein darf, mit all seinen Fehlern und all seinem menschlichen Versagen … Ich entlasse ihn aus dem Gefängnis meiner Erwartungen und meiner Ideale, an denen ich ihn gemessen habe. Ich entlasse ihn aus dem Anspruch, mir ein vollkommener Vater sein zu *müssen*, unter dem vielleicht ich selbst, in meinem Bedürfnis nach einem Halt, ihn sehen *wollte*. Ich muss mich dann nicht mehr dauernd an ihm reiben, ich kann nun versuchen, ihn aus seiner Situation und aus seinen Motivationen heraus zu verstehen. Ich kann ihm vergeben – und werde frei für den unverstellten Blick auf den so ganz anderen, eben *göttlichen* Vater, von dem Jesus gesprochen hat.

Und ich kann dann selbst für andere „Vater“ sein. „Väterliches“ Führen und Begleiten ist ja ein wichtiger und notwendiger Dienst. Wir sind nicht alle auf der gleichen (Un-)Reifestufe, und es wäre eine verkehrte Vorstellung von verantwortlicher Elternschaft wie auch von pädagogischer, therapeutischer oder organisatorischer Führungstätigkeit, würden wir uns weigern, einander Vater (und Mutter!) zu sein. Doch die Herausforderung besteht darin, dem anderen – dem eigenen Kind, dem Rat- und Hilfesuchenden … – *als Bruder oder Schwester väterlich und mütterlich zur Seite zu stehen.*

Für viele Menschen ist es – darin kann ich Helmut Jaschke nur zustimmen – erst das ehrliche, tiefe Sich-Berührenlassen von Jesus und seiner Frohbotschaft in stiller Besinnung, das zu einer Klärung führt und zur Heilung vom patriarchalischen Gottesbild; und das ist, in der Tat, „nicht selten (mit) einer regelrechten Entgiftung“ (s. o.) verbunden. In meinen Vorträgen und im seelsorglichen Gespräch versuche ich, zum „Vaterbild JESUS“ hin eine Brücke zu bauen, indem ich die Exerzitanten dazu anrege, sich doch an solche Menschen zu erinnern, die eine echte, wohltuende, befreiende und aufrichtende „Väterlichkeit“ ausstrahlen. *Sie* mögen dann das Symbol, das menschliche Bild für den Charakter Jesu und seines Abba-Gottes sein! Sehr helfen kann dabei – das habe ich des Öfteren erleben können –, Gott einmal so anzureden: „Du, Gott, der du so bist wie N. N. – und noch viel, viel liebevoller als er/sie …“

Und auch diesen Rat gebe ich hier gern weiter: Nichts, aber auch gar nichts hindert daran, Gott *„Mutter“* zu nennen. „Vater“ ist doch, auch im Munde Jesu, nur ein Bildwort, warum sollte es nicht durch ein mütterliches Bild ergänzt werden? – freilich nicht ersetzt, das wäre unter Umständen nicht weniger belastend! Schon Jesaja lässt Gott sagen: „Wie einen Mann, den seine Mutter tröstet, so will ich selber euch trösten" (Jes 66,13), und der wahrhaft väterliche Jesus hat ganz mütterlich geredet, als er tief besorgt klagte: „Jerusalem, Jerusalem, du tötest die Propheten und steinigst die Boten, die zu dir gesandt sind. Wie oft wollte ich deine Kinder um mich sammeln, so wie eine Henne ihre Küken unter ihre Flügel nimmt; aber ihr habt nicht gewollt" (Lk 13,34/Mt 23,37). Mit dem Begriff „Vater" haben weder das Erste Testament noch Jesus selbst einer Männlichkeit Gottes das Wort geredet. „Wenn Jesus Gott … mit diesem Namen (Abba) anredet", so der evangelische Theologe Jürgen Moltmann, „dann liegt der Akzent gewiss nicht auf der Männlichkeit des Vatergottes, sondern auf der unerhörten Nähe seiner Beziehung zu seinem göttlichen Geheimnis. […] Der Abba Jesu ist der Gott, der auf mütterliche Weise sich der Verlassenen ‚erbarmt' und einmal ‚abwischen wird alle Tränen von ihren Augen' (Offb 21,4)."[187]

Papst Benedikt hat uns in seinem Jesus-Buch (von 2007) in Erinnerung gebracht, warum in der Bibel „Gott nie als Mutter bezeichnet und angeredet wird": weil nämlich die Mutter-Gottheiten in den Nachbarreligionen Israels „unvermeidlich pantheistische Konzeptionen" eingeschlossen hatten, in denen „der Unterschied von Schöpfer und Geschöpf verschwindet". Das aber heiße nicht, dass dieser Vater-Gott nicht mütterlich sei und in der Bibel der „Vergleich der Liebe Gottes mit der Liebe einer Mutter" fehle, im Gegenteil: „Besonders beeindruckend kommt das Geheimnis der mütterlichen Liebe Gottes in dem hebräischen Wort *rahamim* zum Vorschein, das eigentlich ‚Mutterschoß' bedeutet, aber dann zur Bezeichnung des göttlichen Mitleidens mit dem Menschen, der Barmherzigkeit Gottes wird. […] Auf diese Weise stellt das Alte Testament die wesentlichen Grundhaltungen (Gottes) nicht abstrakt begrifflich, sondern in der Bildsprache des Leibes dar. Der Mutterschoß ist der konkreteste Ausdruck für die innere Verwobenheit zweier Existenzen und für die Zuwendung zu dem abhängigen schwachen Geschöpf, das ganz dem Leib und der Seele nach im Schoß der Mutter geborgen ist."[188]

Im Laufe der jüdisch-christlichen Glaubensgeschichte haben immer wieder Menschen in Gott nicht nur väterliche, sondern ebenso auch mütterliche Züge gesehen – bis hin zu Albino Luciani, der in seiner ersten Ansprache als neugewählter Papst Johannes Paul I. am 10. September 1978 der auf dem Petersplatz versammelten Menschenmenge zurief:

> „Wir sind Adressaten einer nicht endenwollenden Liebe vonseiten Gottes. Wir wissen: Er wacht stets mit offenen Augen über uns, auch wenn uns scheint, dass es Nacht ist. Er ist Vater, aber mehr noch ist er Mutter …“[189]

Auch in den Schriften der großen Mystiker des Christentums begegnet uns Gott sehr oft im Bild einer „liebenden Mutter“. So schreibt zum Beispiel Johannes vom Kreuz:

> „Wenn sich ein Mensch mit Entschlossenheit dem Leben mit Gott zuwendet, pflegt Gott ihn zumeist geistlich zu umsorgen wie eine liebende Mutter ihr neugeborenes Kind: sie wärmt es an ihrer Brust, nährt es mit ihrer süßen Milch, trägt es auf den Armen und herzt es. In dem Maße aber, wie es heranwächst, entzieht ihm die Mutter solcher Art von Zärtlichkeiten, sie bestreicht die bisher süße Brust mit Bitterem, lässt das Kind von den Armen herab, damit es auf eigenen Füßen stehen lerne, die Art des Säuglings ablege und nach kernigerer Nahrung verlange. Nicht anders verhält sich die Gnade Gottes, diese liebende Mutter, sobald ein Mensch zu neuem Eifer im Leben mit Gott wiedergeboren wird.“[190]

Wie für den „Dreißig-Tage-Papst“, so steht auch für Johannes vom Kreuz hinter dem Bild von Gott als der „liebenden Mutter“ eine tiefe Glaubens- und Lebenserfahrung. Der Gott, den er im Evangelium Jesu und in der von innen her gelebten Freundschaft mit Christus kennengelernt hatte, wurde größer für ihn als alles, was der Vergleich mit einem menschlichen, wenn auch noch so väterlichen

Vater zum Ausdruck bringen kann. Wie tief berührt wäre Johannes vom Kreuz wohl gewesen, hätte er gewusst, dass auch Jesus ein weibliches Wort gebrauchte, wenn er in der Sprache seiner galiläischen Heimat den Hl. Geist, den Geist seines Vaters im Himmel, „*ruach*“ , nämlich „*die* (heilige) Geist“ nannte …

Mancher von meinen Exerzitienteilnehmern erfährt die „Kehrtwende“ hin zum väterlich-mütterlichen Gott in einem Augenblick und ist für immer ein neuer Mensch. Bei einem anderen vollzieht sie sich als ein langsamer, aber stetiger Prozess, und ich rate ihm dann, dorthin zum Gottesdienst, zu Vorträgen, zu Exerzitien oder zum Glaubensgespräch zu gehen, wo ihm der Abba-Geist Jesu in Eindeutigkeit und ohne „zwei-deutige“ Verzerrung verkündet wird. Das Leben ist zu kostbar, als dass man sich auch nur eine Stunde davon durch einen Gott des „Fürchtens und Zitterns“ verderben lassen dürfte! Wieder ein anderer „will“ unbedingt bei seinem ambivalenten Gottesbild bleiben und wendet sein gepeinigtes, verbittertes Herz zornig gegen mich, der ich mit meiner Art von Gott zu sprechen wohl gar nicht mehr richtig katholisch sei; ich lasse ihn schimpfen … und manchmal finden wir dann im Gespräch die wirkliche Ursache seines Zorns.

Ein Abba-Gott, der all das Leid zulässt?

Selbstverständlich ist die Projektion menschlicher Vater-Erfahrung nicht der einzige Grund für das hartnäckige Weiterwirken des ambivalenten Gottesbildes. Für viele Menschen, uns Christen eingeschlossen, drängt sich, wenn es um Gott geht, vor allem immer wieder die uralte Frage nach der Vereinbarkeit von Gottes-Glaube und Leiderfahrung auf. Dann fragen wir: *Kann denn ein Gott, der so viel Leid zulässt*, wie es die Menschheit von ihren frühesten Gehversuchen an erfahren muss, *ein „Gott der Liebe“ sein?*

Von den ersten Seiten der Bibel bis in die theologische und geistliche Literatur der Gegenwart hinein ist versucht worden, auf diese Frage eine Antwort zu geben. Seit Gottfried Wilhelm Leibniz (gest. 1716) wird sie in der Theologie die „Theodizee-Frage" genannt. Viele dieser Schriften und umfangreichen Werke habe auch ich gelesen, und manch philosophischer und theologischer Gedanke darin hat meinem Verstand beachtliche Nahrung gegeben.[191] Als ich aber in den vergangenen Monaten selbst in recht massiver Art dem Leid begegnen musste, hat mir das alles wenig geholfen. Alle diese schönen, gut durchdachten Erklärungen sind mir in den langen Wochen, als ich wusste, dass ich bestenfalls schwer geschädigt überleben würde, nicht einmal in den Sinn gekommen. Und als mir einer der vielen, mit großer, aufrichtiger und liebevoller Anteilnahme geschriebenen Briefe vorgelesen wurde, in dem mir eine gute Seele Mut machte, meine Krankheit „dem Herrn aufzuopfern", da habe ich nur noch bitten können: „Hör auf!" Eines weiß ich seitdem: Nie wieder werde ich anderen das Leid „erklären" wollen! Oder gar einen Leidenden mit dieser Art von „frommen Worten" trösten! Ich werde ihm helfen, wenn ich kann, gegen das Leiden mit aller Kraft anzukämpfen. Ich werde helfen, das Schwere würdevoll zu ertragen und niemals die Hoffnung aufzugeben – so wie auch mir nur dadurch *wirklich* geholfen wurde.

Doch eine für mich sehr bedeutsam gewordene Erfahrung werde ich weitergeben können: Als ich wusste, dass es um Tod oder Leben geht, ja der Tod mir unmittelbar vor Augen stand, war dennoch eine tiefe Ruhe in mir. Über diese Ruhe – über diese Freude geradezu – auf das Abenteuer, dem ich nun entgegengehen würde, war ich selbst überrascht. Ich hatte die klare Gewissheit, dass ein liebender Gott da ist und dass ich, so oder so, nicht aus seinen Händen fallen würde … Damit will ich sagen: Das Vertrauen in den Abba-Gott, mag es auch nur keimhaft in uns sein, trägt! Selbst in schwersten Stunden. Und ich denke nicht, dass ich zu den „besonders" glaubensstarken Menschen gehöre, wenn ich auch einigermaßen verständlich über Glaube und Gottvertrauen reden und schreiben kann.

Der katholische Theologe Georg Baudler hat in seinem Buch EL – JAHWE – ABBA. WIE DIE BIBEL GOTT VERSTEHT[192] die Geschichte der Gottesvorstellungen in Israel bis zu Jesus hin nachgezeichnet; die folgenden Zeilen, wenn auch in nüchternem Theologen-Deutsch geschrieben, sprechen mir aus dem Herzen:

> „In der dritten Motivschicht biblischen Gott-Verstehens, die gekennzeichnet ist durch die Anrufung Gottes als *abba* durch Jesus, bekommt die Theodizeefrage ein neues Gesicht. Diese Gottesanrede in der aramäischen Form des Vater-Namens, in dem sich das erste, zum Wort verdichtete Lallen des Kindes erhalten hat – weltweit und in allen Sprachen enthalten als ‚Mama-Papa' –, ist der unüberhörbare Ausdruck des Da-Seins der rettend und hebend dem Menschen sich zuneigenden Gottheit. Denn *abba* ist seinem Wesen und seiner Sprachform nach eben unmittelbare Anrede. Der Ausdruck eignet sich nicht als Wort und Begriff, mit dessen Hilfe ich distanziert und verobjektivierend das Phänomen des Vaters erörtern könnte. Wenn ich *abba* sage, ist für mein Gefühl die angerufene Bezugsperson da; mehr noch: Nur wenn ich sie vorgängig in meinem Gefühl als gegenwärtig empfinde, kann ich *abba* sagen (weshalb nicht wir selbst, sondern ‚der Geist', der zu Söhnen macht, dieses Wort in uns ruft: vgl. Röm 8,15). *Abba* deutet auf eine Gotteserfahrung hin, in der sich der Mensch, mag er sich äußerlich gesehen auch in einer noch so leidvollen Situation befinden, doch von innen her getragen, aufgerichtet und getröstet erfährt.
>
> […] Jesus stirbt nicht mit diesem an *El* (der hebräische Name für den bedrohlichen Gott in den Frühschriften Israels, R. K.) gerichteten Gebets- und Klageruf, der die Theodizeefrage enthält, sondern mit einem anderen Schrei, der bei Markus und Matthäus ungedeutet bleibt, von Lukas aber durch den Psalmvers interpretiert wird: ‚In deine Hände lege ich voll Vertrauen meinen Atem; du hast mich erlöst, Jahwe, du treuer Gott' (Ps 31,6). Dabei ersetzt Lukas den Jahwenamen durch den Vaternamen, der im Munde Jesu *abba* heißt. Jesus stirbt also nicht in

der klagenden Frage an die auf unbegreifliche Weise zuschlagende Schicksalsmacht und Tötungsgewalt, wie sie der Gottesname *El* umschreibt (und wie sie immer noch auch mit *Jahwe* verbunden ist), sondern in jenem liebenden Vertrauen zu seinem *abba,* das den Ursprung seines religiösen Wirkens bildet und sein ganzes Leben prägt. Damit ist in seinem Sterben die *El*-hafte Gotteserfahrung überwunden."[193]

Die Lehre, die ich aus meiner eigenen Abba-Erfahrung in wochenlanger Todesnähe ziehe, ist die: Man muss die Ursachen des Leids dort lassen, wo sie in Wahrheit nun einmal sind – in der noch unvollkommenen Natur (wozu auch der eigene Leib gehört). Man darf sie nicht bei Gott suchen. Und man darf ihm erst recht das Leid nicht in die Schuhe schieben, als Strafe oder gar als willkürliche Schickung. Das wäre wieder eine dieser verhängnisvollen Projektionen, die Gott zum Buhmann machen. „Richtet nicht vor der Zeit, wartet bis der Herr kommt, der das im Dunkeln Verborgene ans Licht bringen und die Absicht der Herzen aufdecken wird!", sagt Paulus (1 Kor 4,5), und dieses Wort hat auch auf Gott bezogen Gültigkeit! Wer bin ich und was weiß ich über die Geheimnisse des Lebens, dass ich Gott zum Verursacher aller Übel erklären dürfte! Letztlich wirkt ein solches Vor-Urteil nur auf uns selbst zurück: Es nimmt uns das Vertrauen in Gott, es nimmt uns das, was – zusammen mit der anteilnehmenden und tatkräftigen Liebe guter Freunde – gerade in leidvollen Stunden trägt.

Und was das furchtbare *Böse* betrifft, *das Menschen einander antun*, so sollte man auch da nicht zweifelnd fragen: „Wie kann Gott das zulassen?!" Man sollte die Ursache dafür in keinerlei „übernatürlicher Macht" suchen, sie weder als Teufel personifizieren noch das „Teuflische" in Gott hineinprojizieren – auf nichts anderes läuft ja das Reden vom „drohenden und strafenden Gott" hinaus! –, sondern die Wurzel des Bösen dort zu sehen sich nicht scheuen, wo sie nun einmal ist: in der menschlichen Fähigkeit, Gutes wie Böses zu tun. „Denn aus dem Herzen", betont Jesus klar und deutlich, „kommen böse Gedanken, Mord, Ehebruch, Unzucht, Diebstahl, falsche Zeugenaussagen und Verleumdungen" (Mt 15,19).

Der Jesuitenpater Alfred Delp war wegen seiner Mitarbeit in der Widerstandsgruppe „Kreisauer Kreis" im Sommer 1944 vom Volksgerichtshof zum Tode verurteilt worden und saß bis zu seiner Hinrichtung am 2. Februar 1945 im Gefängnis Berlin-Tegel. In der Haftanstalt schrieb er eine kleine, sehr persönlich formulierte Meditation über das VATERUNSER. Sein Zeugnis sagt mehr als alle theologischen Abhandlungen über Gott und das Böse:

> „Auf dieser absoluten Höhe des Daseins, auf der ich nun angekommen bin, verlieren viele bisher geläufige Worte ihren Sinn und Wert. Ich mag sie nicht einmal mehr hören. Das alles liegt so weit unten. Ich sitze da oben auf meiner Klippe und warte, ob und bis einer kommt und mich hinunterstößt. [...] Zu den Worten, die hier oben ihre Gültigkeit behalten und ihren Sinn enthüllen, gehören die Worte der alten Gebete, vor allem die Gebetsworte, die der Herr uns gelehrt hat.
>
> Es klingt eigenartig in dieser Lage, das Vaterwort. Aber es war die ganze Zeit über bei mir. Auch in dem hässlichen und hassvollen Raum, in dem die Menschen Gerechtigkeit mimten. Das Welterlebnis dieser letzten Zeit war ein Erlebnis des Hasses, der Feindschaft, der Rache, des Vernichtungswillens, der Eitelkeit und Anmaßung, der von sich selbst berauschten Macht und Herrlichkeit. Es wäre schlimm, wenn das gnadenlose Leben und Erleben dieser Zeit, das in irgendeiner Art doch jeden Menschen überfällt, die letzte Offenbarung der Wirklichkeit wäre. [...] Der Grundzug des Lebens ist Erbarmen und führende Väterlichkeit. Ach, all die Hilfskonstruktionen und Wahnbilder des hilflosen Menschengeistes: Schicksal, Verhängnis, ewiges Volk [...]: all das verklingt hier oben in dieser herben und klaren Luft wie ein unartikuliertes Gewimmer eines menschenähnlichen Tieres. [...]

> Gott als Vater: als Ursprung, als Führung, als Erbarmen, das sind die inneren Gewalten, die den Menschen diesen Stürmen und Überfällen gewachsen machen. Und es wird hier mehr berichtet als eine Botschaft: eine Wahrheit. Dem Glaubenden geschieht die Väterlichkeit, die bergende Kraft in tausend stillen Weisen, mitten in all den Überfällen und Aussichtslosigkeiten und Preisgegebenheiten."[194]

Und wenn die Frage lautet: Warum hat denn Gott aber die Welt so geschaffen, dass sie Leid hervorbringt, und warum hat er denn dem Menschen die Möglichkeit gegeben, Böses zu tun?, wenn sie lautet im Angesicht all des Unheils in unserer Welt: Warum das Leid der Unschuldigen und warum die Schuld?, so halte ich es mit Romano Guardini, der auf dem Sterbebett seinem Freund Walter Dirks sagte, das sei die Frage, die er *Gott* stellen werde, und zwar *dann*, wenn er (nun bald) vor ihm stehen werde ...[195]

Aus den Dunkelheitserfahrungen des Lebens dürfen wir nicht auf einen „dunklen Gott" oder auf eine „dunkle Seite Gottes" schließen. Das wäre unredlich gegenüber Gott, und uns selbst und unseren Mitmenschen graben wir damit das Lebenswasser ab. – Bei Schalom Ben Chorin fand ich das so ausgedrückt: „Der antike Jude stellt in der Stunde der Not die Frage an Gott; der moderne Mensch stellt Gott infrage."[196] Ich möchte lieber ein alter Jude sein, einer in der Schule Jeschuas von Nazareth freilich.

7.

„… LIEBER VATER, DU“

Eine weitere, vielleicht die hauptsächlichste Ursache dafür, dass es manchem so schwer fällt, sich vom ambivalenten Gottesbild zu trennen, hat mit dem menschlichen *Gerechtigkeitsempfinden* zu tun. Auch dabei handelt es sich, psychologisch betrachtet, um eine Projektion. Gott kann doch nicht, so sagt uns dieses Empfinden, alle mit gleicher Liebe behandeln! Größerer Einsatz für ihn verlangt doch nach größerem Lohn, geringerer Einsatz nach geringerem! Wer gar Unrecht erlitten hat oder miterleben musste, dass anderen Böses angetan wurde, der sinnt erst recht nach der entsprechenden Gerechtigkeit. Er meint damit nicht nur Wiedergutmachung für sich und für die Leidtragenden, sondern vor allem auch die Bestrafung des Täters. Ist eine solche Bestrafung auf Erden nicht oder nicht ausreichend möglich, bleibt nur noch die Hoffnung auf die *göttliche* Gerechtigkeit: Wer Böses getan hat, soll mindestens in gleichem Maße auch selbst Böses erleiden, und wenn nicht in diesem Leben, dann doch auf jeden Fall im ewigen! Es kann und darf deshalb nicht wahr sein, dass Gott nur *eine* Seite, die des liebenden und barmherzigen Vaters hat, er muss auch der Gott der strafenden Gerechtigkeit sein.

Die projizierte „Gerechtigkeit“

Auch diese Art von Projektion begegnet mir in der seelsorglichen Begleitung sehr, sehr häufig. Ich muss dann, bei allem Verständnis für dieses Empfinden – denn es liegt auch meinem Herzen ganz und gar nicht fern –, meine Gesprächspartner immer enttäuschen: Jesus hat eine andere Art von Gerechtigkeit verkündet. Er hat im Umgang mit den Frommen und den weniger Frommen, ja mit den notorischen Sündern seiner Zeit auch eine andere Gerechtigkeit *vorgelebt*. In einem Gleichnis zum Beispiel erzählt dieser Jesus, Gott wäre wie ein Arbeitgeber, der demjenigen, der nur eine Stunde, schon in der Kühle des Abends, Trauben gelesen hat, den gleichen Lohn gibt wie denen, die sich vom frühen Morgen an in der Gluthitze des Tages mit der schweren Kiepe auf dem Rücken abgerackert haben (s. Mt 20,1–16). In der Tat, einem solchen Arbeitgeber würde heute jede Gewerkschaft das Handwerk legen! Aber es kommt noch schlimmer: Nach Jesus *lässt Gott „seine Sonne aufgehen über Bösen und Guten, und er lässt regnen über Gerechte und Ungerechte"* (Mt 5,45). Ein wirklich unerhörtes, mehr als anstößiges Wort! Man setze für die Vokabeln „Gute und Böse" und „Gerechte und Ungerechte" nur einmal die Klarnamen persönlicher Freunde und Feinde ein … oder Namen aus den gegenwärtigen Konflikten der Tages- und Weltpolitik!

Gott, wie Jesus ihn darstellt, hat ein anderes „Gerechtigkeitsempfinden". Er will jedem Menschen zum *Recht* verhelfen; auch der „Arbeitslose" soll sich so viel verdienen dürfen, dass er davon die Familie ernähren kann. (Ein Denar, den im genannten Gleichnis alle Arbeiter gleichermaßen bekommen, war damals der Lohn, der nötig war, um für eine kleine Familie die Tagesration an Brot und Lebensmitteln kaufen zu können.) Und er will *gerecht machen* – Opfer wie Täter. Selbst im „Endgericht" wird er nicht als Strafrichter und Scharfrichter fungieren, sondern er wird *geraderichten*, was am Charakter verbogen ist, er wird den *aufrichten*, der gedemütigt wurde und den, der sich selbst durch seine Taten entwürdigt hat, er wird *wiederherrichten*, was durch unsere Schuld entzweigegangen ist. Auch der „Böse" und der schuldig Gewordene soll, spätestens wenn er vor Gottes „Gericht" steht, (wieder) werden dürfen, was er eigentlich ist: ein *rechter Mensch*, „geschaffen nach Gottes Bild" (vgl. Gen 1,26).

Wir Menschen neigen eher dazu, uns Gott nach *unserem* Bild zu schaffen. Und so muss er – zumindest *auch* – der drohende, strafende und furchterregende Gott sein. Es muss dann das göttliche Strafgericht und für bestimmte Menschen nichts anderes als die Hölle, die ewige Verdammnis geben. Zur Frohbotschaft muss folglich die andere Seite, die Drohbotschaft gehören. Wenigstens zur Abschreckung. – Wie egozentriert und letztlich sogar Gott-los ein solches Denken ist, zeigt sich allein schon daran, dass Vertreter dieser Ansicht nicht einen Moment lang daran zu denken scheinen, was es für *Gott* bedeuten würde, wenn er auch nur einen einzigen Menschen, einen von seinen geliebten Söhnen und Töchtern, mit vernichtendem Zorn überschütten, ja den Qualen einer ewigen Hölle ausliefern müsste …

Wenn ich in Vorträgen und Seminaren diese Gedanken äußere, werde ich gelegentlich gefragt: „Sie glauben also nicht an die Hölle?" Nein, muss ich auf eine so gestellte Frage antworten, an die Hölle „glaube" ich nicht. Ich glaube an den Gott Jesu, an den Gott grenzenloser Liebe und Barmherzigkeit. Aber von diesem Gott glaube ich, dass er den Menschen zur Liebe nicht zwingt; er lässt ihm die Freiheit, sich auch gegen ein Leben in Liebe und Wahrhaftigkeit zu entscheiden, jetzt auf Erden ja schon und gewiss auch am Beginn des endgültigen Lebens in seinem ewigen „Königreich" der Liebe. *Der Mensch selbst* ist es, der sich dann ausschließen würde vom liebenden Miteinander des Himmels. Und „diesen Zustand der endgültigen Selbstausschließung (!) aus der Gemeinschaft mit Gott und den Seligen", so heißt es im KATECHISMUS DER KATHOLISCHEN KIRCHE, dem sogenannten „Weltkatechismus" (von 1993), „nennt man Hölle."[197] Die „Hölle" ist – so die offizielle Lehre der katholischen Kirche! – nicht eine Gottesstrafe, sondern *Selbst*ausschluss. Wir dürfen sie uns auch nicht als ein qualvolles Leiden in „ewiger Feuersglut" vorstellen; sie ist vielmehr der Selbstausschluss vom *Leben*, sie wäre der endgültige, selbstmörderische *Tod*. „Der Sold der Sünde ist der Tod", sagt Paulus in einem seiner Briefe (Röm 6,23), und dies gilt auch von der größten Sünde: der endgültigen Abkehr von Gott, von der Quelle und dem „Grund" allen Lebens.

Doch ich glaube daran, so erläutere ich weiter, dass Gott, der Abba-Gott Jesu, alles, aber auch alles tun wird, um den Menschen – seine (trotz allem!) geliebte Tochter, seinen (trotz allem!) geliebten Sohn – von diesem endgültigen Selbstmord zurückzuhalten! – „So ist also niemand in der Hölle, so fällt also keiner in den endgültigen Tod?", lautet dann oft die nächste Frage. Das weiß ich nicht, muss ich ehrlich bekennen; jedenfalls wünsche ich es niemandem, meinem ärgsten Feind (hätte ich einen) nicht! Auch Gottes wegen wünschte ich es nicht; ich wünschte ihm nicht diesen Schmerz! – „Also gibt es nun die Hölle, oder gibt es sie nicht?" Es gibt die Möglichkeit, noch im Angesicht des Abba-Vaters den endgültigen Selbstausschluss vom Leben der Kehrtwende und dem Geradegerichtet-Werden vorzuziehen, und diese Möglichkeit ist real. Aber ich traue selbst dem bösesten Bösewicht noch zu, dass er von dieser Möglichkeit nicht Gebrauch machen wird. Aus dem ERWACHSENEN-KATECHISMUS der katholischen Bischöfe Deutschlands (von 1985) zitiere ich gern den Satz, der die Glaubenslehre meiner Kirche zu dieser Frage so zusammenfasst: „... weder in der Heiligen Schrift noch in der kirchlichen Glaubensüberlieferung (wird) von irgendeinem Menschen mit Bestimmtheit gesagt, er sei tatsächlich in der Hölle. Vielmehr wird die Hölle als reale Möglichkeit vor Augen gehalten, verbunden mit dem Angebot der Umkehr und des Lebens."[198]

Alle „Höllenvisionen der Tradition", so der Schweizer Dominikanertheologe Johannes B. Brantschen, „verraten uns viel über das menschliche Herz und das menschliche Unbewusste – sie sagen uns letztlich aber wenig über das Geheimnis des christlichen Gottes."[199] Mag manch einer befürchten, so zu reden führe zu dem Missverständnis, dann könne man ja vorerst leben, wie man will: Von „Verdammnis" und „ewiger Strafe" zu sprechen, ruft das weitaus schlimmere Missverständnis hervor, es sei Gott, der verdammt. Wir würden damit einander nur jetzt schon die Hölle bereiten und verlören die Kraft, uns nach der Gerechtigkeit auszustrecken, die unsere Welt heut dringender braucht denn irgend je.[200]

Gott ist gerecht, aber anders als wir! Er will Recht schaffen und zurechtrücken, Opfer und Täter, und seine Liebe „wohnt wesenhaft", sagt mein Ordensvater Johannes vom Kreuz, „in jeglicher Menschenseele, und sei es die des größten Sünders der Welt."[201]

Ein Jahr vor seinem Tod hat Martin Luther ein Vorwort zur Gesamtausgabe seiner lateinischen Werke geschrieben. Darin blickt er auf die etwa 30 Jahre zurückliegenden Stunden im Turmstübchen des Wittenberger Augustinerklosters zurück und beschreibt die damalige, für ihn umwälzende Glaubenserfahrung, die als sein „Turmerlebnis“ in die Geschichte eingegangen ist:

> „Mit außerordentlicher Leidenschaft war ich davon besessen, Paulus im Brief an die Römer kennenzulernen. Nicht die Herzenskälte, sondern ein einziges Wort im ersten Kapitel (Röm 1,17) war mir bisher dabei im Wege: ‚Die Gerechtigkeit Gottes wird darin (im Evangelium) offenbart.‘ Ich hasste nämlich dieses Wort ‚Gerechtigkeit Gottes‘, weil ich durch den Brauch und die Gewohnheit aller Lehrer unterwiesen war, es philosophisch von der formalen oder aktiven Gerechtigkeit (wie sie es nennen) zu verstehen, nach welcher Gott gerecht ist und die Sünder und Ungerechten straft.
>
> Ich konnte den gerechten, die Sünder strafenden Gott nicht lieben, im Gegenteil, ich hasste ihn sogar. Wenn ich auch als Mönch untadelig lebte, fühlte ich mich vor Gott doch als Sünder, und mein Gewissen quälte mich sehr. Ich wagte nicht zu hoffen, dass ich Gott durch meine Genugtuung versöhnen könnte. Und wenn ich mich auch nicht in Lästerung gegen Gott empörte, so murrte ich doch heimlich gewaltig gegen ihn: Als ob es noch nicht genug wäre, dass die elenden und durch die Erbsünde ewig verlorenen Sünder durch das Gesetz des Dekalogs mit jeder Art von Unglück beladen sind – musste denn Gott auch noch durch das Evangelium Jammer auf Jammer häufen und uns auch durch das Evangelium seine Gerechtigkeit und seinen Zorn androhen? So wütete ich wild und mit verwirrtem Gewissen, jedoch klopfte ich rücksichtslos bei Paulus an dieser Stelle an; ich dürstete glühend zu wissen, was Paulus wollte.
>
> Da erbarmte sich Gott meiner. Tag und Nacht war ich in tiefe Gedanken versunken, bis ich endlich den *Zusammen-*

hang der Worte beachtete: ‚Die Gerechtigkeit Gottes wird in ihm (im Evangelium) offenbart, wie geschrieben steht: Der Gerechte lebt aus dem Glauben.‘ Da fing ich an, die Gerechtigkeit Gottes als eine solche zu verstehen, durch welche der Gerechte als durch Gottes Gabe lebt, nämlich aus dem Glauben. Ich fing an zu begreifen, dass dies der Sinn sei: durch das Evangelium wird die Gerechtigkeit Gottes offenbart, nämlich die passive, durch welche uns der barmherzige Gott durch den Glauben rechtfertigt, wie geschrieben steht: ‚Der Gerechte lebt aus dem Glauben.‘ Da fühlte ich mich wie ganz und gar neu geboren, und durch offene Tore trat ich ins Paradies selbst ein.“[202]

Martin Luther, als junger Mensch geprägt von einer Glaubenssicht, die so viele Christen zu *selbst-gerechten* „Pharisäer-Typen“ werden ließ und gerade die gutwilligen Frommen mit der Gottesangst peinigte, war im Römerbrief des Paulus dem Geist begegnet, „durch welchen wir ruffen Abba lieber vater“ (so seine Originalübersetzung von Röm 8,15[203]). Er hatte nun verstanden, dass ein solcher Gott eine andere Art von „Gerechtigkeitsempfinden“ haben muss. Er konnte dann nicht mehr anders, als diesen Abba-Gott – und die ganz neue Lebenssicht, die sich aus solch einem Gottesbild für ihn ergab – in die Welt hinein zu predigen, sei's gelegen oder ungelegen:

„Wir haben durch Christus … einen fröhlichen Zutritt zu Gott, dass wir sagen: Abba, lieber Vater – was ohne Christus nicht geschähe. Denn zuvor erschien uns Gott als ein schrecklicher Gefängnismeister und Richter, der der Sünde Feind ist. Aber wo das Licht des göttlichen Worts aufgeht, da halten wir Gott für unseren Vater und Christus für unseren Mittler, Bischof und Lehrer …“[204]

Teresa von Ávila hatte fast 40 Jahre später im fernen Spanien ein ähnliches „Turmerlebnis“. Als junges Mädchen war sie in den Karmel ihrer Heimatstadt eingetreten; das entscheidende Motiv für ihren Klostereintritt war, wie sie selbst berichtet, die Angst vor den ewigen Strafen Gottes gewesen.[205] Endlich, nach 20 Ordensjahren, gingen ihr vor einer Statue des gegeißelten Christus die Augen für den Gott der bedingungslosen Liebe auf.[206] Nachdem sie nun ihre Höllenängste verloren hatte, begann sie ihre VATERUNSER-Meditation mit den Worten:

> „O mein Gott, als welch eines Sohnes Vater offenbarst du dich hier, und als welch eines Vaters Sohn offenbart sich dein Sohn! Sei gepriesen auf immer und ewig! [...] Mit dem Namen deines Vaters schenkst du uns alles, was man nur geben kann! Du willst, dass er uns als seine Kinder betrachtet – und dein Wort zählt ja bei ihm! Du verpflichtest ihn, es zu erfüllen! Damit legst du ihm keine geringe Bürde auf. Denn wenn er Vater ist, muss er uns ertragen mit allem, womit wir ihn beleidigen. Wenn wir wieder zu ihm zurückkehren wie der verlorene Sohn, muss er uns vergeben. Er muss uns trösten in unseren Nöten. Er muss uns ernähren, wie es die Pflicht eines Vaters ist, noch dazu eines solchen Vaters, der besser sein muss als alle Väter der Welt zusammen, weil in ihm nichts anderes sein kann außer der ganzen Fülle des Guten. [...]
>
> O guter Jesus! Wie klar zeigt sich hier, dass du mit dem Vater eins bist und dass dein Wille der seine ist und sein Wille der deine! Welch eindeutiges Bekenntnis, mein Herr! Wie groß muss doch die Liebe sein, die du zu uns hast! [...]
>
> Wenigstens verstehe ich das eine gut, mein Jesus, dass du als der vielgeliebte Sohn gesprochen hast, und zwar für dich und für uns zugleich. [...]
>
> Nun, was meint ihr, Töchter, ist das nicht ein guter Meister? Damit wir Lust bekommen zu lernen, was er uns lehren will, beginnt er den Unterricht damit, dass er uns ein großes Geschenk macht. Meint ihr immer noch, wir dürfen es unterlassen, wenn wir diese ersten Worte aus-

> sprechen, unseren Verstand zu benutzen und unser Herz vom Anblick einer solchen Liebe zerreißen zu lassen? [...] Freilich, wenn Gott nicht so wäre, dann würde es mich überhaupt nicht wundern, wenn wir kein Interesse an ihm hätten. Das würde dann dem entsprechen, wie es auf der Welt zugeht. [...] *Einen* guten Vater habt ihr alle, den gibt euch der gute Jesus. Von einem anderen Vater habt ihr hier nicht zu reden! [...]
>
> O mein Gott, wie viel Trost kann man allein in diesem einen Wort finden! Ich will mich nicht weiter darüber verbreiten, denkt selbst darüber nach ..."[207]

Und dabei war Teresa ganz sicher nicht bekannt gewesen – ein Neues Testament für Laien, in spanischer Muttersprache, gab es damals nicht –, dass Jesus sie „Abba", nicht einfach nur „Vater" zu sagen lehrte!

Aber in der Bibel steht doch ...!

Ja, *auch die Bibel* spricht von der anderen Seite Gottes, von seinem grimmigen Zorn und seiner Straf-Gerechtigkeit! Und selbst Jesus hat, so jedenfalls erzählen die Evangelien, nicht nur Frohbotschaften verkündet: Das Gleichnis von den zehn Jungfrauen und das von den anvertrauten Talenten zum Beispiel enden mit geradezu schrecklichen Drohworten, ebenso die sich daran anschließende Darstellung des Weltgerichts (alles in Mt 25)! – Ist Gott nicht also doch der zu fürchtende, strafende Richter? Hat er nicht doch auch eine zweite, eine bedrohlich-„gerechte" Seite?

In der Tat: Auch die Bibel, das Erste wie das Zweite Testament, ist eine der Ursachen dafür, dass viele Menschen der Abba-Botschaft Jesu nicht so ganz trauen. Denjenigen, die ohnehin schon mit Skrupeln und Ängsten belastet sind, bestätigt sich durch solche

Bibeltexte umso mehr, dass man letztlich nur in „Furcht und Zittern“ vor Gott leben kann. Auch hierzu ist also ein klärendes Wort dringend nötig.

Die meisten dieser Bibelstellen machen nur deshalb einen erschreckenden Eindruck, weil sie schlicht und einfach missverstanden und in Predigt und Glaubensverkündigung falsch ausgelegt werden. Wenn vom „Zorn“ Gottes die Rede ist oder vom „erzürnten“ Eingreifen Gottes, dann ist damit in den wenigsten Fällen eine zweite, eine „dunkle“ und bedrohende Seite des göttlichen Vaters gemeint.

Die biblischen Autoren, die so von Gott sprechen, kennen den Zorn aus dem eigenen Herzen, und sie kennen ihn durchaus auch als etwas Gutes. Zorn ist nicht in sich schon eine negative Regung des Herzens, er ist auch eine positive Kraft. Sie regt sich in uns Menschen, wenn wir erleben müssen, wie etwas Großes, Kostbares verletzt und verdreht wird. Zorn muss der Liebe nicht entgegenstehen, er kann sogar Ausdruck sehr starker, leidenschaftlicher Liebe sein! Ein solcher Zorn ist nicht vernichtend, er richtet sich – *als liebender, als „heiliger“ Zorn* – nicht gegen die Person, sondern gegen ihr unrechtes, verletzendes Tun und Denken. Zu Recht können die großen Glaubenden des Judentums und des Christentums deshalb vom *Zorn Gottes* sprechen. Wie auch sollte der leidenschaftlich liebende Gott, mit Worten menschlicher Psychologie gesprochen, nicht zugleich der leidenschaftlich zornige sein!? Doch dieser göttliche Zorn ist nicht der eines selbstherrlichen, bedrohlichen Patriarchen. Martin Buber schreibt, im Blick auf seine jüdische Bibel: „Im Alten Testament wird Gottes Zürnen berichtet, geweissagt und besungen, aber das ist immer ein väterliches Ergrimmen über das unbotmäßige Kind, dem auch der Ergrimmte seine Liebe nicht entziehen mag.“[208] In einem Wortspiel ausgedrückt: *Gott ächtet die Sünde, doch er achtet den Sünder*. In seinem „heiligen Zorn“ bleibt er der Abba, der uns „seine Liebe erwiesen hat“, schon „als wir noch Sünder waren“ (Röm 5,8).

Und wie sollte ein Jesus, der die Liebe seines Abba-Gottes so ganz und gar im Herzen trägt, nicht zugleich auch an Gottes Zorn Anteil haben? Weil *der Zorn zum liebenden Gott gehört*, kann auch

Jesus leidenschaftlich zornig reden – und handeln! Ich denke nur an die berühmte, von allen vier Evangelisten erzählte „Tempelaustreibung“ und an so manche „starken Worte“ an die entsprechenden Adressen. Der echte Geist Gottes zeigt sich ja gerade darin, dass er immer zugleich der Geist der *Liebe* und der Geist der *Wahrheit* ist. Liebe allein würde, auch in unseren menschlichen Herzen, dazu führen, dass wir über alles Unrecht und alle Unvernunft die fade Soße der Harmonisierung und der als „Entschuldigung“ missverstandenen Bagatellisierung gießen; und das Eintreten für die Wahrheit allein kann schnell fanatisch machen, mit allen vernichtenden Begleiterscheinungen, die der Fanatismus, im Besonderen der religiös motivierte, gebiert ... Caterina von Siena (1347–1378), die zu ihrer Zeit wegen entsprechender Missstände in der Kirche sehr zorngeladene Briefe an die Päpste schreibt, hat diesen Zusammenhang von kritischer Wahrhaftigkeit und uneingeschränkter Liebe geradezu klassisch zum Ausdruck gebracht, als sie ihre Kritik in einem Brief an Gregor XI. mit den Worten rechtfertigte: „(Wenn eine Seele) die maßlose Liebe Gottes begreift, und sieht, wie ihr ganzes Sein von ihm, dem Seienden, stammt, dann empfindet sie, dass sie lieben muss, was Gott liebt, und hassen muss, was er hasst.“[209] Die der Wahrheit verpflichtete Liebe und die der Liebe verpflichtete Wahrheit – das ist es, was Jesus so ganz und gar menschlich und seinen Abba so göttlich macht.

Einen harmlosen, charakterschwachen „Daddy“ hat Jesus in der Tat nicht verkündet, als er Gott einen Abba nannte. Und diejenigen in den Kirchen, die den Verkündern der reinen und eindeutigen Frohbotschaft vom Gott der bedingungslosen Liebe entgegenhalten, nun seien ja der Unverbindlichkeit und der Laxheit Tür und Tor geöffnet, müssen sich wohl fragen lassen, ob sie auch nur ahnungsweise verstanden haben, was Liebe ist! Eugen Biser, der sich, wie bereits gesagt, entschieden wie kein zweiter unter den heutigen Theologen für den Abba-Gott Jesu ausspricht, weiß sehr wohl:

> „Das Herz Gottes ist Liebe – und nichts außer dem. Das aber ist kein Gott, der alles hinnimmt und auf sich beru-

> hen lässt, sondern der Gott der denkbar größten Herausforderung, der vom Menschen das erwartet, was er ihm gibt: Liebe aus ganzem Herzen, ganzem Gemüt, ganzer Geistes- und Wesenskraft."[210]

Es gibt freilich auch andere Bibelstellen, die sich mit solchen Überlegungen nicht „entschärfen" lassen. Sie behalten für den, der sie liest oder hört, ihre angstmachende Bedrohlichkeit. Dazu ist Folgendes zu bedenken: Die Autoren der biblischen Texte – auch die der Evangelien und der übrigen neutestamentlichen Schriften – haben uns nicht nur das reine „Wort Gottes" überliefert. „Da Gott in der Heiligen Schrift durch Menschen nach Menschen Art gesprochen hat", wie das Zweite Vatikanische Konzil lehrte[211], sind selbst die Verkündigung Jesu und der verkündigte Christus mit den negativen Gottesbildern der jeweiligen neutestamentlichen Schriftsteller vermischt worden. Auch diese Menschen waren geprägt durch die Erfahrung mit ihren „Vätern" und durch die Erfahrungen mit schuldlosem Leid und himmelschreiendem Unrecht. Auch sie hatten eine entsprechende seelische Bereitschaft, solche Erfahrungen auf Gott zu übertragen; auch sie hatten die „dunklen Gottesbilder", die zumindest in der „Volksfrömmigkeit" bis weit in die Menschheitsgeschichte zurück von Generation zu Generation weitergegeben worden waren, in sich verinnerlicht und haben die Drohbotschaften (etwa des Täufers Johannes, s. Mt 3,7–12) – sicherlich unbewusst und ungewollt – in die Frohbotschaft Jesu hineingewoben.[212] Unter den Evangelisten ist es in auffallender Weise gerade Matthäus, der den Worten Jesu gern und mehrfach ein drohendes „Heulen und Zähneknirschen" anfügt, auch im genannten 25. Kapitel seines Evangeliums.[213] Auch die trostvollen Worte und Bilder, mit denen sich der Verfasser der Apokalypse (der „Offenbarung des Johannes") zu Beginn der 90er-Jahre an die unter Kaiser Domitian verfolgten Christen wendet, sind durchaus nicht frei vom Schatten der „gnadenlosen Vernichtungs- und Herrschaftsträume, denen sich der Verfasser auch hingibt" (Manfred Görg).[214] Und die Reihe solcher Text-Beispiele, die sich mit der Botschaft Jesu nie und nimmer in Einklang bringen lassen, könnte hier noch lange weitergeführt werden …

In den vergangenen Jahren ist auf diesen Gesichtspunkt, der bei der Auslegung der biblischen Schriften bisher so gut wie gar nicht berücksichtigt wurde, von katholischen und protestantischen Bibelwissenschaftlern verstärkt aufmerksam gemacht worden. Eugen Biser fasst das Ergebnis, hier konkret auf die vier Evangelien bezogen, so zusammen:

> „Nach alledem entwerfen die Evangelien ein aus ganz unterschiedlichen Stufen und Formen der Rezeption gewonnenes Bild Jesu, das in seiner Konsequenz zu (einer) Revision der allgemein angenommenen Irrtumslosigkeit der biblischen Schriften nötigt. Denn diese erscheinen nunmehr zwar als die authentische […] indessen aus Verständnis und Missverständnis hervorgegangene Dokumentation der Heilsbotschaft."[215]

Die Schlussfolgerung davon ist, dass man auch das nicht alles unbesehen und ungeprüft glauben sollte, was in der Bibel steht. Biblische Texte müssen, so betont Eugen Biser, „*auf ihre Mitte hin* gelesen werden … Die aber bildet zweifellos die Gottesverkündigung Jesu."[216] Praktisch und konkret heißt das: Alle Aussagen der Bibel müssen daran gemessen werden, ob sie mit der Abba-Verkündigung Jesu übereinstimmen; allen ihren Worten muss – wie den Versen des Vaterunsers – das „Abba" vorangestellt werden. Allein von diesem Gott her dürfen sie ausgelegt, müssen sie gegebenenfalls aber auch korrigiert werden. Allein von seiner eindeutigen und bedingungslosen Liebe her können sie jesusgetreu verstanden werden.

Dieser Grundsatz ist durchaus nicht neu, er war nur sehr lange in Vergessenheit geraten. Schon die Bischöfe und Theologen der frühen Jahrhunderte wussten, dass der erste Teil der Bibel, der später „Altes Testament" genannt wurde, *von Christus her und auf Christus hin* gelesen werden müsse. So stellten zum Beispiel bereits um das Jahr 100 frühchristliche Autoren in einem Schreiben klar, wie das in ihrem Gemeindegebiet entstandene Johannesevangelium auszulegen sei. Diese Schrift, die später als Erster Johannesbrief Eingang in das Neue Testament gefunden hat, sollte eine „theologische Lesehilfe“ sein, die „angesichts der Herausforderung durch eine besorgniserregende Entwicklung nachträglich das richtige Verständnis des Johannesevangeliums gegenüber allen Missdeutungen absichern will“ (Hans-Joachim Klauck).[217] Die zentrale Aussage in diesem Brief, die in der christlichen Theologie als die „Spitzenaussage“ der ganzen Bibel gilt, muss die Grundlage, die normative Mitte jeder Schriftauslegung, jeder Glaubensverkündigung in der Nachfolge Jesu und jeder Form von christlicher Spiritualität bilden:

> „Gott ist die Liebe, und wer in der Liebe bleibt, bleibt in Gott, und Gott bleibt in ihm. Darin ist unter uns die Liebe vollendet, dass wir am Tag des Gerichts Zuversicht haben. Denn wie er, so sind auch wir in dieser Welt. Furcht gibt es in der Liebe nicht, sondern die vollkommene Liebe vertreibt die Furcht. Denn die Furcht rechnet mit Strafe, und wer sich fürchtet, dessen Liebe ist nicht vollendet“ (1 Joh 4,16b–18).

Es mag sein, dass ein solches Bibelverständnis manchem Leser neu ist, und mancher mag (zunächst) Schwierigkeiten haben, dem zuzustimmen. Aber das ist nun einmal die Wahrheit, an der wir nicht vorbeikommen, wollen wir ehrlich umgehen mit den Quellentexten unseres Glaubens. Und diese Wahrheit macht frei – sie lässt uns mit dem Abba-Gott leben und „in der Liebe bleiben“. Zudem sind wir Christen sie der Welt schuldig, weil der Abba Jesu nicht uns allein, sondern der Menschheit gehört.

Unsere Liebesunfähigkeit

Natürlich fällt es schwer, das Leben entschieden und eindeutig auf das Fundament *„Gott ist die Liebe"* zu bauen, wenn wieder und wieder in Predigten, Gottesdiensten und religiösen Schriften von einem Gott die Rede ist, der seine Liebe nur für entsprechende Verdienste gibt und gar mit (ewiger) Strafe droht. Das ist ein weiterer Grund, warum viele Christen in ihrem Abba-Gottesbild stets von Neuem verunsichert werden, die Frohbotschaft Jesu nicht eindeutig in ihren Herzen ankommen und der „gute Same" nicht ungehindert keimen und wachsen kann (vgl. die „Saatgleichnisse" in Mt 13,1–32). Und das ist auch der Grund, dass mach einer sich fragt (ich zitiere wieder aus einem Fragezettel einer Teilnehmerin an meinen Exerzitienkursen): „Wie kann ich weiterhin sonntags in die Kirche gehen, wenn der Pfarrer ein Gottesbild verkündet, das dem Gottesbild Jesu nicht entspricht? Da bin ich mir nicht erst nach Ihren Vorträgen sicher: so moralisierend kann Jesus gar nicht von Gott gesprochen haben, da wäre damals keiner geheilt worden, da wären ihm die Leute ja eher weggelaufen! Ich fühle mich in dieser Kirche oft so verloren. Schon wegen der Kinder fahren wir, wenn es irgendwie geht, 30 Kilometer weiter zum Gottesdienst. Der Pfarrer dort redet ganz anders, im Grunde so wie Sie. Aber ist das die Lösung? Haben wir ‚Laien' überhaupt eine Chance, die Kirche bzw. den Pfarrer zum Umdenken zu bewegen? Wie?"

Ich denke, es ist zunächst einmal hilfreich, sich mit der Frage auseinanderzusetzen, *warum* es in der Realität der christlichen Kirchen auch solche „Hirten" gibt, die an dem alten ambivalenten Gottesbild festhalten. Die militanten unter ihnen sind ja – dem Abba sei Dank! – durchaus nicht mehr in der Mehrzahl, und die Zeit der Höllenprediger ist längst vorbei. Zudem gibt es viele Pfarrer, Bischöfe, Seelsorgerinnen und Seelsorger, die zwar in den althergebrachten Vokabeln und Denkschemen reden, mit ihrem ganzen Wesen aber so viel Liebe, Wahrhaftigkeit, Weite und Barmherzigkeit ausstrahlen, dass man ihr Predigen durchaus „vergessen" kann; sie „neutralisieren" durch ihren menschlich-liebenswürdigen Charakter, was sie – „weil sie's nicht anders gelernt haben" – mit ihren oder ihren abgelesenen Worten sagen. Wenn sie auch den Abba-Gott Jesu nicht eindeutig und klar auf den Lippen haben, so haben sie ihn doch im Herzen.

Und dennoch, das ist wahr, trägt so mancher Glaubensverkünder in den Kirchen landauf, landab noch immer hartnäckig den alten Geist weiter und glaubt dabei, sich auf die Bibel und die Lehre der Kirche berufen zu können. Man muss diese Menschen zu verstehen versuchen, sonst wird man ihnen nicht gerecht und „bleibt nicht in der Liebe" (1 Joh 4,16 ff.). Die Gründe sind auch hier sicher vielschichtig und jeweils ganz eigen:

Zum einen sind Priester, Ordensleute, Theologen, Bischöfe, Seelsorger und Seelsorgerinnen „auch nur Menschen". Auch sie sind geprägt von ihren „Vater"-Erfahrungen und von ihrem „Gerechtigkeits"-Empfinden, geprägt von ihrem Leiden und Mitleiden an Schmerz, Not, Gewalt und Unrecht, von der noch unheilen Zwiespältigkeit in den Tiefen ihrer Seele und von der religiösen Formung im Laufe ihrer Lebensgeschichte. Nicht erst die heutige Psychologie, schon Johannes vom Kreuz zum Beispiel, der große Theologe der christlichen Mystik, wusste seinerzeit, dass der Mensch von den (auch unbewussten) Prägungen seiner Seele geleitet ist, in seinem Handeln ebenso wie bis in sein rationales Denken hinein.[218] So kann sogar ein theologisch hoch Gebildeter in seinen Einstellungen und Ansichten – sogar trotz besseren Wissens – der Meinung sein, einen Gott der reinen, bedingungslosen Liebe könne es gar nicht geben. Da er sich ihn „gefühlsmäßig" nicht vorstellen kann, kann er ihn auch schwer denken, und da er aufgrund persönlicher Verletzungen eine bedingungslose Liebe nicht empfinden kann, kann er sie auch im Herzen Gottes nur schwer nach- und mitempfinden.[219]

Ein markantes Beispiel dafür ist ein erst kürzlich erschienenes Buch von Andreas Schweizer mit dem Titel DER ERSCHRECKENDE GOTT.[220] Der Autor ist promovierter evangelischer Theologe und Psychotherapeut aus der Schule Carl Gustav Jungs. Wie die meisten seiner heutigen Kollegen aus beiden Fachbereichen sieht er das Gottesbild eines Menschen wesentlich mitbestimmt durch die Zwiespältigkeiten in den Tiefen der Seele. Mit dem bei Carl Gustav Jung zentralen Gedanken, unsere Seele (das „Selbst") sei am ehesten „Abbild Gottes" (Gen 1,27), folgert er nun jedoch – darin besteht das Aufsehenerregende seines Buches –, dass Gott, das „Urbild" des Menschen, ebenso zwiespältig sein müsse wie der Mensch. Gott trage, so der Autor, den Konflikt zwischen Dunkel und Licht, zwischen Gut-Sein und Böse-Sein ebenso in sich wie sein geschaffenes Abbild. Ein in der Tat erschreckender, auf den ersten Blick aber beeindruckend schlüssiger Gedanke. Doch in dieser Schlussfolgerung zeigt sich wiederum nichts anderes als eine subtile Form von Projektion, wenn auch zustande gekommen in denkerischer Leistung und mit rationalen Argumenten. Der erfahrene katholische Theologe Otto Betz hat das in einer Rezension zu diesem Buch mit der schlichten Feststellung entlarvt: „Unsere Wirklichkeit hat ein Doppelantlitz, im Menschen können wir eine beunruhigende Ambivalenz beobachten. Müssen wir deshalb von einer Spaltung Gottes sprechen? Sicher gibt es die Erfahrung von Licht und Dunkel, von Reden und Schweigen, von Nähe und Ferne. Aber der ‚innergöttliche Konflikt' ist eine Projektion."[221] – Ähnlich reagierte schon 1929 ein sehr klarsichtiger Theologe, der Protestant Friedrich K. Feigel, auf das bis heute einflussreiche Buch DAS HEILIGE von Rudolf Otto (von 1917). Der Marburger Professor hatte das Göttliche als das Geheimnis des „tremendum et fascinosum", als das zugleich Erschreckende und Anziehende dargestellt.[222] Die Tatsache, so sein Kritiker, dass Menschen aller Zeiten und Religionen (einschließlich des Buddhismus) das „Heilige" und „Numinose" immer wieder in dieser Ambivalenz erfahren haben[223], weise „gewiss in geheimnisvolle Tiefen, aber nicht in Tiefen der göttlichen Transzendenz, sondern in Tiefen des Menschlichen".[224] Eugen Biser hat der Auffassung von Rudolf Otto inzwischen wiederholt ein Zitat aus den BEKENNTNISSEN des Augustinus entgegengestellt[225], das eine Erfahrung ausdrückt, die an Klarstellungskraft kaum zu überbieten ist:

> „Was ist das da, das mir entgegenleuchtet und mein Herz trifft, ohne es zu verletzen, sodass ich erschaudere und er-

glühe – erschaudere, weil ich ihm unähnlich, und erglühe, weil ich ihm ähnlich bin?“[226]

Rudolf Otto wie Andreas Schweizer sprechen vom Menschen. Daraus Schlüsse auf ein Doppelgesicht Gottes zu ziehen, ist, bei Lichte besehen, theologisch unredlich und, wenn auch nicht subjektiv so gewollt, im Blick auf die Mitmenschen unverantwortlich.

Es muss uns heute mehr denn je darum gehen, die Ein-Deutigkeit der Frohbotschaft Jesu vom Gott der Liebe ins Bewusstsein der Christen zu bringen. Zu groß ist der Erfahrung nach (natürlich nicht nur meiner) die Zahl derer, die zu einer erfüllten, frohmachenden persönlichen Lebensgemeinschaft mit Gott nicht finden, weil sie – aus welchen Gründen auch immer – mit inneren Ängsten vor Gott leben. Wie inzwischen von kompetenten Theologen herausgearbeitet wurde, ist es diesbezüglich im Laufe der Kirchengeschichte zu einem folgenschweren Missverständnis gekommen, das sich bis heute in Verkündigung und Pastoral auswirkt. Kurz gefasst: Man hat fälschlicherweise das „Fascinosum“ und das „Tremendum“ (Rudolf Otto), das ohne Zweifel zur *Psychologie* der menschlichen Erfahrung, der Gotteserfahrung wie der Menschenerfahrung (!) gehört, auf das Gottesbild, auf das „Mysterium Divinum“ übertragen – und dann dieses Gottesbild zur Mitte der Bibelauslegung und zur Mitte der Glaubensverkündigung gemacht. Ein typisches Beispiel dafür ist die Auslegung des Satzes aus dem Philipperbrief: *„Müht euch mit Furcht und Zittern um euer Heil!“* (Phil 2,12). Das „Fürchten und Zittern“, von dem der Apostel Paulus spricht, bezieht sich, wie der inhaltliche Gesamtzusammenhang des Textes eigentlich klar erkennen ließe, nicht auf Gott (der also dann auch ein furchterregender Gott wäre), sondern *auf den Menschen selbst*: Nicht vor Gott muss ich mich fürchten, will Paulus sagen, sondern *vor mir selbst*, da ich immer wieder in Versuchung bin, mich der Liebe und der Wahrheit zu verschließen und dadurch das „Heil“ meines Lebens – hoffentlich nicht, durch endgültigen Selbstausschluss, auch des ewigen Lebens – zu verlieren. Bei demselben Paulus heißt es ja auch: „… ihr habt nicht einen Geist empfangen, der euch zu Sklaven macht, sodass ihr euch immer noch fürchten müsstet, sondern ihr habt den Geist empfangen, der euch zu Söhnen macht, den Geist, in dem wir rufen: Abba, Vater!" (Röm 8,15; ähnlich Gal 4,4–6; s. Kap. 4).

Noch einmal: Gewiss kann ein Gott der reinen Liebe dahingehend missverstanden werden, dass man daraus den Schluss zieht, dann könne ja alles unverbindlich bleiben, etwa nach dem Motto: „Wir kommen alle, alle, alle in den Himmel …" Aber wer so denkt, der hat wohl noch nicht tief genug verstanden, dass gerade eine solche bedingungslose Liebe in die Pflicht nimmt; gerade sie fordert zur „Kehrtwende" heraus. Dieses Missverständnis darf uns also nicht dazu veranlassen, die Gottesverkündigung Jesu zu verfälschen. Ja, auch Jesus selbst hat Drohworte und Weherufe gebraucht, aber er hat keine „Droh*botschaft*" verkündet. Er hat nicht, wie im Philipperbrief auch Paulus nicht, *mit Gott* gedroht, sondern – mit durchaus „starken" Worten – auf die *Bedrohlichkeit des zwiespältigen Herzens* und auf die *Bedrohlichkeit des menschlichen Verhaltens* hingewiesen!

Warum, so hieß die Ausgangsfrage, gibt es in der Realität der christlichen Kirchen noch immer Seelsorger und den einen oder anderen Theologen, die an dem alten ambivalenten Gottesbild festhalten? – Zu den genannten Gründen kommt sicherlich hinzu, dass ein Umdenken zur Folge hätte, dass ein solcher Mensch, gerade weil er zu den Hauptamtlichen in der Kirche gehört, sich eingestehen müsste, über die bisherigen langen Berufsjahre hin in wesentlichen Dingen etwas falsch gemacht, etwas Falsches gepredigt und verkündet zu haben. Zudem ist er eingebunden in eine ganze Welt von Kollegen und Kolleginnen, die ebenfalls ambivalent von Gott reden; in ein ganzes System von religiösen Bräuchen und kirchlichen Praktiken, die auf diesem traditionellen Gottesbild fußen und nun anfragbar wären und ins Wanken kämen; in ein Heer von Gläubigen, die seine „neumodernen" Ansichten gar nicht so gern würden hören wollen, von denen er zumindest meint, dass er sie „in ihrem Glauben nicht verunsichern" dürfe. – Alles in allem: Es ist schwer, gegen den Strom zu schwimmen … und wohin das führen kann, hat gleich als erster Abba-Verkünder Jesus selbst erfahren müssen: Dass viele seine Lehre als „unerträglich“ empfanden und sich von ihm abwandten (s. Joh 6,60–66), war nur der Anfang seines Geschicks.

Jeder, der sich heute in Klarheit und Eindeutigkeit zum Abba-Gott Jesu bekehrt, muss unter Umständen gegen seine ganze bisherige Lebensgeschichte ankämpfen – das gilt in besonderem Maße für diejenigen, die hauptamtlich in die Kirche eingebunden sind. Daher wundere ich mich nicht, dass – wie ich es in den Exerzitienkursen gelegentlich erlebe – sich gerade mancher Priester, pastoraler Mitarbeiter und Ordenschrist mit dem Abba-Gott Jesu und mit seiner Art von „Gerechtigkeit“ nicht leicht tut. Mancher ist nur schwer in der Lage, sich für die drei oder vier Exerzitientage, zu denen er ja aus eigenem Willen angereist ist, wirklich auf das Schweigen und die Stille einzulassen; er weicht der Konfrontation mit der „Wahrheit seines Lebens“ lieber aus. Wohl jedes Exerzitienhaus kennt dieses Problem, und wer gar vorrangig zu Theologen und Seelsorgern spricht, nicht minder. Eugen Biser schreibt in einem jüngst erschienenen Buch:

> „Wer es heute wagt, von der Liebe und gar von der bedingungs- und vorbehaltlosen Liebe (Gottes) zu reden, stößt auf eine Wand der Verweigerung und Ablehnung, wenn nicht sogar in ein Vakuum des Unverständnisses. Zu tief sind die Spuren, die der schon von Nietzsche … ausgemachte ‚Geist der Schwere‘ im heutigen Lebensgefühl hinterlassen hat, als dass schon ein einzelner Hinweis dagegen aufkäme. Was dazu verhelfen könnte, den tief sitzenden Widerstand zu brechen, wäre eine konzertierte Aktion, für die in erster Linie die Gegenwartstheologie gewonnen werden müsste.“[227]

Ich kann das alles, da ich ja auch Ordenschrist, Priester und Theologe bin, durchaus gut verstehen, und dennoch wünschte ich jedem, gerade denen, die Glauben weitergeben, nichts so sehr wie die „Umkehr“ zu Jesus und seinem Abba hin.

Wer in seiner Kirchengemeinde, Ordensgemeinschaft oder gar Familie einer Bibelauslegung und Glaubensverkündigung ausgesetzt ist, die ihn das „Fürchten und Zittern“ vor Gott lehrt – was heute, wie gesagt, zwar keine Ausnahme, aber auch, Gott sei Dank!, nicht mehr die Regel ist –, der sollte sich davon fernhalten oder den Mut haben, auf geeignete Weise (offen und ehrlich, aber im „Zureden“, nicht in verletzender Kritik) Widerspruch einzulegen. Er hätte keinen geringeren als Jesus, den „inwendigen Lehrer“ selbst, auf seiner Seite. Wenn heute noch Eltern, Priester, Bischöfe und Religionslehrer so ambivalent von Gott reden, dann sollten wir uns – jetzt spreche auch ich in heiligem Zorn! – ihnen gegenüber nicht anders verhalten als gegenüber einem Arzt, der uns Gift in die Medizin mischen würde. Gegebenenfalls sollten wir ihre „Sprechstunden“ meiden, bis auch sie ihren Gerade-Richter gefunden haben.

Der letzte Grund, warum es uns allen, Seelsorgern wie Gläubigen, so schwer fällt, an Gott als den Gott reiner Liebe zu glauben, ist wohl – so Papst Benedikt, noch als Kardinal Joseph Ratzinger, in einem Interview zur Situation des Christentums an der Jahrtausendwende – unser aller *Liebesunfähigkeit,* ja unsere „Liebesverweigerung“.[228] „Ich denke“, sagte der Kardinal seinem Gesprächspartner, „dass das wohl wirklich das eigentliche Drama der Geschichte ist, dass sie sich in der Vielfalt der Fronten, die einander gegenüberstehen, letzten Endes auf diese Formel zurückführen lässt: ja oder nein zur Liebe.“[229] Wohl nur in dem Maße, wie wir selbst lieben gelernt haben, können wir uns vorstellen, dass Gott „die Liebe“ ist. Das wusste freilich bereits der Erste Johannesbrief:

> „… jeder, der liebt, stammt von Gott und erkennt Gott. Wer nicht liebt, hat Gott nicht erkannt, denn Gott ist die Liebe“ (1 Joh 4,7 f.).

Joseph Ratzinger antwortete auf die Frage „Und was will Gott wirklich von uns?“:

> „Dass wir Liebende werden, dann sind wir nämlich seine Ebenbilder. Denn er ist, wie uns der heilige Johannes sagt, die Liebe, und er möchte, dass es Geschöpfe gibt, die ihm

> ähnlich sind und die dadurch aus der Freiheit ihres eigenen Liebens heraus wie er werden und mit ihm zusammengehören und damit sozusagen das Leuchten seiner selbst ausbreiten."[230]

Eine ähnliche Schlussfolgerung zieht Wolfgang Beinert: „Man vermag mithin, so die Botschaft des Johannes(briefes), Gott gar nicht spekulativ zu ergründen, sondern nur durch die Praxis, die Praxis der Menschenliebe."[231]

Das VATERUNSER will gelebt sein. Durch theologisches oder psychologisches Disputieren allein bleibt sein Schlüsselwort, die Anrede „Abba, lieber Vater, du", eine Anstoß erregende Überforderung.

Am Schluss des Arbeitgeber-Gleichnisses fragt der Weinbergbesitzer den protestierenden „Gewerkschaftsvorsitzenden": „Mein Freund […] darf ich mit dem, was mir gehört, nicht tun, was ich will? Oder bist du neidisch, weil ich (zu anderen) gütig bin?" (Mt 20,13–15). Und damit ist der Finger auf die eigentliche Wunde gelegt! Der Neid – und darüber hinaus alle nur möglichen dunklen Mächte in den Tiefen der menschlichen Seele – ist die Ursache, die aufbegehren lässt gegen die Bedingungslosigkeit göttlicher Gerechtigkeit und Liebe.

Ein anderes Gleichnis, überliefert im Lukasevangelium (15,11–32), erzählt von einem Vater und seinen zwei Söhnen. Der eine verlangt seine Erbschaft und bringt sie bei den „Schweinen" durch. Als er – aus purem Pragmatismus, nicht einmal mit erkennbar ernsthafter Reue – zurückkehrt, erwartet ihn der Vater mit ausgebreiteten Armen, erneuert sein verdrecktes Gewand, beschenkt ihn mit einem kostbaren Ring und feiert ein Festmahl mit ihm. Der andere, brav, fleißig und rechtens, wie einer nur sein kann, gerät über das Verhalten des Vaters in rasende Wut und pocht auf Gerechtigkeit … Eine alte Meditationsanleitung rät, sich einmal der Reihe nach in jede der drei handelnden Personen hineinzuversetzen:

Es wird nicht schwerfallen, die Rolle des ersten Sohnes einzunehmen … Der zweite Sohn ist wohl von Jesus wie ein Spiegel gedacht, in dem ich meinen ganz persönlichen Protest gegen die so ganz andere Gerechtigkeit Gottes wiedererkennen kann, meinen „Neid“, meine Rachegefühle gegen die Bösen in meinem Leben vielleicht und vielleicht sogar gegen das Böse im eigenen Herzen, das mich da im Schatten meines braven Lebenswandels durch die Zeit begleitet … Aber auch in den Vater sollte ich mich einmal hineindenken, mich einfühlen in sein Einfühlen in den „verlorenen Sohn“ … In dem Maße es mir gelingt, das Denken und Fühlen dieses Vaters mitzuempfinden, wird die „Kehrtwende“ in Gang kommen, die die „Lebensschule Vaterunser“ möglich machen will.

8.

„Heilig sollst du sein“

Die Hälfte des Buchumfangs ist fast erreicht, und ich bin mit meinen Erläuterungen noch nicht einmal über die erste Zeile des Vaterunsers hinausgekommen. Aber das hat, so denke ich, seine Berechtigung: Die Gottesanrede, der ich viel Raum gegeben habe, ist das Kernstück des Gebetes Jesu, die Basis-Lektion in seiner Lebensschule; sie verdiente also unsere besondere Aufmerksamkeit. Hinzu kommt, dass die Abba-Anrede der Schlüssel zum Verständnis eines jeden Verses ist, der ihr nun folgt. Sie ist „die ‚Seele‘ des Gebetes“ und will „jedem einzelnen Vers vorangestellt werden“, sagt Heinz Schürmann; erst von ihr her sei der „spezifisch jesuanische Gehalt“ aller weiteren Worte zu verstehen.[232]

Eine ausdrückliche Sinnveränderung

„Geheiligt werde dein Name“ – das klingt in heutigen Ohren arg nach lebensferner Kirchensprache, wirkt abgehoben für das normale Sprachempfinden, formelhaft, antiquiert, und ist eigentlich nicht so richtig verständlich. In der Tat: Keine Zeile im Vaterunser scheint so schwer zu deuten zu sein wie dieser erste Vers. Die Frage, was denn mit „geheiligt werde dein Name“ überhaupt gemeint sei, hat schon die Beter und die Gelehrten über die Jahrhunderte hin beschäftigt.

Viele sahen darin (1.) so etwas wie eine missionarische Bitte: Gott möge doch bewirken, *dass die Menschen in aller Welt an ihn glauben* und somit „seinen Namen heiligen“. Das wäre ein durchaus berechtigtes Gebetsanliegen, zumindest dann, wenn man dabei nicht zu vordergründig nur an die Ausbreitung des Christentums und an eine Vermehrung der Kirchenmitglieder denkt. Teresa von Ávila, die mit diesem Vers wohl auch nicht so richtig klarkam, ihn deshalb gleich mit dem nächsten zusammen betrachtete und dann mehr über „dein Reich komme“ sprach, hatte ein tiefgründigeres Motiv für diese Deutung. Sie sagt ihren Schwestern, der Glaube an Gott sei ihr so wertvoll geworden, dass es sie mit großer Freude erfüllen würde, wenn „alle den Herrn heiligen und loben“.[233]

Nach anderen Erklärungsversuchen handelt es sich eher (2.) um ein ethisch-spirituelles Anliegen: Gott möge dafür sorgen, so deutet schon Augustinus diese Worte, *dass sein Name heiliggehalten* und *nicht verunehrt werde*[234], ja dass doch das Beten zu ihm auch *uns Menschen heiligen möge*, dass also sein Name *in uns* „geheiligt“ werde. Martin Luther zum Beispiel versteht den Vers in diesem Sinne. „Wenn wir bitten“, schreibt er, „dass Gottes Name in uns geheiligt werden soll, so folgt daraus, dass er in uns noch nicht heilig ist; denn wäre er heilig, so brauchten wir nicht darum zu bitten.“[235]

Einige Kommentatoren denken mehr an Gott selbst. So heißt es etwa im KATHOLISCHEN ERWACHSENEN-KATECHISMUS der Deutschen Bischofskonferenz (von 1995), hier gehe es Jesus darum (3.), dass „Gott in seinem Gottsein, als ‚alles über und in allem‘ offenbar werde und dadurch in seiner Größe und Erhabenheit anerkannt werden möge“.[236]

Eine weitere Deutung (4.) bezieht das Wort „Name“ auf die Gottesbezeichnung „Vater“ in der vorausgehenden Anrede. Jesus würde dann Gott darum gebeten haben, *dass der Name „Vater“ von uns heiliggehalten,* in unsere Herzen aufgenommen und als heilig, als überaus kostbar geschätzt werde – ein Anliegen, das angesichts des bis heute vorherrschenden ambivalenten Gottesbildes große Aktualität hätte, wie Josef Ernst betont: „In Zeiten der Gottesferne und Gottentfremdung erhält die Bitte ihre besondere Dringlichkeit. Christen sind aufgerufen, für die Achtung Gottes und seines Namens – des Vater-Namens! – in der Welt Sorge zu tragen.“[237]

Und wieder andere Ausleger sagen (5.), wir hätten hier einfach einen *einleitenden Lobpreis* vor uns, eine Lobformel in liturgischem Stil; sie würde dann so viel bedeuten wie: „Vater, gepriesen seist du!“

Alle diese Deutungen sprechen Gebetsanliegen an, die ihre Berechtigung haben. Doch geben sie wirklich den Sinn wieder, den Jesus gemeint hat? Eine genaue Sprachanalyse, wie sie erst in den letzten Jahrzehnten möglich wurde, führt uns auf eine andere, noch tiefgründigere Spur.

Die Fachleute sagen uns zunächst, dass *heiligen* in den biblischen Sprachen so viel bedeute wie *heilmachen, großmachen.*

Und das Wort *Name* meine in der Muttersprache Jesu nicht, wie in der uns vertrauten Bedeutung, den Vor- oder Zunamen, mit dem jemand – in diesem Falle Gott – benannt und angeredet wird, sondern stehe hier, wie an vielen anderen Stellen im Ersten Testament, für *Gott selbst.* „Wenn es um die Heiligkeit des Namens geht, geht es um die Heiligkeit Gottes selbst“, erklärt Heinz Schürmann.[238] Das ist nachvollziehbar, wenn man bedenkt, dass zumindest der höchste Gottesname – „Jahwe“ – im damaligen Judentum nicht ausgesprochen wurde und man stattdessen „adonai (der Herr)“ las oder, wie zum Beispiel im Kaddisch, einfach von dem „großen Namen“ gesprochen wurde; jeder Jude wusste dann, dass von Gott bzw. von Jahwe die Rede ist. Hinzu kommt, dass das hebräische Wort für „Name“, *schem*, zugleich „Wesen“ bedeutet. „Geheiligt werde dein Name“ wurde von den Zuhörern Jesu also verstanden als „Geheiligt werde dein Wesen“. In unserer Sprache würden wir das einfach mit dem direkten Personalpronomen ausdrücken: „Geheiligt werdest *du*“.

Der Vers würde demnach im Klartext lauten: *„Abba, du mögest heilgemacht, heiliggemacht, großgemacht werden!“*

Des Weiteren sagen uns die Bibelwissenschaftler, dass die grammatikalische Passivform „geheiligt werde“ die Frage aufwerfe, wer denn hier eigentlich *Subjekt* des Heiligens sei, *wer* hier also Gott heilmachen, heiligmachen, großmachen solle. In den oben genannten Deutungsversuchen ist immer an den Menschen gedacht, der da Gott verehrt, heilighält oder preist. Ebenso denkbar wäre aber auch – zunächst rein von der Verbform her –, dass Gott selbst als handelndes Subjekt, als der Heiligende gemeint ist; die Fachleute sprechen in diesem Fall von einem „Passivum Divinum (Göttliches

Passiv)“, das statt „er (Gott) möge heiligen“ oder „du (Gott) mögest heiligen“ ehrfurchtsvoll sagt: „es möge durch ihn/durch dich geheiligt werden“. Das ergäbe natürlich einen ganz anderen Sinn. Jesus hätte dann – die oben genannte ursprüngliche Wortbedeutung von „heiligen“ und von „Name“ nun mitberücksichtigt – gebetet: *„Abba, mach dich heil, heilig, groß!“*

Wer nun, der Mensch oder Gott, soll hier Gott heiligen? Für beide Deutungsmöglichkeiten gibt es im religiösen Sprachgebrauch des Volkes Israel Belegstellen, aus denen jeweils im Sinnzusammenhang eindeutiger hervorgeht, ob mit demselben Wort („es werde geheiligt“) der Gott heiligende Mensch[239] oder der sich selbst heiligende Gott[240] gemeint ist. Im UNSER VATER spreche, so das Fazit des protestantischen Theologen Ulrich Luz, „alles für eine ‚offene‘ Deutung“, sodass dieser Vers „sowohl an ein Handeln des Menschen als auch an ein Handeln Gottes zu denken erlaubt“.[241]

Was also hat Jesus hier gebetet, woran hat er in seinem Herzen gedacht, als er sprach: „Abba, es werde geheiligt dein Name“? Die „offene“ Übersetzungsmöglichkeit fordert uns dazu heraus, zumindest *auch* in Betracht zu ziehen, dass er sagen will, *Gott* möge *sich* heiligen. Dann müssten wir den Vers, wie schon gesagt, so übertragen: „Abba, du, mach dich heil, heilig, groß!“ Dass Jesus sein erstes Gebetsanliegen im VATERUNSER tatsächlich so gemeint haben kann, dafür sprechen zwei Gründe:

Das KADDISCH, das Jesus in der damaligen Grundgestalt kannte, ja das wahrscheinlich sogar bei seinem VATERUNSER Pate gestanden hat (s. Kap. 3), begann mit dem Ruf: „Verherrlicht und geheiligt werde sein großer Name in der Welt, die er schuf nach seinem Willen.“ Hier war ganz augenscheinlich an die Menschen gedacht, die da Gott „verherrlichen“ und „heiligen“ sollten. Jesus aber hat die Worte „verherrlicht werde … in der Welt“, die eindeutig nur an die Menschen als die „Verherrlichenden“ denken lassen[242], ersatzlos gestrichen und allein das „geheiligt werde“ übernommen, das Wort also, das für ihn und für die jüdischen Zuhörer auch bedeuten konnte, dass Gott selbst der Heiligende sei. Ja, er muss dann diese Sinnveränderung bewusst intendiert haben. Dabei könnte er – und mit ihm die Zuhörer – unter anderem an die ähnlich lautenden Worte gedacht haben, die einst der Prophet Ezechiel Gott sagen ließ (um 550 v. Chr.): „Meinen großen … Namen, den ihr mitten unter den Völkern entweiht habt, werde ich (!) wieder heiligen …“ (Ez 36,23).

Ein zweites Argument, das hauptsächliche, leitet sich von dem Auslegungsgrundsatz her, auf den Heinz Schürmann alle Kommentatoren des VATERUNSERS eingeschworen hat: „Die Verkündigung Jesu muss das Vaterunser aufschlüsseln“ (s. Kap. 2). Wir müssen also die gesamte Gottes-, Glaubens- und Lebenssicht Jesu berücksichtigen, um gerade diesen so schwer verständlichen Vers verstehen zu können. Und da bietet sich, darauf macht Heinz Schürmann aufmerksam, „eine überraschend gute Parallele … in Joh 12,28 an: ‚Vater, verherrliche deinen Namen!‘ – eine Bitte, die vermutlich (mit der gleichen Anredeform) den Eröffnungswunsch des Vaterunsers bezeugt und ‚übersetzt‘.“[243] Für diese Vermutung spricht, dass „in jüdischen Gebeten … das Zeitwort ‚heiligen‘ oft in Parallelität mit zwei anderen Zeitwörtern (steht), die unserem Verständnis näher liegen: Da ist zunächst das Wort ‚groß machen‘, welches im Magnifikat gebraucht ist … Häufiger noch wird ‚heiligen‘ durch ‚verherrlichen‘ erläutert.“[244] Jedenfalls ist damit auch im Johannesevangelium bezeugt, dass es Jesus nicht fern lag zu beten, *der Vater* möge sich „heiligen“.

Den Beginn seines UNSER-VATER-GEBETES kann Jesus dann folgerichtig tatsächlich so gemeint haben: „Abba, heilige (= verherrliche) dich – mach dich heilig, heil, groß und herrlich!“ Das klingt ungewohnt und wirft zwei neue Fragen auf: Warum sollte Gott sich *heilig* machen? Er ist es doch schon! Und wenn – warum sollte *Gott* das tun?

Auf die erste Frage werden wir später eine Antwort suchen. Die zweite beantwortet sich von dem alten biblischen Gedanken her, dass der Mensch immer nur recht unvollkommen Gott „verherrlichen“ kann, und dass daher Gott selbst dafür Sorge tragen müsse; ja, daraus ergibt sich, so Heinz Schürmann, geradezu „die Notwendigkeit […] als das Subjekt der ‚Heiligung des Namens‘ vor allem Gott selbst zu sehen“.[245]

Wenn wir trotz dieser Argumente auch die andere Möglichkeit offen lassen – dass hier also doch *der Mensch* als der Heiligende gemeint sei –, so müssten wir den Vers zumindest so übersetzen: *„Abba, heilig, heil, groß und herrlich machen sollen dich alle Menschen!"* Hermann-Josef Venetz hat ihn sogar so übertragen: „Du guter Gott, du sollst groß herauskommen. Du sollst gelobt und gepriesen werden. Du sollst bejubelt werden."[246]

Wie auch immer: Auf jeden Fall haben wir im ersten Vers des UNSER VATER Jesu keine Bitte vor uns. Von einer Bitte im eigentlichen Sinne können wir ja nur dann sprechen, wenn sich der Bittsteller von jemandem etwas für sich selbst oder für andere erbittet. Es handelt sich an dieser Stelle vielmehr um einen *Wunsch*. Denn hier geht es nicht um etwas für mich und für uns, sondern um etwas für Gott! Hier möchte Jesus etwas für den *Angeredeten*, für den Abba selbst. Er *wünscht* ihm etwas, er erbittet nicht etwas. Und ganz gleich, ob es nun die Menschen sind, die ihn heiligen sollen, oder ob er selbst sich heiligen solle – es geht doch in beiden Fällen darum, dass *Gott* heil, heilig, groß und herrlich sei!

Der große Wunsch

Heinz Schürmann betrachtet diesen Vers als „Vorbau"[247] zum VATERUNSER, er gehört also mit in die erste Zeile hinein. Zusammen mit der kurzen Anrede „Abba" – wie Lukas sie überliefert – bilden diese Worte die *ursprüngliche Eröffnung* des ganzen Gebetes. Auch andere Interpreten sehen das inzwischen so und charakterisieren den Vers inhaltlich als einen *Er*öffnungswunsch.[248] Es ist, so Heinz Schürmann, „der Wunsch, dass Gott groß und herrlich sei"[249]. Mein Erfurter Lehrer schreibt dazu:

> „Dieser Wunsch wird aufs Ganze gehen: Nicht ein Einzelanliegen, auch nicht nur Teilverwirklichung wird hier

gemeint sein. […] Dieser Eröffnungswunsch (enthält) gleich zu Beginn ein, in gewissem Sinn *das* Hauptanliegen Jesu. Vielleicht können wir hier einen Blick tun in die letzte große Sehnsucht seines Lebens, Betens und Wirkens. […] Er überlässt es Gott selbst, seine Herrlichkeit sichtbar zu machen und zur Geltung zu bringen – darum kleidet der Beter sein großes Anliegen in einen Gebetswunsch, der alles Gott anheimstellt. […] Hier ist der Wunsch nach der letztmöglichen Verherrlichung Gottes zum grundlegenden und ersten aller Gebetswünsche geworden."[250]

Wohl unabhängig von Heinz Schürmann war es zu Beginn der 1960er-Jahre auch Gerhard Ebeling (gest. 2001), ein Theologe der reformierten Kirche, der den tieferen Sinn dieses Verses erfasste. Wer durch das Lebensbeispiel Jesu einmal verstanden habe, so predigte er in Zürcher Gemeinden, dass „Gottes Angelegenheiten unendlich wichtiger (sind) als die unsern", der könne nicht anders als „geradezu *für* Gott (zu) beten"; er müsse „*zu* Gott *für* Gott beten", und „Dein Name werde geheiligt!" heiße dann: „Heiliger, werde heilig; Gott, werde Gott!"[251]

Es gibt meiner Kenntnis nach bisher nur wenige Schriften zum VATERUNSER, in denen diese Sicht des ersten Verses berücksichtigt und vermittelt wird[252], obwohl sie doch immerhin schon vor vier Jahrzehnten theologisch herausgearbeitet wurde. Das ist bedauerlich. Denn ein wesentlicher Zug in der Lebensschule Jesu blieb uns dadurch vorenthalten. Deshalb noch einmal Heinz Schürmann:

„Man darf den Wunsch ‚Geheiligt werde dein Name!' nicht – wie oft geschehen – als eine einleitende Lobformel verstehen. So sehr dem Beter – wie der Inhalt des Rufes zeigt – die Herrlichkeit Gottes am Herzen liegt: er unterfängt sich nicht, Gott mit einer Lobformel zu kommen – vielleicht gerade weil ihm die Verherrlichung Gottes so sehr am Herzen liegt. […]

Die Wendung ‚den Namen heiligen' … darf (auch) nicht so ausgedeutet werden, als ob der soeben erklungene Vater-‚Name' es sei, der geheiligt werden solle. […] Wenn es um die Heiligkeit des Namens geht, geht es um die Heiligkeit Gottes selbst. […]

(Und) sicher dürfen wir nicht zu voreilig an das Gebot Gottes denken, seinen ‚Namen nicht vergeblich' zu führen, auch nicht, wenn wir es positiv wenden würden: Wir sprechen hier nicht die Selbstverpflichtung aus, dass wir Gottes Namen immer dem Gebot gemäß heilig halten wollen. […] Hier geht es ganz schlicht, aber doch mit unerhörter Eindringlichkeit nur um Gott!"[253]

Alle oben genannten Deutungsweisen greifen also, so sehr sie dem Geist Jesu noch irgendwie entsprechen mögen, zu kurz. Viel zu kurz.

Gerade an dieser Stelle des VATERUNSERS, gleich an seinem Beginn, ist es angebracht, sich an den Rat zu erinnern, den Teresa ihren Schwestern gegeben hat: Man darf nicht nur die Worte hören – dann würden sie in der Tat unverständlich bleiben –, man muss *hinter die Worte hören*, in Jesus hineinhorchen, sich in das einzufühlen versuchen, was da in ihm vorgeht, was er fühlt und empfindet, wenn er solche Worte sagt. So ungewohnt und so sonderbar der ganze Vers zunächst klingt: Jesus betet da innen in seinem Herzen in der „Sehnsucht" (s. o.), in dem tiefen Herzensbedürfnis, Gott etwas zu wünschen. Er will, dass der göttliche Abba „heilig, groß und herrlich" sei.

Gott etwas wünschen wollen – das kommt, so versuche ich mitzuempfinden, einfach daher, dass dieser Abba eben für Jesus so herrlich, so großartig, so über alles wunderbar ist! Natürlich weiß Jesus, dass Gott das alles – heilig, groß und herrlich – *sowieso* ist, und sogar in nicht mehr steigerungsfähiger Absolutheit! Freilich ist Gott schon „heilig", und weder er selbst noch die Menschen können dem noch etwas hinzufügen. Aber was soll's! Jesus „muss" es ihm einfach wünschen. Denn weniger, als Gott ohnehin schon „hat", kann er diesem herrlichen Abba-Gott einfach nicht wünschen! – Hier haben wir die Antwort auf die oben noch offen gelassene Frage, warum denn Gott heilig werden solle, da er es doch schon ist.

Der Eröffnungsvers des VATERUNSERS ist *Sprache der Liebe*. Die Liebe des Liebenden will für den Geliebten immer das Höchste, Schönste und Herrlichste, und da er es schon besitzt, es schon ist – was tut's?! Geringeres jedenfalls kann der liebend betende Jesus einem solchen Abba nicht wünschen, und weniger als das Heilige und Herrliche Gottes kann er für Gott nicht ersehnen, als Wunsch für ihn nicht im Herzen haben!

Vielleicht bedarf es hier als Verstehenshilfe einer eigenen Erfahrung, einer ganz persönlichen Erfahrung in der Liebe zu einem geliebten Menschen, um sich in das Beten Jesu hineinspüren zu können. Vielleicht braucht es aber auch nur die Erinnerung an eine Sehnsucht, die sehr tief im Herzen eines jeden Menschen steckt: Ich möchte *lieben* können, so lieben können wie Jesus … vielleicht auch: ich möchte *Gott* lieben können, ich möchte Gott *ganz* lieben können … – Wenn Jesus die Worte „geheiligt werde dein Name" vorbetet, will er mich an diese „letzte große Sehnsucht" (Heinz Schürmann, s. o.) erinnern. Er will, so scheint mir, diese Art, liebend zu leben, in meinem Herzen wach beten … Allein schon dadurch, dass ich ihm diesen Wunsch für Gott nachzusprechen versuche, trete ich aus dem Gefängnis des Kreisens um mich selbst heraus. Die Blickrichtung verändert sich … Solche Liebe würde mich immer mehr zum Menschen machen, sie erst ist *Leben*.

Und wenn Jesus sich selbst zurechtgebetet hat, was er mir da vorspricht, dann muss ich mir diesen ersten Satz des VATERUNSERS – wie auch alle folgenden Sätze – zurecht*hören*, damit daraus auch mein ureigenes Gebet werden kann. Um dabei beide Deutungsmöglichkeiten, die „Heiligung" Gottes durch die Menschen oder die „Heiligung" Gottes durch Gott selbst, offen zu lassen, andererseits aber den ursprünglichen Sinn, wie Jesus ihn im Herzen hatte, zum Ausdruck zu bringen, habe ich mir diesen Vers für mein persönliches Beten so zurechtformuliert: *„Abba, du, heilig sollst du sein!"* In für mich selbst verständlicherem Deutsch bete ich lieber: „Abba, ganz glücklich, ganz selig sollst du sein!" Auf jeden Fall möchte ich, wie Jesus, mein Gebet mit einem Wunsch für diesen herrlichen Gott beginnen … – Weitere Varianten, die ich mir zurechtgebetet habe, behalte ich lieber für mich, denn das alles geht ja erst einmal nur Gott etwas an …

Wie geht es DIR eigentlich, Gott?

Jesus hat sein Gebet nicht mit „Bitte, bitte, lieber Gott, gib doch, mach doch, tu doch, lass doch …!" begonnen. In seiner Spiritualität hat Gott nicht die Funktion eines Nothelfers. Gott ist für ihn der große Wert, der große Inhalt seines Lebens, er ist sein „himmlischer" Lebensgefährte in guten und in bösen Tagen. Nicht die Not lehrt ihn beten, sondern die Begeisterung darüber, dass das Dasein von Gott – von einem solchen Gott! – getragen ist. „Abba, du bist ganz doll, ganz herrlich!" – das ist das „religiöse Grundgefühl" in seinem Herzen. Das ist es, was er seinem Gott zuallererst sagen will, wenn er zu ihm betet. Und dieses „Grundgefühl" muss er auch Gott, seinem Abba wünschen: diese Freude, diese Glückseligkeit, dieses Erfüllt-Sein, diese heile-heilige Herrlichkeit …

Ich betrachte es als ein großes Geschenk, als einen Glücksfall geradezu in meinem Leben, dass ich diese Deutung des ersten VATERUNSER-Verses kennenlernen konnte. Die Theologen machen einem eben doch nicht, wie ein unter Christen verbreitetes Vorurteil meint, immer nur den Glauben kaputt. Mir jedenfalls haben die Kollegen, die in bibelwissenschaftlichen Fragen gelehrter sind als ich, schon ganze Welten erschlossen, und meinem Lehrer Heinz Schürmann bin ich besonders für die Auslegung dieses Verses von ganzem Herzen dankbar. Freilich: Um den *Geist*, der aus dem so verstandenen Beginn des Gebetes Jesu spricht, haben so manche Christen im Laufe der Geschichte immer schon gewusst. Wenn sie ihn auch nicht in der schwer verständlichen Formulierung jener VATERUNSER-Zeile erkennen konnten, so haben sie ihn doch als Grundhaltung in ihrer Gottesbeziehung gelebt. *Denkt an Gott zuerst,* sagen sie uns, und ihr werdet dabei für euch selbst nicht Minus machen!

Es war in der Haftanstalt Berlin-Tegel, im Juli 1944, wenige Monate vor seiner Hinrichtung, als der evangelische Theologe Dietrich Bonhoeffer die folgenden Zeilen schrieb:

> Menschen gehen zu Gott in *ihrer* Not,
> flehen um Hilfe, bitten um Glück und Brot,
> um Errettung aus Krankheit, Schuld und Tod.
> So tun sie alle, alle, Christen und Heiden.
>
> Menschen gehen zu Gott in *Seiner* Not,
> finden ihn arm, geschmäht, ohne Obdach und Brot,
> sehn ihn verschlungen von Sünde, Schwachheit und Tod.
> Christen stehen bei Gott in Seinen Leiden.
>
> Gott geht zu allen Menschen in ihrer Not,
> sättigt den Leib und die Seele mit Seinem Brot,
> stirbt für Christen und Heiden den Kreuzestod,
> und vergibt ihnen beiden.[254]

Nicht nur großen Theologen, auch ganz einfachen Menschen schenkt Jesus, der „inwendige Lehrer“, immer wieder diese Glaubenssicht. So erzählte mir nach einem Exerzitienkurs eine Frau in mittlerem Alter, sie habe sich an einem der vergangenen Tage für eine viertel Stunde in die Kapelle gesetzt und sich einmal bewusst kein Gebetbuch und keinen Rosenkranz, wie sie es sonst gewohnt war, zu Hilfe genommen. Während sie nun still „an Gott dachte“, sei ihr plötzlich der Gedanke gekommen: „Immer, wenn ich bete, habe ich ein Anliegen, ich bitte Gott um dies und um jenes und für diesen und jenen, und manchmal suche ich im Gebet einfach nur ein bisschen inneren Trost. Aber ich habe noch nie gefragt: *Wie geht es denn dir eigentlich, Gott?*“ Da hätte sie lachen müssen, sagte sie, denn: „Was für eine dumme Frage! Wie soll es Gott gehen? Und doch – in diesem

Moment ist mir etwas ganz Neues, sehr Wichtiges aufgegangen …" Nach ein paar Monaten schrieb sie mir: „Pater, damals, bei Ihnen in der Kapelle, da hat sich mein Leben verändert!" – Als diese Frau zwei Jahre später den Exerzitienkurs „Das Vaterunser meditieren" mitmachte, und ich im Vortrag über den Vers „Geheiligt werde dein Name" sprach, strahlte ihr Gesicht. Sie verstand. Sie wusste sofort, noch ehe ich mit meinen schwierigen theologischen Erörterungen zu Ende war, wie dieser Wunsch für den Abba-Gott von Jesus gemeint sein muss.

9.

„*Dein* ‚Reich Gottes‘ komme“

Es gibt Worte, hinter denen sich ganze Welten verbergen, Welten von Erfahrungen, Welten von Sehnsucht und Hoffnung. „Freiheit“ zum Beispiel ist ein solches Wort: es kann alles bezeichnen, was einem Menschen kostbar ist, was er ersehnt, wofür er arbeitet und worum er kämpft. „Gesundheit“, „Frieden“, „Liebe“, vielleicht auch „Erfolg“ oder „Glück zu zweit“ oder „ein Häuschen mit Garten“ oder ganz elementar „nur einmal richtig satt zu essen haben“ – alle diese Worte können Grundworte, Hauptworte, Schlüsselworte im Leben eines Menschen sein. Um sich auf das Mitbeten des nächsten Verses vorzubereiten, wäre es gut, innezuhalten und sich zu fragen: Was ist das Schlüsselwort *meines* Lebens? Worin bündeln sich meine tiefsten Wünsche und Hoffnungen? Gibt es ein Wort, das mein „Ein und Alles“, ja den ganzen Sinngehalt meines Lebens ausdrückt? …

Das große Herzensanliegen

Wenn Jesus betet: *„Dein Reich komme“*, spricht er ein Schlüsselwort seines Lebens aus. Dieser Vers folgt dem Eröffnungswunsch in allen überlieferten Textvarianten. Um dem griechischen Wortlaut genauer zu entsprechen, müssten wir ihn so übersetzen: *„Es komme dein Reich.“* Für „Reich“ steht hier die Vokabel „basileia“, sie gibt das aramäische Wort „malkut“ wieder, was in beiden Sprachen wörtlich „Königtum“ bedeutet. Im Sprachgefühl des Volkes Israel wie auch der frühchristlichen Gemeinden ist dabei weniger an den (territorialen) Regierungs*bereich*, sondern eher an die Regierungs*weise* eines Königs gedacht, nicht zuerst an ein König*reich*, sondern eher an eine Königs*herrschaft*. Der Bibelübersetzer Hieronymus, der in seiner lateinischen Muttersprache für jeden Bedeutungsgehalt ein eigenes Wort zur Verfügung hatte, wählte daher nicht die Vokabel „imperium", sondern den Begriff „regnum". Im PATERNOSTER beten wir deshalb noch heute: „Adveniat regnum tuum." Die deutsche Übersetzung ist also ein wenig irreführend, ganz abgesehen davon, dass das Wort „Reich" durch unsere Geschichte belastet ist und eigentlich keinen guten Klang in den Ohren unserer Zeitgenossen hat. Für uns Christen freilich ist dieses Wort ganz und gar positiv gefüllt, denn es ist älter als jedes „Deutsche Reich" und gehört zu den Schlüsselworten auch unseres – von der Bibel her geprägten – Lebens.

Jesus muss sehr oft vom „Reich Gottes (basilieia tou theou/malkuta di Jahwe)" gesprochen haben. Mein Computer zählt es in den vier Evangelien 73 Mal, die für Matthäus typische Formulierung „Reich der Himmel/Himmelreich" mit eingeschlossen. Schon lange sind sich die Theologen darin einig, dass wir es hier mit einem „ureigenen" Wort Jesu zu tun haben, das einen zentralen Platz in seiner Verkündigung einnahm. Alles, was Jesus zu sagen hat, kann er in dieses Wort hineinlegen. Geprägt hat er es allerdings nicht selbst. Zu seiner Zeit war in Israel die Rede vom „Königtum Gottes" geradezu in aller Munde, nicht nur in religiösen, auch in politischen Gesprächen. Die Vorstellungen davon, worin diese *„Königsherrschaft Gottes"* bestehe, waren allerdings sehr unterschiedlich und mindestens ebenso zahlreich wie die geistigen und geistlichen Strömungen im damaligen Judentum. Sie reichten von der Hoffnung auf Befreiung aus der Fremdherrschaft der Römer bis hin zur Erwartung eines apokalyptischen Zorngerichts, durch das Gott mittels eines von ihm gesandten Messias die ursprüngliche Weltordnung wiederherstellen würde. Gemeinsam war diesen Sehnsüchten im Volk, dass einmal – wie auch immer, aber hoffentlich „in Eile und in Bälde", wie es im KADDISCH der Synagogenliturgie heißt – eine Zeit kommen möge, in der Gott der „König" ist in Israel und sich das Leben nach seiner „Reichsordnung", nach seinem „Grundgesetz" gestaltet.

Nirgends haben die Evangelien-Autoren definiert, was *Jesus* unter „Reich Gottes" verstand. Doch das hat, ihrem Zeugnis nach, auch er selbst nie getan. Reich Gottes – das muss für Jesus etwas so Lebendiges, Großes und Weites gewesen sein, dass es sich in Definitionen nicht festmachen ließ. Vielmehr hat er in Bildern und Geschichten – wir nennen sie zusammenfassend *Gleichnisse* – darüber gesprochen. Viele dieser Bildgeschichten, die vor allem Markus, Lukas und Matthäus überliefern, beginnen sogar ausdrücklich mit den Worten: „Mit dem Reich Gottes / dem Reich der Himmel ist es wie …" Und dann folgt ein Vergleich aus dem Erleben der Natur, wie etwa die Gleichnisse vom Senfkorn und von der selbstwachsenden Saat (Mk 4, Mt 13, Lk 13); oder aus dem ländlichen und kleinstädtischen Alltagsleben der Menschen, wie die Bilder vom Unkraut im Weizenfeld (Mt 13), vom Sauerteig im Backtrog (Mt 13, Lk 13) und vom festlichen Hochzeitsmahl (Lk 14, Mt 22), von einem kostbaren Schatz und einer einmalig schönen Perle, für die man sein ganzes Vermögen gibt (Mt 13). Manchmal erfindet Jesus fast unglaubliche, ja geradezu anstößige Geschichten wie die beiden schon in Kap. 4 genannten: von dem Weinbergbesitzer, der den ganztags und den stundenweise Beschäftigten den gleichen Lohn zahlt (Mt 20), und vom Verhalten des „barmherzigen Vaters" gegenüber seinen beiden Söhnen (Lk 15). Ein andermal greift er vertraute Volksweisen auf, so zum Beispiel – in diesem Fall, um die Zuhörer auf ihre Gleichgültigkeit und mangelnde „Wachsamkeit" aufmerksam zu machen – die Geschichte vom dummen Benehmen einiger Mädchen (der „törichten Jungfrauen") am Hochzeitsabend ihrer Freundin (Mt 25), damals eine Art Witzgeschichte, mit der man sich in Israel über die Verträumtheit der benachbarten Orientalen lustig machte (ähnlich den Witzen, die heute die Bayern über die Österreicher und die Österreicher über die Bayern erzählen) … Ich stelle mir Jesus dabei vor, wie er mitten unter den Leuten von Galiläa sitzt. In bezwingender Einfachheit, arglos und offenherzig erzählt er in ihrer Mundart – mal scherzend und mal tief ergriffen – von dem großen Schatz, den er in seinem Herzen trägt. Er öffnet ihnen die Augen für die Wirklichkeit der persönlichen, gesellschaftlichen und religiösen Verhältnisse, rüttelt sie wach – mal gut zuredend und mal in leidenschaftlichem Eifer – für den Gott ihrer Väter, der trotz aller

Beschwernis, Schuldbeladenheit und Hinfälligkeit ihres Lebens da ist in bedingungsloser Liebe: um sie herum, in ihnen, mitten unter ihnen ... Er hat die Hände leer, besitzt scheinbar nichts und gibt ihnen doch alles.

Martin Buber hat einmal gesagt:

> „Ich habe keine Lehre. Ich zeige nur etwas. Ich zeige Wirklichkeit, ich zeige etwas an der Wirklichkeit, was nicht oder zu wenig gesehen worden ist. Ich nehme ihn, der mir zuhört, an der Hand und führe ihn zum Fenster. Ich stoße das Fenster auf und weise hinaus. Ich zeige Wirklichkeit ...“[255]

Genau das hat auch der Jude Jeschua mittels seiner Gleichnisse getan. Er hat keine Lehre vom Reich Gottes definiert, er hat eine bisher kaum bemerkte Wirklichkeit gezeigt! Seine Bildgeschichten sind wie Fenster, durch die hindurch der, der richtig zuhört, „sehen“ kann, was sich hinter dem alten und vielstrapazierten Wort vom „Königtum Gottes“ verbirgt.

Markus gebraucht diesen Ausdruck gleich zu Beginn seines Evangeliums, als er vom Anfang des öffentlichen Wirkens Jesu erzählt:

> „Nachdem man Johannes ins Gefängnis geworfen hatte, ging Jesus wieder nach Galiläa; er verkündete das Evangelium Gottes und sprach: Die Zeit ist erfüllt, das Reich (Königtum) Gottes ist nahe. Kehrt um (Ändert eure Sicht!), und glaubt an das Evangelium“ (Mk 1,14 f.).

Wir sind dieser Bibelstelle bereits im Kapitel 4 begegnet. In zwei Sätzen hat Markus hier zusammengefasst, was Jesus den Menschen sagen wollte, wenn *er* vom „Königtum Gottes“ sprach. Sie sind eine Art „Kurzformel“ der Verkündigung Jesu und damit ein Schlüssel zum Verständnis des zweiten VATERUNSER-Verses.

„Die Zeit ist erfüllt ...“, so beginnt Jesus seine Rede. Von „Zeit“ steht allerdings nichts im griechischen Originaltext. Hier steht die

Vokabel „kairós“, was auf deutsch „der jetzige Augenblick“ heißt, und das Ganze ist eine Redewendung, die, in unsere Sprache übertragen, so viel bedeutet wie: *Jetzt ist der (lang ersehnte) Augenblick gekommen* ... Jetzt also, in diesem Augenblick schon, ist das, was Jesus „Reich Gottes“ nennt, „nahe“.

Das griechische Wort, das die meisten deutschen Bibelübersetzungen mit *„nahe“* wiedergeben, bedeutet von seinem Wortstamm her „in der Hand befindlich“[256]; es ist in diesem Fall also eher räumlich als zeitlich zu verstehen. Ich erinnere mich, wie uns Heinz Schürmann in einer Vorlesung den Sinn des Satzes mit der etwas freieren Übertragung „Das Reich Gottes ist euch auf den Leib gerückt!“ verdeutlichte. In seinen Kommentarwerken spricht er, ähnlich wie andere Theologen heute, von der „Wesensnähe“ des Gottesreiches, die in einem „Gegenwartserlebnis“ gründe.[257]

Lukas hat diese Kurzformel der Botschaft Jesu aus dem Markusevangelium übernommen, jedoch für das Verständnis der Leser und Hörer klarer wiedergegeben, indem er ein *„zu euch“* hinzufügte (Lk 10,9). In deutschen Bibelausgaben heißt es dort: „Das Reich Gottes ist nahe zu euch gekommen“ (LUTHER-BIBEL) oder: „Das Reich Gottes ist euch nahe“ (EINHEITSÜBERSETZUNG). Ein anderes Jesuswort bestätigt diese Auslegung: „Wenn ich aber die Dämonen durch den Finger Gottes austreibe, dann ist doch das Reich Gottes schon (!) zu euch gekommen“ (Lk 11,20/Mt 12,28). Und nach Lukas hat Jesus gesagt, das Reich Gottes sei „entós hymón“, was *„in euch“* bedeutet, aber auch als *„mitten unter euch“* übersetzt werden kann.

Jesus wollte also denen, die immer so viel vom „Königtum Gottes“ sprachen, sagen: *Worauf ihr alle wartet, das ist jetzt da, euch ganz nahe!* Euer Leben steht – jetzt schon! – unter der Königsherrschaft Gottes, und zwar eines Gottes, der nichts als Liebe, Wahrheit, Barmherzigkeit und *göttliche* Gerechtigkeit ist. Ihr müsst nur „eure Sicht ändern“ und richtig hinschauen ... Das, was Gottes Reich ausmacht, ist sogar „in eurer Hand befindlich“! Die Wesenseigenschaften des Abba-Gottes – seine Charakterzüge gewissermaßen – sind auch in *euch*, in euer Herz hineingelegt, ja in eurem Wesen angelegt! Gebraucht ihr sie in eurem Leben miteinander, so entsteht das

Reich Gottes, das Reich des Friedens, der Versöhnung, der Liebe, der Freundschaft und der Ehrfurcht vor allem Leben *mitten unter euch* ...

Und so betet Jesus mit den Jüngern und den Menschen in Israel: „*Dein* ‚Königtum Gottes' möge kommen", das Reich des *Abba*, nicht das „Königtum Gottes" von der Art, wie es die apokalyptischen Endzeit-Vorhersager, die Moralapostel der Gesetzestreuen oder – durchaus verständlich – die unter der Römerherrschaft leidenden Freiheitskämpfer erwarten und erstreben! Das Königtum des Abba ist nicht das Königtum des alten, ambivalent gedachten Gottes der Menschheitsgeschichte, nicht das Reich der Gewalt und der Vergeltung, nicht der Leistungsfrömmigkeit, der reinen Gesetzesmoral und der rächenden Strafgerechtigkeit!

Wer mit Jesus betet: „Abba, *dein* Königtum möge kommen!", sieht die Welt mit neuen Augen. Und das hatte schon damals Konsequenzen: im persönlichen Bereich des religiösen und spirituellen Lebens, im Umgang miteinander in Familie, Dorfgemeinschaft und Stadt.

Ja, auch und sehr konkret im politischen Denken und Handeln! „Konfrontiert mit einer in einen aussichtslosen Befreiungskampf hineintreibenden Situation", schreibt Eugen Biser, „war es ihm (Jesus) darum zu tun, den Wortführern des verzweifelten Freiheitswillens den religiösen Vorwand ihres Kampfes, Vollstrecker der göttlichen Strafgerechtigkeit zu sein, aus der Hand zu schlagen."[258] – Auf die Parallelen zwischen damals und heute, auf die heilsame „Gefährlichkeit" dieses VATERUNSER-Verses in der heutigen politischen Weltsituation, muss nicht eigens verwiesen werden.

Das treffendste „Gleichnis" für die uns nahe Wirklichkeit „Reich Gottes" ist *Jesus selbst* gewesen. Seine Einstellung und sein Verhalten, seine Denk- und Lebensart wurden für viele Menschen in Israel zum schönsten, saubersten und klarsten Fenster auf das hin, wovon er in seinen Geschichten sprach. An ihm selbst war zu spüren, dass er einen „kostbaren Schatz" im Herzen trug: einen Gott, den er „Abba, lieber Vater" nennen konnte. Das war in der Tat das Erstaunlichste: Den „Charakter" dieses Gottes hatte Jesus selber ganz und gar zu eigen. Origenes wird ihn deshalb die „autobasiliea", das „Reich

Gottes in Person“ nennen. Mit der gleichen Zuneigung, die ihm von seinem Abba-Gott entgegenkam, neigte Jesus sich den Mitmenschen zu. In seinem Verhalten erlebten die, die ihm begegneten, ein Angenommen-, Beachtet- und Bejaht-Sein, das sie heilte und befreite. Jesus sah die Kostbarkeit eines jeden, liebte die Gesellschaft mit den Leuten beim Essen und Erzählen, schenkte seine Freundschaft den Guten und den Schurken, den Römern und den Juden, und er ließ sich auch von ihnen mit Freundschaft beschenken. Sie, die Reichen wie die Armen, die Gelehrten wie die Ungebildeten, die Schönen wie die Aussätzigen, die Geachteten wie die Verrufenen, die „Gerechten und die Ungerechten“ gehörten für ihn mit dazu zur Herrlichkeit des Reiches Gottes so wie auch die „Vögel des Himmels“ (Mt 6,26), die „Lilien des Feldes“(Mt 6,28), die „Frucht des Weinstocks“ (Mk 14,25) und die „Gaben der Erde“ (Jak 5,7). Lieber ließ er sich einen „Fresser und Säufer“ und einen „Freund der Zöllner und Sünder“ schimpfen (Mt 11,19; Lk 7,34), als die Geschöpfe seines Abba-Gottes zu verachten und als Höllenprediger, als Befreiungskämpfer mit dem Dolch im Gürtel oder als finsterer Asket im Gewand aus Kamelhaar durch die Lande zu ziehen. Weil Jesus selber so war, wie er von Gott sprach, konnten ihm die Zuhörer – die ehrlichen jedenfalls, die armen und die „kleinen“ – seinen rundum liebenden, barmherzigen Gott glauben. Konnte denn Gott schlechter sein als der beste, strahlendste Mensch, den sie erlebten?

Doch auch das hat Jesus nicht verschwiegen: Sein „*Evangelium Gottes*“, die frohmachende Botschaft vom Abba-Gott und seinem Königtum, kann auf felsigen Boden fallen und von Dornengestrüpp erstickt werden (Mt 13,1–23)! Das hat er ja immer wieder erleben müssen. Er wusste: Das Reich Gottes ist noch nicht vollkommen in uns und unter uns da. „Wir tragen diesen Schatz in zerbrechlichen Gefäßen“, wird Paulus später sagen (2 Kor 4,7). Aber in einem war sich Jesus ganz sicher: Gott wird alles und alle in sein *vollendetes* Reich hineinführen. Was jetzt so klein wie ein Senfkorn ist, übersehen, missachtet und zertrampelt werden kann, wird „größer (werden) als alle anderen Gewächse und treibt große Zweige, sodass in seinem Schatten die Vögel des Himmels nisten können“ (Mk

4,26 ff.). Ein solcher Gott lässt nicht ins Nichts zurückfallen, was er liebevoll ins Dasein gerufen und väterlich-mütterlich durch Freud und Leid getragen hat! Diese Gewissheit wird Jesus noch unter den Qualen der Hinrichtung sogar dem mitgekreuzigten Verbrecher zusprechen (Lk 23,43) … Das Reich Gottes ist da – und es ist noch nicht da, noch nicht vollkommen da; erst wenn für den Menschen, wann und wie auch immer, der Tag der Ewigkeit anbricht, wird es in Vollendung da sein. Die Theologen drücken das heute mit der Formel „schon und noch nicht" aus.

Das deutsche Wort „nahe", das, wie gesagt, sowohl ein räumliches wie auch ein zeitliches Nahe-Sein meinen kann, gibt also ganz im Sinne Jesu beides wieder: (1.) das allgegenwärtige Nahe-Sein des Abba und die „in uns" und „mitten unter uns" nahe Gegenwart des Gottesreiches („räumlich") wie auch (2.) die von Pulsschlag zu Pulsschlag sich verkürzende, herannahende künftige und dann vollkommene „Königsherrschaft" Gottes am Morgen des ewigen Lebens (zeitlich). In der Vergangenheit wurde freilich zu einseitig das zeitliche Verständnis betont. Nikolaus Cusanus predigte noch – ausgerechnet an einem Faschingstag! –: „Das ewige Reich Gottes und das Reich dieser Welt sind gar fern voneinander. Wollen wir nun von dem vergänglichen Reich zu dem ewigen kommen […] müssen wir all dies (Weltliche) endgültig verachten."[259] Eine solche Sicht verleitete manchen Frommen dazu, das Leben auf Erden erst gar nicht richtig ernst zu nehmen, und dem Christentum brachte es den Vorwurf ein, es sei eine Religion der Weltverachtung und der Jenseitsvertröstung. Auch das im Matthäusevangelium unglücklich ins Deutsche übersetzte Wort „Himmelreich" (statt „Reich/Königtum der Himmel") hat zu diesem Missverständnis beigetragen, denn jeder denkt doch dabei zuerst einmal an ein „Reich" nach dem Tod im „Himmel". Matthäus meint aber dasselbe Reich Gottes, das schon *jetzt* und *hier* – wenn auch nur senfkorngroß – gegenwärtig ist. Der für die Matthäus-Christen typische Ausdruck (er ist uns schon als Hinzufügung zur Abba-Anrede begegnet) will dies ja gerade betont hervorheben: Es geht um ein Reich, das „die Himmel der Himmel nicht fassen", das also so allgegenwärtig und stets gegenwärtig ist wie der Abba selbst. Es ist ein Reich im Jetzt und Heute, das „die Welt umspannt“: Es ist angelegt in *jedem* Menschen unter dem Firmament, hineingesät wie das Senfkorn in jeden Acker, in jedes Teilchen der Schöpfung unter „den Firmamenten der Firmamente“. – Durch das Fenster-Wort Jesu vom „Reich Gottes“ und vom „Reich der Himmel“ blickt man auf das weite Erdenrund und auf den „Himmel“ gleichermaßen.[260]

Auf diesem Hintergrund wird nun verständlich und einfühlbar, was Jesus gemeint haben mag, wenn er betete: *„Es komme dein Reich.“* Wieder handelt es sich nicht um eine Bitte im herkömmlichen Sinne, schon rein grammatikalisch nicht, denn dann müsste der Vers lauten: „Vollende dein Reich!“ oder so ähnlich. Gott wird hier nicht um etwas gebeten. Die Formulierung „es komme …“ drückt wiederum einen *Wunsch* aus, und *der gilt Gott, den Menschen und der ganzen Schöpfung gleichermaßen.* Es geht Jesus hier in seinem UNSER-VATER-GEBET um das tiefste Herzensanliegen, das er in sich trägt. Beten ist für ihn *auch*, aber ganz und gar nicht *nur* Bitten, Loben und Danken. Hier ist schlicht und einfach das große Thema, das sein Leben bestimmte, zum Thema, ja zum Hauptthema in seinem Gespräch mit dem Abba geworden. In dem Gebet, das er sich irgendwann einmal zurechtformuliert hat, steht es gleich nach dem Wunsch für Gott an erster Stelle. Dem „Aufblick“ folgt der „Ausblick“, sagt Heinz Schürmann.[261] Jesus spricht vor Gott aus, was er sich für diese Welt ersehnt: dass der, den die Menschheit Gott nennt, als ein Abba erkannt werde, und dass die Charaktereigenschaften dieses Gottes, die in jedem Menschen angelegt sind – denn jeder ist „geschaffen nach Gottes Bild“ (Gen 1,23) –, immer mehr *hervorkommen* und erwachen mögen, damit das „Grundgesetz“ und die „Grundrechte“ *seines* Königtums die Welt regieren. Das ist das große Herzensanliegen Jesu für diese geschundene, von (Vor-)Verurteilungen und von Gewalt gequälte Welt, „ausblickend“ freilich in der Gewissheit, dass dieses „Reich“ einmal in Gottes Ewigkeit – dann auf jeden Fall und dann in vollendeter Gestalt – gekommen sein *wird.* Jesus spricht das aus vor seinem Abba-Gott, weil er sich darin mit niemandem so sehr eins ist wie mit ihm.

Wer sich dieses Herzensanliegen auch nur einigermaßen zu eigen macht, der wird verändert. Der muss – er kann gar nicht anders – die gleichen Haltungen zu leben versuchen, die ihm von einem solchen Gott her entgegenkommen. Und mit einem solchen Menschen wird ein kleines Stück Welt sich verändern.

Aber auch das wird die Folge sein: In dem Maße ein Mensch in seinem eigenen Herzen erlebt, dass die göttliche Art zu lieben, wahrhaftig zu sein, Gerechtigkeit zu erstreben, in heiligen Zorn zu geraten, bedingungslos Ehrfurcht zu haben vor den kleinsten Geschöpfen ... *möglich* ist, wird er dies alles auch Gott zutrauen. Dann – wohl dann erst wirklich und von Herzen – wird er glauben können, dass Gott nur ein Gott bedingungsloser Liebe sein *kann*. Dass Gott ein Abba sein muss, versteht nur der, der im *eigenen* Herzen den Geist des Abba hat und in diesem Geist zu leben versucht.

Ich jedenfalls will mit einem „Gott mit zwei Seiten" nicht mehr leben – er wäre ja schlechter noch als ich und viel schlechter als so viele großartige Menschen, in denen das Reich Gottes weit mehr angekommen ist als in mir.

Die hineingebetete Interpretation

Nach dem Vers „Es komme dein Reich" zeigt die Lukasfassung im Vergleich zu der des Matthäus eine Lücke. Nur bei Letzterem folgen dann die Worte: *„Es geschehe dein Wille wie im Himmel auch auf der Erde."* Es ist kaum denkbar, dass Lukas oder Christen vor ihm diesen Vers aus dem Gebet Jesu gestrichen hätten. Vielmehr darf angenommen werden, dass Matthäus hier eine spätere Erweiterung überliefert hat. Wie sich zeigen wird, „kommentiert" sie lediglich den vorausgehenden Vers, sie ist „gewissermaßen nur die Wiederholung", wie schon Augustinus wusste.[262] Es handelt sich also um eine Umschreibung des Reich-Gottes-Anliegens Jesu, und zwar in einer „für die Gemeinde des Matthäus ... charakteristischen Weise" (Heinz Schürmann).[263]

Jesus selbst hatte nach dem Eröffnungswunsch und vor der Brotbitte nur kurz und knapp gebetet: „Es komme dein Reich", die Matthäus-Christen beteten nun ihre Erklärung zu diesem Vers in das VATERUNSER mit hinein. Der Wille Gottes, der im Himmel geschieht, so verdeutlichen sie sich das Gebetsanliegen Jesu, möge auch auf Erden geschehen.

Die heutige Formulierung „Dein Wille geschehe, wie im Himmel so auf Erden" könnte so gehört werden, als solle der Wille Gottes *sowohl* im Himmel *wie auch* auf der Erde geschehen. Dieser „Hör-Fehler" wäre nicht neu. Schon in der Zeit der Vätertheologen, also zwischen dem 2. und dem 6. Jahrhundert, hat man den Satz so verstanden. Welchen Sinn aber sollte es haben, darum zu beten, dass sich der Wille Gottes im Himmel erfülle? Damals lösten die Theologen dieses Problem dadurch, dass sie beide „Ortsangaben" in diesem Vers, „Erde" und „Himmel", auf den *Menschen* bezogen. Sie rechneten den leiblichen Teil des Menschen der Erde, den geistigen Teil dem Himmel zu. Tertullian zum Beispiel (gest. um 225) bezieht sich in seiner Erklärung zum PATERNOSTER auf diese, zu seiner Zeit wohl schon länger vertretene Sicht. Er schreibt: „Nach der figürlichen Auslegung von Fleisch und Geist sind *wir* nämlich der Himmel und die Erde."[264] Nur wenige Jahrzehnte später äußert sich ähnlich auch Cyprian (gest. 258): „Da wir einen Leib von der Erde und einen Geist vom Himmel besitzen, so sind wir selbst Erde und Himmel und bitten darum, es möge in beiden, das heißt: nicht nur im Leibe, sondern auch im Geiste, Gottes Wille geschehen."[265] Noch das ganze Mittelalter ist von dieser (dualistischen) Deutungsweise beeinflusst. Den Beleg dafür finden wir unter anderem bei Nikolaus Cusanus: Sogar in der seinerzeit gebräuchlichen PATERNOSTER-Fassung steht nicht mehr, wie in der ursprünglichen des ersten Jahrtausends, die Formulierung „sicut in caelo et in terra", sondern „in caelo et in terra"[266]; an die Stelle von „*wie* im Himmel *so auch* auf Erden" ist also eine Formulierung mit einem neuen Sinn, nämlich „im Himmel *und* auf Erden" getreten. Auch in dem von Nikolaus Cusanus zitierten deutschen VATERUNSER-Text heißt es: „in hymel vnd in erd".[267] Der Beter müsse, so erläutert der Kardinal, den

Vers so verstehen, dass Gottes Wille im Menschen geschehen solle, und zwar „dem Fleisch und der Sinnlichkeit nach" und ebenso „im Himmel seiner Vernunft".[268] Ähnlich äußerte sich bereits Meister Eckhart[269], dessen Traktat über das VATERUNSER Nikolaus Cusanus gut kannte.[270] – Dem biblischen Text entsprechen solche Deutungsversuche, auch wenn sie eine lange Tradition in der Kirche haben, nicht. Wir müssen wiederum ins griechische Original des Matthäusevangeliums schauen, um den ursprünglichen Sinn des Verses herauszufinden.

Das Wort „Himmel" steht an dieser Stelle, anders als sonst bei Matthäus, in der Einzahl. Man könnte also annehmen, dass hier einfach das Firmament gemeint ist, das sich über die Erde wölbt und an dem „die Vögel des Himmels" ihre Kreise ziehen. Dann hätten die Matthäus-Christen gebetet: „Es geschehe dein Wille überall in deiner Schöpfung, auf Erden hier unten und in den Höhen der Lüfte …" Das ergäbe Sinn. Doch die Fachtheologen sagen uns heute, die griechische Sprache bezeichne, anders als das antike Judentum, mit der Singularform „der Himmel" auch den „Wohnraum" Gottes, den „Göttlichen Bereich" (Teilhard de Chardin), ähnlich wie im Deutschen. Augenscheinlicher Beleg dafür ist die VATERUNSER-Fassung in der nur kurze Zeit nach dem Matthäusevangelium niedergeschriebenen DIDACHE (vgl. S. 21); dort lautet die Anrede: „Unser Vater, der in *dem* Himmel". Aus dem offensichtlichen Zusammenhang des Verses mit dem vorausgehenden wird dann klar, dass Matthäus hier an die zweite Bedeutung gedacht haben muss. Der ursprünglich gemeinte Sinn des Verses ist also folgender: *Abba, dein Wille möge so, wie er in deinem vollendeten „Reich der Himmel" geschieht, sich auch auf Erden, im noch senfkorngroßen „Reich Gottes mitten unter uns", verwirklichen.*

Schon mehrfach habe ich in Unter-vier-Augen-Gesprächen gehört: „Dein Wille geschehe" – das bete ich gar nicht so gern mit; damit stelle ich ja Gott einen Blanko-Scheck aus, und wer weiß, was er wieder mit mir vorhat …! Oder: Für mich klingt das alles so unterwürfig; man muss doch auch seinen eigenen Willen haben dürfen! Andere fragen: Alles schön und gut, aber woher weiß ich denn, was der Wille Gottes für mich ist? – Wenn ich im Exerzitienvortrag sage, dass der Vers ursprünglich im Gebet Jesu nicht enthalten war, leuchten bei manchem die Augen: Dann brauche ja auch ich ihn nicht zu beten, denkt er sich vielleicht im Stillen … Aber das wäre in der Tat kein hinreichender Trost, denn auch diese eingefügten Worte atmen ganz und gar den Geist Jesu. Es ist hier vielmehr ein *Missverständnis* aufzuklären, das nicht nur an dieser Stelle im Vaterunser mit dem Ausdruck „Wille Gottes" verbunden ist.

Der missverstandene „Wille Gottes"

Unter „Wille" verstehen wir heute (1.) die Entschlusskraft des Menschen, also einen wesentlichen Teil unserer inneren Persönlichkeit. „Mein Wille", das ist (2.) auch das, was ich mir fest vorgenommen, vielleicht „unbedingt in den Kopf gesetzt" habe, etwas ganz Konkretes meistens, das ich gern verwirklichen oder durchsetzen möchte, bis hin zu meinem „letzten Willen", dessen Ausführung, liegt er testamentarisch vor, sogar gesetzlich garantiert ist.

Im Sprachempfinden früherer Zeiten war der Begriffsinhalt weiter gefasst. Gemeint war, was ein Mensch *grundsätzlich und auch ganz allgemein* „will", denkt und fühlt. Wir würden in diesem Sinne heute statt von „Wille" eher von der *Einstellung* eines Menschen sprechen, von seiner *Grundhaltung*, seiner *gesamten „Denkart"*. Auch der Matthäus-Vers im Vaterunser muss so verstanden werden. „In Jesu Muttersprache", erläutert Heinz Schürmann, „hat das Wort ‚Wille' viel mehr Inhalt und Bedeutungsfülle als in der deutschen Sprache. Gottes Wille ist sein ‚Wohlgefallen', das von Gott seit jeher Gewollte und Geplante, an dessen Realisierung und Durchsetzung er seine Freude hat."[271] Ähnlich schreibt auch Romano Guardini:

> „Wille Gottes ist eine unendliche Fülle und ein Inbegriff. Er ist etwas Tiefes, Nahes, Lebendiges, das an unser Herz,

> an das Innerste unseres Daseins rührt. Gottes Wille ist, was Er heilig im Sinn hat mit der Welt und mit uns. Sein ewiger Ratschluss, die Ersinnung seiner Weisheit, die Gewalt seines Ernstes, das Liebesverlangen seines Herzens."[272]

Das biblische Wort „Wille Gottes" ist so gefüllt, dass Romano Guardini diesen Vers sogar als Schlüssel zum ganzen VATERUNSER betrachten kann, als „Eingang in das Gefüge dieser Sätze".[273]

Im Übrigen muss auch in diesem Fall bedacht werden, dass der Vers vom Willen eines Gottes spricht, der ein *Abba*, ein Gott reinster Liebe ist. Wir dürfen daher inhaltlich präziser übersetzen: *Abba, deine Einstellung zu uns Menschen und zu aller Schöpfung möge auch unsere Grundhaltung sein!*

Es geht also nicht darum, dass Gott meinen Willen beuge; das wäre in der Tat ein unerträglicher Angriff auf meine Persönlichkeit – selbst wenn er von Gott ausginge. Jesus liegt daran, dass meine Persönlichkeit aufgebaut, erhoben und gestärkt werde! Er will, dass ich mir die beste, wirklich menschenwürdige Einstellung zu eigen mache. Pater Alfred Delp schreibt in seiner kleinen VATERUNSER-Auslegung aus der Gefängniszelle zu diesem Vers:

> „Dies ist die Bitte des Menschen um seine Freiheit. Zunächst klingt das nicht so, aber es ist so. […] Die Bindung an Gott ist eine Bindung an seine Ordnung […] eine Bindung an seine Freiheit."[274]

In diesem Zusammenhang möchte ich auf zwei Fehlauffassungen hinweisen, die bezüglich der Frage nach dem „Willen Gottes" in den christlichen Kirchen noch immer sehr verbreitet sind:

Die erste kann man das *deterministische Missverständnis* nennen. „Determiniert" heißt so viel wie „festgelegt", „vorherbestimmt". Gemeint ist hier die Vorstellung, Gott habe bis ins Einzelne festgelegt, was ich zu tun, welchen Lebensweg ich zu gehen und welche Entscheidungen ich zu treffen habe. Die Frage: „Was ist Gottes Wille?“ hieße dann: Was hat Gott für mich vorherbestimmt, was „will“ er konkret von mir? Es wäre folglich meine Aufgabe, diesen seinen „Willen“ herauszufinden und ihn zu tun – gegebenenfalls auch gegen *meinen* Willen. Ihn nicht zu tun, wäre Ungehorsam gegenüber Gott, und das wiederum zöge die Folgen nach sich, die ein solches Gottesbild von Gott erwartet: die Strafe.

Das Problem, das sich mit dieser Fragestellung als Erstes ergibt, ist dies: Wie kann ich überhaupt herausfinden, was Gott von mir will? – Man schaut dann nach „Zeichen“ aus, im Innenbereich der Seele wie im Außenbereich der Umwelt und des Lebenslaufes, und findet in der Regel keine Antwort, jedenfalls keine klare und eindeutige. Die Gefahr ist groß, „göttliche Zeichen“ zu sehen, wo in Wirklichkeit psychische und geistige Fiktion, Pragmatismus (auch kirchlicher) und Zeitgeist sprechen. Bekanntlich hält nicht selten einer seinen eigenen (oder anderer Leut’s) Vogel für den Heiligen Geist! Und die andere Gefahr besteht nicht weniger: dass ich mich mangels eindeutiger Zeichen nicht entschließen kann oder, habe ich doch eine Entscheidung getroffen, in der Unsicherheit lebe, ob sie denn nun auch wirklich dem Willen Gottes entspricht.

Solche Nöte kenne ich persönlich nur zu gut, vor allem aus der Zeit, als es um meine Lebensentscheidung ging, Arzt oder Priester zu werden. Hätte ich damals nach meinem eigenen Willen entscheiden dürfen, hätte ich (fast) immer gewusst: Ich will Priester werden. Aber darum geht es nicht, sagte man uns im Priesterseminar; wir sollten herausfinden, ob Priester zu werden, unsere „Berufung“, sprich: der Wille Gottes sei. Klare Zeichen Gottes konnte ich dafür nicht erkennen, und die gut gemeinten Zureden: „Wir brauchen Priester!“ und: „Reinhard, du hast das Zeug dazu“ erschienen mir damals schon als suspekt, zumal wir doch Ärzte ebenso brauchen und ich meinte, auch dazu „das Zeug“ zu haben. Ich bin dann schließlich aus eigenem Willen Priester geworden, lediglich mit der Absicherung, dass ich mir einredete, Gott könnte meine Weihe ja auf irgendeine Weise verhindern, sollte sie nicht nach seinem Willen sein. Er hat sie nicht verhindert, und das gab mir fürs Erste einen inneren Frieden. Die quälenden Nöte tauchten jedoch wieder auf, als ich nach dem ersten Kaplansjahr in der Gemeinde- und Jugendseelsorge merkte, wie viele gravierende, den jungen Menschen zum Schaden gereichende Fehler ich gemacht hatte. Da war sie wieder da, die Frage: Ist es wirklich Gottes Wille, dass ich Priester bin? Die Erlösung aus meinen Nöten kam, als ich zu dieser Zeit in Schriften zur Theologie der Spiritualität zum ersten Mal etwas von eben diesem „deterministischen Missverständnis“ las. Nun war mir klar, dass mein Lebensweg nicht „vorherbestimmt“ ist und Gott mir immer *meinen* Willen lässt! Jetzt begriff ich, dass Berufung bedeutet, „angerufen“, angesprochen zu sein vom Evangelium Jesu, und dass es vor Gott immer „nur“ darum geht, den Weg, den ich selbst gewählt habe, im *Geist* dieser Frohbotschaft, in der *Einstellung* Gottes zu leben (was ich auch als Arzt hätte tun können!). Eine alte jüdische Weisheit aus dem dritten Jahrhundert bringt das sehr treffend zum Ausdruck: „Der Mensch wird (von Gott) des Weges geführt, den *er* wählt.“[275]

Was ich hier am Beispiel einer – meiner – Lebensentscheidung zu verdeutlichen versuchte, gilt natürlich auch für die kleinen und großen Entscheidungen, vor die uns der Alltag stellt.

Die zweite, nicht weniger verbreitete Fehlauffassung kann als das *fatalistische Missverständnis* bezeichnet werden. „Fatum“ ist das lateinische Wort für „Schicksal“. Gedacht ist hier vor allem an das „schwere Schicksal“, das uns in Form von Krankheit und allen nur denkbaren Übeln „treffen“ kann. In den theistischen Religionen ist man schnell bei der Hand, solche „Schicksalsschläge“ als „Schickung Gottes“ zu betrachten. Es sei demnach „Gottes Wille“, dass ich leiden, krank sein, ein Unrecht ertragen muss, und der Gehorsam gebiete, mich „in Gottes Willen zu ergeben“. Diese Auffassung war auch im Christentum über Jahrhunderte hin so sehr verinnerlicht, dass selbst mein sonst so klarsichtiger Ordensvater Johannes vom Kreuz davon nicht frei war. In einer persönlichen Notsituation – er war von den eigenen Mitbrüdern ins Abseits gestellt worden und sollte unter dem Vorwand der Mission nach Mexiko verbannt werden – schrieb er einer mitfühlenden Karmelitin: „… diese Dinge machen nicht die Menschen, sondern Gott, der weiß, was gut für uns ist und der es zu unserem Heil fügt. Denken Sie nie etwas anderes, als dass Gott alles fügt."[276] – Hier dürfen wir getrost „etwas anderes denken"! Denn „diese Dinge" haben eben *doch* Menschen gemacht und *nicht* Gott!

Wie schon gesagt (s. Kap. 4): Wir müssen die Ursachen des Leids und des Bösen dort lassen, wo sie sind. Sonst projizieren wir sie in Gott hinein – und „Es geschehe dein Wille" zu beten, wird dann in der Tat eine unmenschliche Zumutung. Jesus hat niemanden leidend gemacht, er hat nie einem Menschen etwas Böses zugefügt oder jemandem irgendein schweres Joch auferlegt. Er hat geheilt, versöhnt und aufgerichtet, wo er nur konnte. Sollte es dann der Wille seines Abba-Gottes sein, uns Leid zuzufügen – und sich dabei sogar der Bosheit der Menschen zu bedienen? Jesus von Nazareth hat den Willen seines Vaters vielmehr dadurch erfüllt, dass er sich die *Einstellung* des Abba ganz und gar zu eigen machte und in heilend-heiligem Geist gegen jede Art von Unheil anging. Und wo das Unheil unausweichlich war, da hat er es in der *Haltung* des Abba ertragen – ohne Gott dafür verantwortlich zu machen und ohne seine Mörder zu verurteilen.

So, *nur* so will auch das Ölberggebet verstanden werden, das die Matthäus-Christen wohl zu ihrem eingefügten Vers inspirierte: „Abba, Vater […] was du willst, soll geschehen!" (Mk 14,36). Aber gerade auch das Ölberggebet Jesu war über Jahrhunderte hin mit den genannten Missverständnissen belastet, mit dem deterministischen ebenso wie mit dem fatalistischen. Man hatte aus diesem Wort geschlossen, Gott hätte den Kreuzestod seines Sohnes gewollt; es wäre der Wille des Vaters gewesen, dass Jesus sterbe, und zwar den denkbar schmählichsten Tod, damit die Sünde der Menschen durch die Sühne des Unschuldigen einen Ausgleich finde und so Gott durch das Opfer seines Sohnes versöhnt werde. „Satisfaktionslehre" nannte man diese Deutung des Todes Jesu in der Theologie (satisfactio = Genugtuung). „Die jüngere Forschung ist sich einig", schreibt Karl-Heinz Menke, „dass selbst Anselm von Canterbury, den man für den Kronzeugen dieser Lehre hielt, ein solches Missverständnis nicht beabsichtigt hatte."[277] Aber „auch anders gewendet", also auch dann, wenn man dieser Lehre den anstößigen Stachel nehmen würde, so der Theologe, würde „die Satisfaktionstheorie nicht viel besser" werden, denn:

> „Was ist das für ein Vater, der dem Sünder seinen Sohn wie ein Zahlungsmittel in die Hand drückt, damit der seine Ehre wiederherstellen kann? Wenn der Sünder nicht selbst zum Sohn wird, was nutzt es dann, dass er sich der Sohnschaft Jesu Christi wie eines Geldstückes bedient? Und überhaupt: Wie kann Gott-Vater zulassen, dass der Sünder seine Schuld mit den Verdiensten des unschuldigen Sohnes bezahlt? … Die Satisfaktionstheorie bleibt – in welcher Version auch immer – abstrus. Ihre Wirkungsgeschichte hat Ungeheures angerichtet. Denn unzählige Menschen haben vor allem unter ihrem Einfluss geglaubt, der Vater habe auf dem Kreuzestod eines Unschuldigen (seines eigenen Sohnes!) bestanden, damit die ausstehende Rechnung (die nicht beglichene Schuld der Sünder) von wem auch immer beglichen wird. Daraus resultiert dann jene Opfer-Frömmigkeit, die Gott ängstlich als jenen ausgezeichneten Rechner betrachtet, dem man für alles bezahlen muss."[278]

Gerade *weil* Jesus um all das Leid wusste, das uns die unvollendete Schöpfung leiden lässt und das der noch unvollkommene Mensch dem Menschen antut, hat er so sehnsuchtsvoll gebetet: „Es komme dein Reich („räumlich" und zeitlich) uns immer näher – in diese leidvolle, unvollendete, der Bosheit der Menschen ausgelieferte Welt hinein!" Und die Matthäus-Christen sind gut zu verstehen, wenn sie dem hinzufügen, es möge jetzt schon *auf Erden* „wie im Himmel" sein – damit der *wirkliche* „Wille" Gottes in uns und mitten unter uns geschehen kann.

10.

„Gib uns allen (nur) das, was wir brauchen“

In christlichen Familien und kirchlichen Häusern kennt man den großen Holzteller, auf dessen breitem Rand in schön geschnitzten Lettern zu lesen ist: *„Unser tägliches Brot gib uns heute!“* Die Bedeutung dieser Vaterunser-Worte steht hier klar und ausdrucksstark vor Augen. Vielleicht lösen sie dann und wann ein Gefühl der Dankbarkeit aus. Das wäre angesichts des ja doch meistens reichlich gedeckten Tisches nur recht und billig. Wenn sie aber, wie es der Vers nahelegt, als eine Bitte verstanden werden, dann steht hier geschrieben: Vater im Himmel, lass unseren Brotteller immer voll sein – und möglichst die Kühltruhen, die Speisekammer und den Vorratskeller auch! Die biblische Überlieferung allerdings macht uns die Auslegung nicht ganz so leicht …

Brot für heute (möglichst auch morgen)

Die heute gebräuchliche Formulierung der Brotbitte ist eine Art Zusammenschnitt. Das Neue Testament überliefert zwei etwas unterschiedliche Versionen: Das Wort *„heute“* steht nur in der Matthäusfassung (außerdem auch in der Fassung der Didache), das Wort *„täglich“* nur bei Lukas. Aus „gib uns heute“ und „gib uns täglich (wörtlich: an jedem Tag)“ ist im lateinischen Paternoster und entsprechend auch im deutschen Vaterunser die Formulierung „Unser *tägliches* Brot gib uns *heute*“ geworden. Beide Varianten stimmen zumindest darin überein, dass sie sagen: *„Unser Brot gib uns!“*

Brot – das ist das aus Gerste gebackene Fladenbrot, das Grundnahrungsmittel der Menschen im damaligen Israel. Es gab auch

Brot aus dem feineren Weizenmehl, doch das war eher ein Genussmittel und in der Regel nur den Begüterten vorbehalten, denn Weizen braucht guten Boden, und der war selten im Heimatland der Juden und der ersten Christen. „Brot" – das war, ähnlich wie heute, aber auch ein Sammelbegriff für alles, wovon man sich ernährte, für Öl und Oliven vor allem, für ein paar Hülsenfrüchte, für die Milch von Schafen und Ziegen oder für den Fisch bei denen, die am See Gennesaret oder am Meer wohnten. Es geht in diesem Gebets-Vers also um etwas ganz „Irdisches", Elementares, um das, was der Mensch dringend braucht zum Leben – und das er nicht selbstverständlich an jedem Tag hat. Wer sich, wie die meisten in Galiläa, als Tagelöhner „sein Brot verdiente", bekam mittags eine Mahlzeit von seinem Arbeitgeber und brachte am Abend einen Denar mit nach Hause – gerade so viel, dass am nächsten Morgen gebacken werden konnte und die Familie einen Tag lang zu essen hatte. Doch Arbeit gab es nicht täglich und damit oftmals kein Brot. Das macht es nur allzu verständlich, dass auch dieses „ganz profane" Thema zu den Herzensanliegen Jesu gehörte und zu einem seiner Hauptthemen im Gespräch mit dem Abba geworden war.

Bedenkt man darüber hinaus, dass Jesus sein UNSER-VATER-GEBET mit dem Jüngerkreis betete, mit dem er durchs Land zog und dessen Tätigkeit, das Sprechen über Gott und den Glauben, eine „brotlose Kunst" war, wird die Dringlichkeit dieses Anliegens noch einmal mehr verständlich. Die Gruppe von wenigstens 13 Personen, gelegentlich sogar über 70 Männern und Frauen – Lukas spricht von „zweiundsiebzig anderen Jüngern" (10,1) –, konnte nicht erwarten, in jeder kleinen Ansiedlung genügend Lebensmittel kaufen zu können oder gar gratis beköstigt zu werden. An der Nahrung aber hängt nun einmal alles! Auch für Jesus und seine Frohbotschaft-Boten. Mindestens noch die Wanderprediger der ersten Jahrzehnte, die die Glaubens- und Lebenssicht Jesu in die entlegendsten Gegenden trugen, werden in einer ähnlichen Lage gewesen sein. Und geht man davon aus, dass sie alle das VATERUNSER (auch) am frühen Morgen sprachen, anstelle des jüdischen Morgenlobs oder zusätzlich zu ihren gewohnten Gebeten, dann lässt sich leicht nachempfinden, dass sie sich mit der Bitte – nun wirklich mit einer *Bitte* – an den göttlichen Vater wandten: „Unser Brot gib uns heute!"

„… gib uns *heute*!" – das dürfte der ursprüngliche Wortlaut gewesen sein. In diesem Fall ist es Lukas, der eine zurechtgebetete Formulierung überliefert hat, zurechtgebetet wiederum aus guten Gründen: Die im Unterschied zum Jüngerkreis und zu den frühen Wanderpredigern sesshaft und häuslich lebenden Christen werden lieber darum gebetet haben, dass Gott ihnen und ihren Familien doch Brot gebe nicht nur heute, sondern auch morgen und möglichst *täglich*, an *jedem* Tag. So zu beten, erschien wohl manchem ehrlicher. Auch die griechische Verbform für „gib" ist in beiden Überlieferungen verschieden. Die bei Matthäus („dos") bedeutet „gib jetzt", die bei Lukas („didou") „gib immer". Das Fazit von Heinz Schürmann: „Die Situation der durchschnittlichen Gemeindechristen zur Zeit des Lukas hat sich hier die Bitte Jesu und des vorösterlichen Jüngerkreises bzw. nachösterlicher Wanderapostel zu eigen gemacht und zurechtgebetet."[279]

Ich gestehe, dass auch mir die Lukasversion die sympathischere ist … Und dennoch, ob in der Matthäus- oder in der Lukas-Version: Ich muss zur Kenntnis nehmen, dass es sich hier nicht um ein Gebet um endgültige Existenzabsicherung handelt. Das wird auch den frühen Christengenerationen, zumindest den Christen jüdischer Herkunft, klar gewesen sein, denn, so Ernst Lohmeyer: „Wo sonst in alttestamentlichen oder jüdischen Gebeten Gott um Speise und Trank gebeten wird, da ist entweder gar keine zeitliche Grenze genannt oder die Dauer durch ein Menschenleben oder auch eine Jahreszeit begrenzt."[280]

Der zweimalige Wir-Bezug in den beiden biblischen Fassungen – „*unser* Brot gib *uns*" – dürfte ebenfalls ursprünglich sein und auf Jesus selbst zurückgehen. Wer einen *Abba*-Gott um den Lebensunterhalt bittet, denkt nicht nur an sich. Er denkt auch nicht nur an die eigene Mannschaft, sondern an alle, um deren elementare Lebensnot er weiß. „Gib *uns* Brot", betet Jesus, nicht „gib mir Brot"!

Und er sagt: „Gib uns *unser* Brot." Diese Verdoppelung – „uns" und „unser" – kann nicht zufällig oder unbedacht dahergesprochen sein, nicht in diesem Text, der nur knappste Formulierungen kennt und in dem jedes Wort zählt! „*Unser* Brot“ – das ist sehr bewusst gesagt und kann wohl nur bedeuten, dass das Brot, das die Erde kraft menschlicher Arbeit hervorbringt, unser aller Brot ist, so wie der Abba „*unser* Vater“ ist. Es ist verständlich, wenn gerade ein Theologe aus Brasilien, der lange Zeit in Deutschland lebte und den mitteleuropäischen Wohlstand ebenso wie das Elend der „Dritten Welt“ am eigenen Leibe kennenlernte, auf dieses „unser“ aufmerksam macht. Der kürzlich erst für sein sozialpolitisches Engagement mit dem alternativen Nobelpreis ausgezeichnete Leonardo Boff schreibt in seinem VATERUNSER-Buch:

> „Wenn das Brot, das wir essen, das Ergebnis der Ausbeutung unseres Bruders ist, dann wird Gott das Brot nicht segnen. Das Brot ernährt uns zwar, aber es nährt nicht das menschliche Leben, das nur dann menschlich ist, wenn es in der rechten Ordnung von Gerechtigkeit und Brüderlichkeit lebt. Ungerecht erworbenes Brot gehört uns nicht, es ist Diebstahl, es gehört den anderen. Es ist bitter, weil es die Tränen unendlich vieler Kinder enthält. Es ist hart, weil es die Qual unzähliger leerer Mägen in sich schließt. Damit es unser Brot sei, müssen wir die Welt verändern und die Gesellschaft von ihren Mechanismen befreien, die den Reichtum auf Kosten des Brotes produzieren, das den Armen aus dem Mund gerissen wird. Das Brot fordert uns zu kollektiver Umkehr auf. Sie ist die notwendige Voraussetzung dafür, dass unser Gebet nicht leer und pharisäisch ist. Das Evangelium verbietet mir, für mich allein zu bitten, ohne auch an die Notwendigkeiten meiner Brüder zu denken. Nur unser Brot ist Gottes Brot.“[281]

Solche klaren, aufrüttelnden Worte findet man nicht erst in den Schriften der heutigen „Befreiungstheologie“. Basilius der Große (gest. 379), Erzbischof von Caesarea, redete seinerzeit den Christen ähnlich ins Gewissen:

> „Dem Hungernden gehört das Brot, das bei dir zu Hause verdirbt. Dem Barfüßigen gehören die Schuhe, auf die sich unter deinem Bett Schimmel setzt. Dem Nackten gehört die Kleidung, die in deinem Kleiderschrank hängt. Dem Elenden gehört das Geld, das in deiner Schatulle an Wert verliert."[282]

Wenn wir diesen Vers im selben Geiste mitbeten, werden *wir*, die heute mit einigermaßen gesichertem Einkommen direkt neben der Kaufhalle wohnen, gar nicht anders können, als über den eigenen Brottellerrand hinauszuschauen. Ja, die an den göttlichen Vater gerichtete Bitte wird, wenn sie ehrlich ist, zugleich zum Appell an das eigene Gewissen werden, *mit dem Abba zusammen* uns um Brot für *alle* in unserem großen, von Hunger und Elend gepeinigten „Weltdorf" zu sorgen. Denn es ist ja nur allzu wahr, was Hermann-Josef Venetz gleich am Anfang seiner Betrachtung zur Brotbitte zu bedenken gibt:

> „Um es gleich vorwegzunehmen: die Hungernden brauchen nicht unser Gebet; sie brauchen Gerechtigkeit und Solidarität. – Und so stehen wir da mit vollen Bäuchen und bitten um Brot … Lächerliche Gestalten, wenn nicht alles so tief traurig wäre."[283]

Doch lass es uns nicht in den Kopf steigen!

Ob „täglich" oder „heute" oder, was uns wohl am allerliebsten wäre, „heute gleich für täglich" – unserem gebräuchlichen VATERUNSER-Text fehlt auf jeden Fall ein entscheidendes Wort. Es wird sowohl im Lukas- wie im Matthäusevangelium überliefert und darüber hinaus auch in der DIDACHE. Auf Griechisch lautet es in allen drei Texten „ton epioúsion". Es ist ein Eigenschaftswort (hier im Akkusativ) mit dem Artikel „das“ und hebt betonend hervor, um was für ein Brot es sich handelt: „Unser Brot, das epioúsion, gib uns heute!“ Der Grund, warum wir es nicht mitbeten, ist der: Wir wussten lange nicht, wie es zu übersetzen ist.

Schon als Origenes seinen Kommentar zum VATERUNSER verfasste – das war nur ca. 150 Jahre nach der Niederschrift der Evangelien –, konnte er mit der Vokabel „epioúsios“ nichts mehr anfangen, obwohl er selbst ein Grieche war. Auch seine Nachforschungen in der Literatur und in umgangssprachlichen Zeugnissen des ersten Jahrhunderts blieben erfolglos. Ein solches Wort war einfach sonst nirgends aufzufinden. Origenes schrieb damals: „Zuerst muss man wissen, dass sich das Wort ‚epioúsios‘ bei keinem griechischen Schriftsteller findet und auch nicht im Sprachgebrauch des gemeinen Mannes vorkommt, sondern von den Evangelisten gebildet zu sein scheint.“[284] Ähnlich erging es um 390 Ambrosius, dem Bischof von Mailand. Er übersetzte die unbekannte Vokabel mit dem lateinischen Wort „substantialis“, was dann so viel wie „wesentliches Brot“ bedeuten würde.[285] Auch Hieronymus, der gelehrte Einsiedler von Bethlehem, der um 400 die ganze Bibel übersetzte, konnte nur raten und aus dem Sinnzusammenhang zu erschließen versuchen, was die ersten Christengenerationen hier gebetet haben könnten; in seiner Unsicherheit übertrug er das „epioúsios“ mit unterschiedlichen Vokabeln: einmal, bei Matthäus, mit „supersubstantialis“, was „das überwesentliche/übernatürliche“ bedeuten würde, und bei Lukas mit „cottidianum“, „das tägliche“.[286] Die letztere Version kam dann auch ins PATERNOSTER und so schließlich in unser deutsches VATERUNSER. Ein Papyrus aus dem 5. Jahrhundert, eine Art Einkaufszettel für Lebensmittelbesorgungen, belegt zwar inzwischen den Gebrauch dieses Wortes in der griechischen Umgangssprache, konnte aber auch der gegenwärtigen Forschung nicht weiterhelfen, um seinen Sinn eindeutig zu entschlüsseln.

Wie schon Origenes[287] und andere Vätertheologen, so haben später die Sprachwissenschaftler versucht, über die Wortwurzel dieses rätselhaften Ausdrucks die Bedeutung zu erschließen (etymologische Untersuchung). Aber auch auf diesem Weg konnte man bisher zu keinem endgültigen Ergebnis kommen. Immerhin konnte die Deutung auf drei Möglichkeiten eingegrenzt werden. Demnach kann „ton epioúsion" (1.) *das künftige* heißen, was im gegebenen Zusammenhang auch „das morgige" bzw. „das Brot für morgen" bedeuten könnte.[288] Dem Sinne nach entspräche diese Deutung dem Wort „täglich"; dagegen spricht aber, dass dann Lukas eine Verdoppelung in seine Fassung eingefügt hätte. Weitere Übersetzungsmöglichkeiten wären (2.) *das überwesentliche/übernatürliche*, wie bereits Hieronymus vermutet hatte, oder (3.) *das notwendige*; letztere würde sich immerhin auch durch den aufgefundenen „Einkaufszettel" rechtfertigen, da hier am ehesten an „(sonst noch) Notwendiges" zu denken ist.

Drei Übersetzungsmöglichkeiten: Welche ist richtig? Schließt man die erste, heute kaum noch bevorzugte aus, kommen immer noch zwei in die nähere Wahl. Da es sich um ein Wort handeln muss, das (entsprechend aramäisch) schon Jesus selbst gebetet hat – sonst wäre es von Lukas, Matthäus und der DIDACHE nicht gleichlautend überliefert worden –, ist gerade an dieser Stelle auf die uns bereits vertraute Grundregel zurückzugreifen und zu fragen: Welche der beiden Bedeutungen legt sich von der *Gesamtverkündigung Jesu* her als die wahrscheinlichste nahe?

Die meisten Bibelwissenschaftler folgen der Auslegung von Heinz Schürmann, der zu dem Ergebnis gekommen ist, dass vor dem Hintergrund der Glaubenssicht Jesu nur die dritte Möglichkeit in Betracht kommen kann, und den Vers so übersetzt: *„Unser Brot, das notwendige, gib uns heute!"*[289] Das sieht auch der Sprachwissenschaftler Ferdinand Urbanek so, und er erläutert: „Darin liegt dann auch die Beschränkung auf das Maß des Notwendigen beschlossen."[290] Dann hätte Jesus also gebetet und zu beten gelehrt: Abba, du, gib uns heute unser Brot, das notwendige! Und „das notwendige" hieße dann: *so viel, wie wir brauchen* – aber auch: *nicht mehr, als wir brauchen.* Die Bitte „Gib uns heute unser Brot" enthielte zugleich die Mahnung an den göttlichen Geber alles Guten, uns ja nicht zu viel auf einmal zu geben! In der Tat: Nichts wäre typischer für die gesamte Lebenseinstellung Jesu als dieser doppelte Sinn.

Jesus von Nazareth ging es immer um den Menschen in seiner konkreten Realität. Es war ihm deshalb ganz und gar nicht zu „profan“, um das nun einmal existenznotwendige Brot zu bitten. Zugleich aber wusste er: „Der Mensch lebt nicht nur von Brot, sondern von jedem Wort, das aus Gottes Mund kommt“ (Mt 4,4). Hat einer kein Brot und zu wenig zum Leben, wird ihn der Hunger und die Sorge um das Nötigste so umtreiben, dass er für das andere, ebenso Wichtige – das „Wort aus Gottes Mund“ –, weder genügend Zeit noch Aufmerksamkeit aufbringen kann. Und hat er zu viel, kann ihm der Wohlstand „zu Kopfe steigen“: Schon eine dünne Schicht Silber hinter der Fensterscheibe verhindert den Blick in die Weite und macht aus dem Glas einen Spiegel, in dem man nur noch sich selber sieht … *„Gib uns das Brot, das wir so nötig brauchen“*, betet Jesus, *„aber gib uns nur so viel, dass es uns nicht den Blick auf das ‚Wort aus Gottes Mund‘ verstellt!“*

Wie gesagt: Diese Deutung entspricht ganz und gar der Lebenseinstellung Jesu. Den Beleg dafür finden wir in beiden VATERUNSER-Evangelien. Lukas wie auch Matthäus übernahmen aus der älteren LOGIENQUELLE die Rede Jesu von der „falschen und der rechten Sorge“. Diese Rede gipfelt in den Worten:

> „Darum fragt nicht, was ihr essen und was ihr trinken sollt, und ängstigt euch nicht! Denn um all das geht es den Heiden in der Welt. Euer Vater weiß, dass ihr das braucht. Euch jedoch muss es um sein Reich gehen; dann wird euch das andere dazugegeben“ (Lk 12,29–31; ähnlich Mt 6,31–33).

„Unser Brot, das notwendige, gib uns heute!“ – wir werden diese Worte als dringliche *Bitte* sprechen dürfen, gelegentlich für uns selbst und für die Unsrigen, vor allem aber im Sinne einer *Für-Bitte*: für diejenigen in unserer Welt, die nicht haben, was wir haben. Und das Gewissen, das uns anfragt, ob wir zu teilen bereit sind, darf uns dabei nicht in Ruhe lassen. Wir – wir *hier*zulande jedenfalls – werden diesen Vers aber auch wie ein *Warnschild* vor Gott hinstellen müssen: *Vater, pass auf, dass du uns nicht zu viel gibst – wir vergessen sonst, worum es uns, über alles Materielle und Finanzielle hinaus, auch noch gehen sollte!*

Das Unser Vater Jesu ist auch an dieser Stelle eine Lebensschule; leichter lebt es sich freilich, wenn man den Vers weiterhin im gewohnten Sinne versteht und um den Rand des eigenen Brottellers schreibt.

Fünf Brote und zwei Fische

Blickt man in die lange Geschichte der Vaterunser-Auslegung seit Origenes und Tertullian zurück, so fällt auf, dass das Brot, um das Jesus hier betet, fast immer auch – zum Teil sogar ausschließlich – als das „himmlische Brot" verstanden wurde. Unter den Vätertheologen sind es nur Gregor von Nyssa und Johannes Chrysostomos, die allein den buchstäblichen Sinn des Wortes gelten lassen.[291] Die anderen dachten schon damals, was ja naheliegt, auch an das Brot des letzten Abendmahls, das Jesus zum Sakrament, zum „heiligen Zeichen" gemacht hatte: In diesem Brot, so hatte er den Jüngern gesagt, sei er selbst unter ihnen anwesend, von Gott her, als Auferstandener. In der Eucharistiefeier bzw. im Abendmahlsgottesdienst denken wir Christen seit jeher beim Brechen und Empfangen des Brotes an seine zwar verborgene, aber wirkliche Gegenwart. Die Bitte wurde demzufolge auch so gedeutet: *Jesus Christus* möge uns nicht fehlen, die Gemeinschaft mit ihm sei heute das Brot, das uns nährt und stark macht für das Leben in seinem Geist.

Das Johannesevangelium gibt für diese Deutung die biblische Grundlage, wenn es in der Brotrede, einer sehr tiefsinnigen Meditation der Autoren des vierten Evangeliums, Jesus sagen lässt: „Ich bin das Brot des Lebens …" (Joh 6,35). In den frühchristlichen Jahrhunderten war es daher bald zum festen Brauch geworden, das Vaterunser in der Eucharistiefeier zu beten, und zwar direkt vor dem

Kommunionempfang.[292] Augustinus schreibt um das Jahr 400 in einem Brief, dies sei in fast allen Gemeinden so.[293] Bischof Ambrosius von Mailand redet den Neugetauften sogar zu: „Wenn es das tägliche Brot ist, warum isst du es nur nach einem Jahr, wie die Griechen im Osten es zu halten pflegen? Empfange täglich, was dir täglich Nutzen bringt! Lebe so, dass du würdig bist, es täglich zu empfangen! Wer nicht würdig ist, es täglich zu empfangen, der ist auch nicht würdig, es nach einem Jahr zu empfangen."[294] Diese Art, die Brotbitte zu interpretieren, setzte sich fort durch die Jahrhunderte. Franz von Assisi zum Beispiel scheint das „tägliche Brot" ausschließlich im eucharistischen Sinne verstanden zu haben (vgl. S. 40). In der Kirche des Mittelalters meinte man sogar, das PATERNOSTER hätte, ähnlich wie die „Wandlungsworte", konsekrierende Kraft. So war es über lange Zeit „zur Vorsicht ... allein dem Priester vorbehalten", während der Hl. Messe das Gebet Jesu zu sprechen (Peter Trummer).[295] Noch Teresa von Ávila schreibt ihren Schwestern:

> „Töchter, stimmt doch in das Beten des Herrn mit ein, bittet doch auch ihr wie er den Vater, dass er heute euren Bräutigam bei euch lasse, damit ihr in dieser Welt nicht ohne ihn leben müsst! [...] Ihr habt euch dem Willen Gottes ganz überlassen. Also sorgt euch nun nicht mehr um anderes Brot!"[296]

In dieser Sicht ist die Brotbitte für Teresa Anlass, auf den Wert der Stille nach der Kommunion aufmerksam zu machen: „Nutzt eine so gute Gelegenheit wie die Zeit nach dem Kommunionempfang! Da tauscht euch mit ihm aus! [...] Die Zeit nach der Kommunion ist so wertvoll. Gerade dann will uns unser Meister unterweisen. Hier ist die rechte Zeit, ihm zuzuhören."[297]

Die Bibelwissenschaft spricht sich heute gegen jede vorschnelle „gleichnishafte oder symbolische" Deutung (Heinz Schürmann)[298] aus, und dies insofern zu Recht, da der Jüngerkreis und die ersten Hörer und Beter des VATERUNSERS das Brot ja ganz sicher nicht auf das eucharistische Mahl hin gedeutet haben, von dem sie zu dieser

Zeit noch gar nichts wussten. „Brot" war *Brot* für sie, wenn das Wort auch summarisch für alle leibliche Nahrung stand und für das zum Leben Notwendige überhaupt. Thomas von Aquin war meines Wissens der Erste, der nach fast einem ganzen Jahrtausend darauf aufmerksam machte, dass mit Brot zumindest „auch (etiam)" das „materielle Brot" gemeint sei[299], und der Franziskanertheologe Bonaventura greift den in Vergessenheit geratenen Gedanken Tertullians[300] wieder auf, man könne das Wort „Brot" dreifach verstehen, nämlich im „sakramentalen" (eucharistischen), im „himmlischen" und im „leibhaften" Sinne.[301] Auch Meister Eckhart wird im „Brot" wieder – neben der „himmlischen Lehre, Eingebung oder Erleuchtung"[302] und dem „Sakrament seines Leibes"[303] – all das sehen, „was für dies gegenwärtige Leben notwendig ist"[304], und Martin Luther schließlich hat auf die Katechismus-Frage „Was heißt denn täglich Brot?" geantwortet:

> „Alles, was zur Leibesnahrung und -notdurft gehört, als: Essen, Trinken, Kleider, Schuh, Haus, Hof, Acker, Vieh, Geld, Gut, fromm Gemahl, fromme Kinder, fromm Gesinde, fromme und treue Oberherren, gut Regiment, gut Wetter, Friede, Gesundheit, Zucht, Ehre, gute Freunde, getreue Nachbarn und desgleichen."[305]

Dennoch darf meines Erachtens nicht ausgeschlossen werden, dass die Brotbitte schon bei Jesus selbst auch einen *spirituellen Sinn* gehabt haben könnte, freilich nicht einen eucharistischen. „Brot" – das war in Israel durchaus auch, ähnlich wie in unserem Sprachgebrauch heute, ein Symbolbegriff für die geistige und seelische Nahrung, die der Mensch nicht weniger notwendig braucht, um leben zu können. Im Lande Jesu kannte man ebenso wie den leiblichen Hunger den „Hunger nach einem Wort des Herrn", wie es in den Prophetenbüchern der Hebräischen Bibel heißt (Amos 8,11), und das Johannesevangelium überliefert, Jesus habe von sich gesagt: „Meine Speise ist es, den Willen dessen zu tun, der mich gesandt hat" (Joh 4,34). Warum also sollten Jesus und seine Schüler, ja selbst noch die Christen der ersten Generationen, nicht auch, wenn sie das VATERUNSER beteten, an das „Brot“ gedacht haben, das „die Seele nährt“? Ob dann nicht doch auch die andere Übersetzungsmöglichkeit des rätselhaften „epioúsios“ – gedeutet als „(über)wesentlich“ oder „übernatürlich“ – ihre Berechtigung hätte?

Der evangelische Neutestamentler François Bovon schreibt in seinem Lukaskommentar, vor die beiden Deutungsmöglichkeiten „notwendiges“ oder „übernatürliches“ Brot gestellt: „Ich selber zögere vor einer Entscheidung. Ich habe den Eindruck, dass sich diese Bitte in die Tradition des Manna einfügt: das Volk Gottes verlangt nach seiner Nahrung, die ihrem Ursprung nach göttlich ist, aber sowohl die Mägen wie die Herzen nährt.“[306] Ähnlich urteilt sein katholischer Kollege Hubert Frankemölle:

> „Wir, die wir heute meinen, (fast) gegen und für alle Fälle versichert zu sein, vermögen kaum die existentielle Bedürftigkeit der ersten Beter nachzuempfinden. Auch die ökumenische Übersetzung ‚Unser tägliches Brot gib uns heute‘ […] versperrt eher den eigentlichen Sinn, als dass er ihn offenlegt. Versteht man jedoch diese Brotbitte […] vom matthäischen Kontext der Versuchungsgeschichte her und von dem dort aus Dtn 8,3 zitierten Schriftwort (‚In der Schrift heißt es: Der Mensch lebt nicht nur vom Brot, sondern von jedem Wort, das aus dem Munde Gottes kommt.‘), dann wird man im Sinne des Matthäus das für das Leben notwendige ‚Brot‘ zugleich dinglich-konkret und metaphorisch (= bildhaft, R. K.) verstehen dürfen.“[307]

Alle vier Evangelien überliefern eine vermutlich sehr alte Erzählung, die Licht in solche Überlegungen bringen kann. Bekannt als die „Brotvermehrung“ findet sie sich in ihrer ursprünglichsten Gestalt im 6. Kapitel des Markusevangeliums (6,30 ff.), in etwas abgewandelter Form noch einmal in Kapitel 8 desselben Evangeliums. Die drei anderen Evangelien überliefern sie ähnlich. In früheren

Zeiten hat man diese Texte wortwörtlich verstanden und als Wunder gelesen. Heute besteht kein Zweifel mehr darüber, dass es sich um eine Bildgeschichte, eine Art Legende handelt, gestaltet aus alttestamentlichen Motiven, etwa den Speisungserzählungen der Wüstenwanderung (Ex 16 u. Num 11) und der Elischa-Tradition (2 Kön 4); auch die den jüdischen Christen sehr vertrauten Psalmen 23 und 78 klingen darin deutlich an.

Die Ausleger des 20. Jahrhunderts vermuteten zunächst, als historische Wirklichkeit hinter der Bild- und Zahlensymbolik stehe die Erfahrung, dass viele Menschen satt werden konnten, wenn sie, der Aufforderung Jesu folgend: „Gebt ihr ihnen zu essen“ (Mk 6,37), ihr Brot miteinander teilten. Inzwischen haben wir gute Gründe, annehmen zu dürfen, dass wir den Schlüssel zur Aussageabsicht der Erzähler und damit den Schlüssel zum ursprünglichen Sinn dieser Geschichte gefunden haben. Jedenfalls besitzen wir heute mehrere Zeugnisse aus dem ersten Jahrhundert, nach welchen die Redewendung *„fünf Brote und zwei Fische“* – sie kommt im ersten Markustext gleich zweimal vor – ein bildhafter Ausdruck für die Bibel des Judentums war. Damals wie heute umfasst die Heilige Schrift nach jüdischem Verständnis nämlich drei Textgruppen: (1.) die Tora, bestehend aus den fünf Büchern Mose, (2.) die Bücher der Propheten und (3.) die übrigen Schriften wie Psalmen, Geschichtsbücher und Weisheitsliteratur. Die „fünf Brote“ in dieser Redewendung bezeichneten die fünf Bücher der Tora, die „zwei Fische“ standen für das geistliche „Zubrot“, für die Prophetenbücher und die anderen Schriften. In der Tat: Der Schlüssel passt und schließt die Tür zum Verständnis auch aller weiteren Details in der Erzählung auf. Vor allem springt nun sofort ins Auge, was zuvor mehr oder weniger übersehen wurde: Bei Markus heißt es einleitend, die Apostel hätten zuvor die Menschen „gelehrt“, und als sie sich mit Jesus an einen abgelegenen Ort zurückziehen wollten, um auszuruhen, seien ihnen die Leute in Scharen nachgegangen; Jesus habe die Not dieser vielen Menschen gesehen und „lehrte sie lange“ (Mk 6,34). Vom *Lehren* ist hier also die Rede, und die Not der Menschen besteht folglich darin, dass sie Hunger haben nach dem Brot für die Seele.

Sie müssen solches „Brot“ von den Aposteln, die zuvor in ihren Ortschaften gepredigt hatten (Mk 6,6b–13), wohl bekommen haben, sonst wären sie ihnen nicht nachgelaufen – und bei Jesus fanden sie es nun erst recht. An den Bericht von diesem – sicherlich nicht nur einmaligen – Geschehen schließt Markus dann seine Bildgeschichte an, und die jüdischen Christen müssen sofort verstanden haben, was er ihnen damit sagen wollte: Wenn *Jesus* die „fünf Brote und zwei Fische“ reicht, wenn *er* von Gott spricht und ihnen die Schrift auslegt, dann ist das wirklich Nahrung für die Seele! Dann wird aus den alten, trockenen Worten „Brot des Lebens“, dann ist es, wie wenn hungrige Schafe, „die keinen Hirten haben“, ins „grüne Gras“ geführt werden; alle werden „satt“, und noch „zwölf Körbe voll“ bleiben übrig (Mk 6,34–44), genug also, so sagt die Symbolzahl Zwölf, dass die ganze Menschheit davon leben könnte.[308]

Ob nicht auch diese Erfahrung in den Herzen wach wurde, ob nicht auch der Hunger nach diesem „übernatürlichen Brot“ in den Jüngern und in den frühen Christen mitbetete, wenn sie das VATERUNSER sprachen? Und ob nicht auch Jesus selbst in diesem zweifachen Sinne den Vater um das Brot für heute bat, um das „notwendige“ wie um das „übernatürliche“? Ich meine, es wäre dann immerhin erklärlich, warum er ein Wort wählte – und die griechischen Übersetzer dann nach einer entsprechenden, wenn auch in ihrer Sprache noch so ausgefallenen Vokabel suchten –, das vom Wortklang her an beides denken ließ: an „das Brot, das notwendige“ wie an „das Brot, das übernatürliche/überwesentliche“.

Wie auch immer: Die alten Ausleger dürften nicht auf einer ganz falschen Spur gewesen sein, wenn sie vom „himmlischen Brot“ sprachen oder das Wort „epioúsios“ als „(über)wesentlich“ und „übernatürlich“ deuteten. Auf jeden Fall dürfen wir in die Lebensschule beider Bedeutungsinhalte gehen. Vielleicht sollten *wir*, die wir in der Regel das „notwendige“ Brot haben, eher den Akzent auf das „wesentliche“ Brot legen. Denn der Mensch lebt nun einmal tatsächlich nicht „vom Brot allein“ (Mt 4,4), wie die folgenden Zeilen der evangelischen Theologin Dorothee Sölle uns bewusst machen können:

> „Der Mensch lebt nicht vom Brot allein, er stirbt sogar am Brot allein, einen allgegenwärtigen, schrecklichen Tod, den Tod am Brot allein, den Tod der Verstümmelung, den Tod des Erstickens, den Tod aller Beziehungen. Den Tod, bei dem wir noch eine Weile weitervegetieren können, weil die Maschine noch läuft, den furchtbaren Tod der Beziehungslosigkeit: Wir atmen noch, konsumieren weiter, wir scheiden aus, wir erledigen, wir produzieren, wir reden noch vor uns hin und leben doch nicht."[309]

Was Dorothee Sölle beobachtet, gibt auch die Situation in den Kirchen wieder. Sich das einzugestehen, ist schmerzlich für uns Christen. Doch wollen wir ehrlich bleiben, kommen wir daran nicht vorbei. So viele Gläubige in unseren Gemeinden, so viele Ordensleute, so viele Pfarrer und Pfarrerinnen, so viele Priester bis hoch in die obersten Ämteretagen sterben den Tod am Brot allein! Das ist nicht die ganze Wirklichkeit, aber eben doch ein nicht zu übersehender Teil der faktischen Realität. Zu viele Hungrige, die in unseren Gotteshäusern nach der „wesentlichen" Nahrung suchen, gehen leer aus bei uns. Sie laufen uns nicht nach, viele laufen uns weg … – „Gebt *ihr* ihnen", sagt Jesus in der Brotvermehrungs-Erzählung zu den Jüngern, als die doch auch wir Christen uns heute verstehen, „gebt ihr ihnen *zu essen*!"

Alles Brot, das die Erde hervorbringt, ist *unser* Brot! Es gehört allen Erdlingen, nicht ein paar Wohlständlern allein. Aber auch „jedes Wort aus Gottes Mund" (Mt 4,4) ist *Brot für die Welt*! Nicht nur das „tägliche Brot", auch der *Glaube* will geteilt werden. Und gebe Gott, wir haben einen, einen Glauben, der wirklich nährt – und davon noch „zwölf Körbe voll"! Denn der Hunger ist groß und der Hungrigen sind viele.

Theologen des Mittelalters wie Thomas von Aquin, Bonaventura, Meister Eckhart und Martin Luther (s. o.) hatten wohl doch recht, wenn sie zwar nachdrücklich darauf hinwiesen, das im Vaterunser genannte Brot meine wirklich *Brot* – nicht ein symbolisches, sondern das *laib*-haftige –, und dann trotzdem, stärker noch als die

Vätertheologen, den dreifachen Sinn dieses Wortes betonten: das „Brot", das Gott gibt und das wir einander weiterzugeben haben in die Hungersnöte der Menschheit hinein, ist das *materielle Brot*, das *sakramentale (eucharistische) Brot* und das *Brot der Lehre*. Keines der drei Brote darf den Hungrigen vorenthalten werden. Wie können wir sonst dem Abba Jesu in die Augen schauen, wenn wir beten: „Unser tägliches Brot gib uns heute"?

Die Brotbitte bildet – wie eine Drehangel – nach den zwei (laut Matthäus: drei) vorangegangenen und vor den zwei (wieder laut Matthäus: drei) folgenden Versen die Mitte des UNSER-VATER-Gebetes Jesu. Dieser formalen Mitte entspricht erstaunlicherweise ein tiefer Sinn: Die Brotbitte trifft auch in die Mitte unserer persönlichen, kirchlichen und gesellschaftlichen Not hinein. Wer sie in ihrem ursprünglichen, mehrschichtigen Bedeutungsinhalt meditiert und betet, dem, so sagt Heinz Schürmann, „verhilft (Jesus) zu einer ‚Existenzerhellung', dem sagt er, in welcher Not er ist"; sie bleibt dann nicht nur eine *Bitte* und ein vor Gott hingestelltes *Warnschild*, sie ist „eigentlich doch *Notruf*", denn wer so betet, der „schreit um Hilfe"[310] – nicht nur für andere, auch für sich selbst und seine Kirche.

11.

„Du hast viel gut bei uns …"

Auch der nächste Vers hält einige Überraschungen bereit. Wir sind gewohnt zu beten: *„Und vergib uns unsere Schuld, wie auch wir vergeben unsern Schuldigern."* Nichts im VATERUNSER scheint so klar formuliert und so eindeutig verständlich zu sein wie diese Doppelzeile. Denn Schuld kennt jeder zur Genüge in seinem Lebenslauf, und dem religiösen Menschen wird es nicht fern liegen, Gott dafür – wenigstens wenn es sich um ein „größeres" Vergehen handelt – um Vergebung zu bitten. Dem zweiten Teil wird man zumindest mit dem Kopf gut zustimmen können, wenn es auch im konkreten Fall für das verletzte Herz gar nicht so einfach ist, dem zu vergeben, der einem ein Unrecht angetan hat. Und dass beides irgendwie zusammengehört, dass man Gott nicht guten Gewissens um Vergebung bitten kann, wenn man selbst nicht wenigstens vergeben *will* – auch das ist mehr als verständlich. So bliebe eigentlich nur, die Worte einmal wieder bewusst zu bedenken, damit sie nicht dahingeredet sind, und sie auf die eigene, persönliche Situation zu beziehen. Für die Lebensschule ergäbe sich daraus reichlicher Lehrstoff …

Doch der Blick in die biblischen Texte kann auch hier vertiefen, ja sogar korrigieren, was uns als so ausreichend klar erscheint.

Schulden der Liebe

In der Matthäusfassung lesen wir nichts von „Schuld". Von „Schul*den*" ist dort die Rede. *Schulden* aber haben nicht unbedingt mit Versagen, Schuld und Sünde zu tun. Schulden hat ein Mensch, wenn er sich etwas geliehen hat, und das ist kein Unrecht. Entsprechend sind die „Schuldiger" – korrekter übersetzt: „Schuldner" – im zweiten Teil des Satzes nicht meine Peiniger, sondern Menschen, bei denen ich noch etwas „gut habe". Wörtlich übertragen lautet der ganze Matthäus-Vers so: *„Und erlass uns unsere Schulden, wie auch wir (sie) unsern Schuldnern erlassen haben."* Auch von „vergeben" wird hier nicht gesprochen, das zweimal gleiche Tätigkeitswort meint, in diesem Zusammenhang jedenfalls, ein *Erlassen* von Schulden.

Zum Vergleich dazu die Lukasversion: *„Und erlass uns unsere Sünden, denn auch wir selbst erlassen jedem, der uns (etwas) schuldet."* Statt von „Schulden" spricht Lukas von „Sünden", aber der ganze Satz – auf jeden Fall der zweite Teil – lässt noch deutlich erkennen, dass ursprünglich auch in seiner Überlieferung von Schulden die Rede war. Die Urgestalt der ersten Zeile, wie sie durch den Jüngerkreis in die frühen Christengemeinden hinein weitergegeben wurde, muss also gelautet haben: *„Und erlass uns unsere Schulden ..."* Die zweite Zeile bezieht sich jeweils als Nebensatz auf das Erlassen von Schulden im Hauptsatz; ihr Aussagesinn ist in beiden Fassungen ähnlich, wenn auch in der Ausdrucksform etwas verschieden.

Wir dürfen demzufolge davon ausgehen, dass Jesus um das *Erlassen von Schulden* gebetet hat. Er hätte von Schuld sprechen können, wenn er Schuld, Sünde und Verfehlung gemeint hätte; entsprechend eindeutigere Vokabeln kennt die aramäische wie die griechische Sprache. Er benutzt aber ein Wort – aramäisch: „choba" –, das für *Schulden* steht, für Geld-Schulden oder für Schulden verschiedener, in der Regel materieller Art, und die griechischen Christen übersetzten es sich mit dem genau entsprechenden Begriff „ofeilémata". Legt man für den Moment die Brille, die von Schuldvergebung zu lesen gewohnt ist, beiseite, und nimmt man jeweils den ganzen Satz unvoreingenommen in sich auf, dann lässt sich der ursprüngliche Vers, der beiden Überlieferungen zugrunde liegen muss, etwa so verstehen: *Abba, du, erlass uns unsere Schulden, so wie auch wir untereinander unsere Schulden erlassen.* Der ganze Vers offenbart sich somit als ein Bild: Das Schulden-Haben und Schulden-Erlassen, das die Beter aus ihrer Erfahrungswelt kennen, hat Jesus als eine Art *Kurz-Gleichnis* hergenommen, um damit dem göttlichen Vater etwas zu sagen. Der Nebensatz bringt dabei nicht einen neuen, zusätzlichen Gedanken zu

Wort, er gehört vielmehr – als erläuternder Vergleich – zu dem Bild, mit dem der Betende hier zu Gott redet.

Schulden haben und Schulden erlassen bekommen, das gehörte im Volke Israel zum alltäglichen Leben. Dem anderen etwas leihen und das Geliehene nicht zurückfordern, machte geradezu einen Wesensaspekt gelebter jüdischer Spiritualität aus. Hatte der Nachbar für heute kein Brot – oder kein Geld, um die nötigen Nahrungsmittel zu kaufen –, so war es für den, der im Augenblick reichlicher besaß, ein zur Selbstverständlichkeit gewordenes Gebot, ihm und seiner Familie über den nächsten Tag zu helfen; und hatte sich einer in der Not das Not-Wendende geborgt, konnte seine Schulden aber nicht begleichen, ohne von Neuem und noch tiefer in Not zu geraten, so erließ sie ihm der mitfühlende Mitmensch, gewiss in der Erwartung, dass auch ihm selbst einmal die Schulden erlassen würden, käme er in eine ähnliche Situation. – Das ist das Bild, das Kurz-Gleichnis, mit dem Jesus hier betet, ein Vergleich aus dem Alltagsleben des jüdischen Volkes. Das Bild vom Schulden-Haben und Schulden-Erlassen gebraucht Jesus auch sonst in seinen Gleichniserzählungen mehrfach (z. B. Mt 18, Lk 7 u. 16). Worin aber besteht die damit gemeinte Aussage, konkret in diesem Vers?

Wer so betet, meint, bei Gott Schulden zu haben. Er weiß: Gott hat ihm etwas gegeben, viel gegeben – und das kann er nicht zurückzahlen, nie und nimmer zurückzahlen. Ein auch in diesem Fall wahrhaft „existenzerhellendes" Bild! Um es zu verstehen, muss man sich bewusst machen – und genau das liegt wohl in der Absicht Jesu, wenn er auch andere so zu beten lehrt –, dass alles, aber auch alles, was wir Menschen sind und haben, ein Geschenk ist. Das ganze Dasein ist verdankte Existenz. Allein schon dass ich lebe, habe ich nicht „selbst gemacht", auch meine Eltern sind dafür nicht die letzte Ursache. Meinen Leib, meine Seele, meinen Geist und meinen Verstand, meine Begabungen (Gaben!) und Anlagen … – alles habe ich empfangen, ohne selbst etwas dafür getan zu haben. Meine Freundinnen und Freunde, Menschen, die mich lieben, und Menschen, die ich liebe, die Kultur, in die ich hineingeboren bin … – all das habe ich nicht gekauft. Und was ich mir erworben und erarbeitet habe, mein Wissen und meine Fertigkeiten, meinen Lebensstand und meinen Lebensstandard, ist, wenn ich ein wenig tiefer hinschaue und an die Voraussetzungen denke, die mir das alles möglich machten, nicht Selbstverständlichkeit und letztlich ebenfalls nicht eigenes Verdienst. Schon die Tatsache, dass es, wie die Philosophen sagen, „überhaupt etwas gibt und nicht nichts“, ist Grund zum Staunen …

Wer solchen Gedanken einmal nachgeht, wird sich der Realität seines Daseins auf ganz neue Weise bewusst. Er wird ein Gefühl von Dankbarkeit empfinden gegenüber dem großen Geheimnis des Lebens, das ihn und alles Sein umfängt. Ist dieses Empfinden tief genug, so werde ich wissen: *Das „große Geheimnis des Lebens“ hat etwas gut bei mir* … Es ist dies ein ähnliches Empfinden, wie wenn ich an einen Menschen denke, dem ich viel, sehr viel zu verdanken habe: Er hat etwas gut bei mir. Es ist, als hätte ich bei ihm Schulden, einen großen Berg von Schulden … „Ich stehe in deiner Schuld“, pflegt in solcher Situation auch der deutschsprachige Mund zu sagen.

Die Liebenden kennen diese „Schulden“ als ein noch tieferes Empfinden in ihren Herzen: Wenn da einer ist, der mir alles bedeutet und mich reich macht über alles, einfach durch sich selbst und weil er ist, der er ist, und wenn dieser Mensch mich liebt, wirklich mich – dann werde ich nicht nur Dankbarkeit fühlen; dann möchte ich diese Liebe erwidern, das mir geschenkte Glück in gleichem Maß zurückgeben – und kann es doch nie genug! Es bleiben Schulden, *Liebesschulden* …

Jesus blickt zu Gott hin, wenn er in seinem Unser Vater von Schulden spricht. Das „große Geheimnis des Lebens“, vor dem er dankbar, staunend steht, hat für ihn einen Namen. Es ist ein Gott, der ihm so viel bedeutet, dass er ihn nur mit dem schönsten, vertraulichsten Wort anreden kann, das er in seiner Seele findet: „Abba, du …“ – „Du bist mein geliebter Sohn“, hört er in seinem Herzen ihn sagen (Mk 1,11), zu ihm, Jeschua aus dem unbedeutenden Nazareth – und „mein geliebter Sohn“ und „meine geliebte Tochter“ auch zu all den Typen und Originalen um sich herum … Er möchte ihm antworten, seine Dankbarkeit zeigen, die Liebe in gleichem Maß erwidern – und steht doch vor ihm da in nie begleichbaren Liebesschulden …

Abba, du … möchte er ihm sagen … könnten wir doch wenigstens in etwa auch dir geben, was du uns gibst; könnten wir doch in etwa für dich sein, was du für uns bist! Und er betet, um dieses tiefe, in Worte so schwer fassbare Empfinden auszudrücken, mit einem Vergleich aus seiner und seines Volkes Erfahrungswelt: *„Abba, du, so wie wir untereinander unsere Schulden erlassen, so erlass auch du uns unsere Liebesschulden! Hilf uns, dir wenigstens in etwa wiederzugeben, was du bei uns gut hast …!“*

Wir haben in diesem Vers des VATERUNSERS – *so* betrachtet – wiederum keine Bitte vor uns. Es handelt sich vielmehr um eine *Liebeserklärung*, und zwar im tiefsten Sinne des Wortes. Was Jesus hier als eines der Hauptthemen in seinem Umgang mit Gott in sein „Mustergebet“ aufgenommen hat, ist vergleichbar dem nie endenden Gesprächsthema der Liebenden aller Zeiten. „Du, könnte ich dir doch noch viel, viel mehr sagen und zeigen, was du mir bedeutest!“, sagt da der Geliebte zur Geliebten, und wenn die Geliebte ihm antwortet: „Du sagst es mir doch und du zeigst es mir doch …“, so wird er erwidern: „Ja, aber das genügt bei Weitem nicht! Noch viel mehr möchte ich es dir sagen, es dir zeigen, denn noch viel mehr bist du es wert …!“

Im *Herzen* Jesu, nicht in den stammelnden Worten vom Schulden-Erlassen, für die wir heute vielleicht andere (nicht weniger stammelnde) Worte und Bilder finden würden, ist die Lebensschule zu suchen, die uns eine neue – *seine* – Art, Mensch zu sein, lehrt …

Wenn aus Schulden Schuld wird

In der Überlieferung des Lukasevangeliums sind aus den Schulden *Sünden* geworden. Dafür gibt es, zunächst rein sprachlich betrachtet, folgende Erklärung:

Ähnlich wie im Deutschen klang für die aramäisch sprechenden Juden und jüdischen Christen im Wort „Schulden“ – *choba* – auch das Wort „Schuld“ mit an; Belege dafür, dass derselbe Ausdruck beide Bedeutungen hatte, fand man in der rabbinischen Literatur des 1. Jahrhunderts.[311] Das griechische Wort, mit dem das aramäische „choba“ übersetzt worden war, hat einen ähnlichen Charakter: im Singular *ofeilé* meint es Schuld, im Plural *ofeilémata* Schulden. Aus Gründen, denen wir noch nachgehen werden, wollten die Lukas-Christen nun den zweiten Wortsinn – Schuld – stärker betonen. Der bisherige griechische Begriff in der Singularform (ofeilé) war aber ein im Alltagsleben kaum gebrauchtes Wort; wollte man von Schuld oder Sünde sprechen, benutzte man normalerweise andere Wörter. Also haben die Lukas-Christen „den ungewöhnlichen Sprachgebrauch präzisiert“ (Heinz Schürmann)[312] und das im griechischen VATERUNSER zunächst (eventuell aus der LOGIENQUELLE, vgl. Kap. 3) übernommene Wort „Schulden (ofeilémata)“ in „Sünden (hamartía)“ umformuliert.

Das Verb „erlassen (griechisch: afiénai)“ konnte dabei durchaus stehenbleiben, denn es bedeutet im griechischen Sprachempfinden auch so viel wie „fallenlassen, ablassen, weglassen“. Man konnte den ersten Teil des Verses dann etwa so hören: „Lass uns unsere Sünden ab …“. Auch in der zweiten Vershälfte klang dann dieser Wortsinn nach: „… wie auch wir (sie) unsern Schuldnern/Schuldigern (ofeilétais) ablassen“. Und damit auch die „Schuldner“ auffallender als „Schuldige“ verstanden werden konnten, formulierte man den ganzen Nachsatz um, indem man aus dem Substantiv ein Verb, genauer: eine partizipiale Verbform (ofeílonti), machte, die in dieser Gestalt desselben Wortstamms für das gewöhnliche Sprachempfinden mehr nach „schuldig sein“ als nach „etwas schulden“ klang. Nun konnte man den ganzen Vers etwa so hören: „Lass uns unsere Sünden ab, denn auch wir lassen jedem ab, der an uns schuldig geworden ist.“ Diese Umformulierung wurde so geschickt vorgenommen, dass der ursprüngliche Wortklang fast erhalten blieb und die Beter noch immer den anderen Sinn des Verses, das Schulden-Erlassen mit dem nachgestellten Vergleich aus der zwischenmenschlichen Schulden-Erlass-Praxis, heraushören konnten. Lediglich das Wort „Sünden" musste bei dieser Betrachtungsweise vom Betenden innerlich in „Schulden" zurückübersetzt werden: „Erlass uns unsere Sünden (in Gedanken: unsere Schulden), denn auch wir erlassen jedem, der uns etwas schuldet."

Eine ähnliche, wenn auch weniger konsequente Umformulierung finden wir übrigens auch in der Fassung der DIDACHE. Sicherlich aus Respekt vor dem überlieferten Text hat man dort nur die „Schulden" zur „Schuld (ofeilé)" gemacht. Aber auch dadurch wurde der Akzent auf den zweiten Bedeutungsgehalt des Verses gesetzt.

Der tiefere Grund für diese „Präzisierung" ist natürlich wiederum in den Herzen derer zu suchen, die das VATERUNSER Jesu zu ihrer Gebets- und Lebensschule machten. Ich kann mir gut vorstellen, was in den Christen, die das Kurz-Gleichnis vom Schulden-Erlassen meditierten und dann mitzubeten versuchten, vorgegangen sein mag. Wenn ich mir bewusst mache, dass ich alles, was ich bin und habe, mich selbst, meine Freunde, meine wie durch ein Wunder wiedererlangte Gesundheit, meinen Glauben, ja sogar Gott (!) … wenn ich mir also bewusst mache, dass ich all das diesem Abba-Gott verdanke, und wenn ich diese Dankbarkeit mit *meinen* Worten und aus meinem *Herzen* heraus zum Gebet mache, also zu Gott *hin* sage – dann meldet sich jene innere Stimme, die mich fragt: Schulden? Hast du wirklich „nur" Schulden bei Gott? Und (fast) alle meine Sünden fallen mir ein … – Ich kann dann gar nicht anders, als auch von meiner *Schuld* zu sprechen; und das sage ich, will ich ehrlich bleiben vor Gott, lieber im Klartext: *Sünden* habe ich vor dir, Abba-Vater, nicht nur Schulden! Aus meiner „Liebeserklärung" wird nun doch eine *Bitte*, eine *Bitte um Vergebung*.

Diese Bitte um Vergebung finde ich noch besser und klarer als bei Lukas in den Worten vorformuliert, die ich im heute gebräuchlichen, kirchlichen VATERUNSER bete und schon im Kindesalter lernte: „*Vergib* uns unsere *Schuld* …"

Ich kann auch gut verstehen, warum hier aus dem Nebensatz ein zweiter „Hauptsatz" geworden ist, ein Satz mit einem eigenen Thema, das doch so ganz zum ersten Satz mit hinzugehören muss: „… wie auch *wir vergeben* unsern *Schuldigern*." Denn Gott um Vergebung *meiner* Schuld zu bitten, wäre noch immer nicht ehrlich, wenn ich nicht auch selbst darum bemüht sein wollte – wenigstens darum bemüht sein *will*! –, dem zu vergeben, der das Talent hatte, *mir* zu missfallen.

Es ist sicherlich richtig, dass das Anliegen des Lukas im Laufe der Jahrhunderte im PATERNOSTER und in den volkssprachlichen VATERUNSER-Fassungen noch „präziser" formuliert, das Wort „erlassen" durch „vergeben" ersetzt, die „Sünden" in den noch umfassenderen Begriff „Schuld" umgewandelt und der „Schuldner" eindeutiger als „Schuldiger" gekennzeichnet wurde. An Klarheit und Verständlichkeit lässt der Vers in dieser heutigen Fassung, wie einleitend schon gesagt, kaum etwas zu wünschen übrig. Schade ist allerdings, dass nun der andere, im VATERUNSER, wie Jesus es beten lehrte, mitenthaltene Sinn verloren gegangen ist. Seit fast zwei Jahrtausenden, von den Vätertheologen bis heute, hat die einseitige Auslegung dieses Verses als Vergebungsbitte seinen wenigstens ebenso tiefen Sinngehalt als „Liebeserklärung" verdrängt. Und wenn derzeit in den Kirchen allenthalben Klage geführt wird, die Christen hätten kein Schuld-Bewusstsein mehr: Ob das nicht auch damit zusammenhängt, dass ihnen das *Schulden*-Bewusstsein nicht mehr vorgebetet wird?

Auch die heutigen Bibelwissenschaftler sind nur Menschen. Obwohl sie in ihren Kommentaren und Studien zum VATERUNSER in detailliert begründeten Analysen den von Jesus selbst intendierten zweifachen Sinn des Verses herausgearbeitet und dabei erkannt haben, dass der Nachsatz als ursprünglich zum Bild vom Schulden-Erlassen gehörend betrachtet werden müsse, so übersieht doch der eine oder andere, dass man folgendermaßen *nicht* argumentieren darf:

Die Matthäus-Christen beteten: „Erlass uns unsere Schulden, wie auch wir (sie) unsern Schuldnern erlassen *haben*." Versteht man den Vers nun auch – auch!, was völlig korrekt und in der Meinung Jesu ist – im ersten wie im zweiten Teil unter dem Aspekt der Schuld- und Sündenvergebung, so entsteht der Eindruck, als hätte

Jesus die Erhörung meiner Bitte um Vergebung der Sünden an eine Bedingung geknüpft: dass ich schon *zuvor* meinen „Schuldigern" vergeben *habe*. In der Tat steht das zweite „erlassen" bei Matthäus in der vollendeten Vergangenheitsform. So fragt Heinz Schürmann: „Gibt der Nachsatz die Voraussetzung an, unter der Gott zum Vergeben bereit sein wird? Ist Gottes Vergeben an die Bedingungen einer menschlichen Leistung geknüpft?"[313] Mein hochgeschätzter Lehrer bejaht diese Frage und ist der Auffassung, „dass Gott die Vergebung der Schuld an eine unabwendbare Bedingung geknüpft hat: dass auch wir vorher vergeben haben unsern Schuldnern".[314] Ähnlich, wenn auch vorsichtiger, äußert sich Joachim Gnilka: Der Nachsatz sei zwar „zunächst ein Vergleich", könnte aber „auch begründend interpretiert werden", sodass „der Mensch die Bitte um Vergebung nur dann vor Gott aussprechen (darf), wenn er seinerseits vergeben hat".[315] – Es besteht kein Zweifel, dass Matthäus selbst genau dieser Auffassung war. Unmittelbar nach dem letzten Wort des VATERUNSERS folgt bei ihm nämlich die eindeutige Bestätigung dafür. Hier lässt er Jesus sagen: „Denn wenn ihr den Menschen ihre Verfehlungen vergebt, dann wird euer himmlischer Vater auch euch vergeben. Wenn ihr aber den Menschen nicht vergebt, dann wird euch euer Vater eure Verfehlungen auch nicht vergeben" (Mt 6,14 f.). Auch Hubert Frankemölle kommentiert, bezugnehmend auf diese Sätze, ähnlich wie seine älteren Kollegen: „Unmissverständlich wird dem Leser noch einmal klar: Das Verhalten Gottes folgt dem Verhalten der Beter; menschliches Vergeben ist Bedingung für göttliches."[316]

Also ist der Gott Jesu doch nicht der Abba bedingungsloser Liebe? Ich erlange also nur Vergebung von Gott unter der Bedingung, dass ich es zuvor geschafft habe, meinen Peinigern zu vergeben?

Meiner Meinung nach wird hier von den Kommentatoren nicht klar genug unterschieden, was die Auffassung Jesu und was die Meinung des Matthäus ist. Denn weder die vollendete Vergangenheitsform „erlassen haben" noch die genannten, unmittelbar auf das VATERUNSER folgenden Sätze können so, in den von Matthäus niedergeschriebenen Formulierungen, von Jesus sein.

Was das „erlassen haben" betrifft: Weder Lukas noch die DIDACHE kennen diese Vergangenheitsform. Bei Lukas heißt der Vers: „Und erlass uns unsere Sünden, *denn* auch wir *erlassen* jedem, der uns etwas schuldet." Hier steht das zweite „erlassen" in der Gegenwartsform (!), und der ganze Nachsatz ist durch das „denn" eindeutig als zum Vergleich, als zum ursprünglichen Kurz-Gleichnis gehörend erkennbar. Obwohl Lukas statt von „Schulden" von „Sünden" spricht, also den Akzent auf die Schuldvergebung verlagert, lässt seine Formulierung des Nachsatzes doch nicht erkennen, dass die Vergebung Gottes an die Bedingung geknüpft sei, dass wir zuvor erlassen bzw. vergeben *haben* müssen. Seine Formulierung kann, unter diesem Aspekt verstanden, lediglich so gedeutet werden, dass (wie schon oben gesagt) *um Vergebung bitten* und *selbst vergeben* zusammengehören – nicht aber, dass mein Vergeben, ja sogar mein Vergeben-Haben die Bedingung wäre, um bei Gott Vergebung zu erlangen. Martin Forward zum Beispiel, der britische Bibeltheologe aus einer Methodistischen Kirche, kommentiert meines Erachtens völlig richtig: „Lukas impliziert nicht, dass das Verzeihen Gottes davon abhängig sei, ob der Mensch den anderen verzeihe. Vielmehr ist es so, dass wir erst durch unser Vertrauen auf Gott und dadurch, dass wir ihn als den Verzeihenden erleben, fähig werden, unsererseits zu verzeihen und Verzeihung zu suchen."[317]

Wie gesagt, auch die DIDACHE kennt diese Bedingung nicht; auch hier steht der Nachsatz in der Gegenwartsform: „Und erlass uns unsere Schuld, wie auch wir (sie) unsern Schuldnern *erlassen*." Wäre den Autoren des Lukasevangeliums und der DIDACHE eine solche Bedingung im VATERUNSER Jesu überliefert worden, so hätten sie sie gewiss nicht weggestrichen! Matthäus muss das „erlassen *haben*" also eigenmächtig, aus welchen Gründen auch immer, hinzugefügt haben.

Und was die bei Matthäus direkt auf das VATERUNSER folgenden Sätze betrifft: Sie sind allein schon formal und sprachlich betrachtet als Hinzufügung zu erkennen. Wären sie „echt", dann hätte sie Jesus noch im Redefluss seines Gebetes, gewissermaßen ohne Atempause, gleich an das VATERUNSER angeschlossen. Es ist, wenn man sein

Gebet bis zum Schluss mitbetet und innerlich mitvollzieht, auch inhaltlich überhaupt nicht denkbar, dass Jesus so zwiespältig geredet hätte! Diese beiden Sätze wirken in der Tat, wie Hubert Frankemölle schreibt, wie „eine Fußnote zur Vergebungsbitte“.[318] Nur: Diese „Fußnote“ hat nicht Jesus angefügt, sondern Matthäus. Hier gibt Matthäus nicht die Auffassung Jesu wieder, sondern seine eigene, eventuell von ähnlich lautenden alttestamentlichen Sätzen her geprägte Sicht.

Gewiss entspricht es ganz und gar der Glaubenssicht Jesu, dass *Gott um Vergebung bitten* und *den eigenen Schuldigern vergeben* zusammengehören, so wie für ihn auch die Liebe zu Gott und die Liebe zum Nächsten – ja sogar zu den „Feinden“ – im Menschen eine untrennbare Einheit bilden müssen (vgl. Mt 22,39); mehr noch: So wichtig ist für Jesus dieser Zusammenhang, dass er sogar sagen kann, wie Matthäus selbst überliefert: „Wenn du deine Opfergabe zum Altar bringst und dir dabei einfällt, dass dein Bruder etwas gegen dich hat, so lass deine Gabe dort vor dem Altar liegen; geh und versöhne dich zuerst mit deinem Bruder, dann komm und opfere deine Gabe“ (Mt 5,23 f.). Aber Jesus macht daraus keine Bedingung, von der Gottes Vergebung abhängig wäre! Handle ebenso wie Gott; wie Gott zu dir ist, so sei auch zu deinem Mitmenschen, *das* ist seine Lebensschule! – Joachim Gnilka spricht hier, ebenso wie schon Joachim Jeremias[319], völlig richtig von Vergebungs*bereitschaft*.[320] Und das ist durchaus im Sinne Jesu! „Auf keinen Fall“, so stellt er darüber hinaus klar, „bedeutet dies, dass der Mensch mit seiner Vergebungsbereitschaft eine Leistung erbringt, mit der er die Vergebung seiner Schulden von Gott fordern könnte.“[321]

Wir haben es bei diesem VATERUNSER-Vers in der Matthäus-Fassung mit einer von jenen neutestamentlichen Bibelstellen zu tun, die – wie uns Eugen Biser erklärte (s. Kap. 4) – von der *Mitte* der Botschaft Jesu her, von seiner Abba-Verkündigung her also, verstanden werden müssen; von dieser Mitte her aber entpuppen sich die angehängte „Fußnote“ wie auch das „erlassen haben“ als *Miss*verständnis der Botschaft Jesu durch Matthäus. Sie müssen daher korrigiert werden.

Wie schwer, ja geradezu unmöglich wäre das VATERUNSER an dieser Stelle zu beten, wenn der Vers tatsächlich so verstanden werden müsste: „Vergib uns unsere Schuld, wie auch wir unsern Schuldigern vergeben *haben*." Jeder ehrlich Betende weiß doch, dass Vergeben unter Umständen gar nicht so einfach ist. Tiefe Verletzungen brauchen manchmal eine lange Zeit, bis nicht nur die Einsicht und der Wille, sondern auch das verwundete Herz wirklich sagen kann: Ich *habe* vergeben. Wie viel Verunsicherung, Seelennot und innere Qual ist dort entstanden, wo eine solche Interpretation weiterverbreitet und als „Wort Gottes" verkündet wurde! Diese Interpretation ist falsch. Sie entspricht nicht dem Gottes- und Menschenbild Jesu.

Wie barmherzig und realitätsbezogen klingt da das Zugeständnis des großen Meister Eckhart, der, gewiss etwas eigenwillig und durchaus anfragbar, kommentiert: „(Es) ist zu bemerken, dass uns durch diese Bitte nicht befohlen wird, unsere Feinde zu lieben. Denn Gott will, dass wir vergeben, wie er uns vergibt. Er aber vergibt uns, wenn wir bitten und um Vergebung beten. Es genügt also, wenn wir dem vergeben, der bittet und (bei uns) um Vergebung heischt."[322]

Gut, dass die kirchliche Fassung des PATERNOSTER schon seit den Tagen des Ambrosius an dieser Stelle dem Lukasevangelium und der DIDACHE folgt: „… dimitte nobis debita nostra, sicut et nos dimittimus debitoribus nostris – vergib uns unsere Schuld, wie auch wir vergeben unsern Schuldigern." Und vielleicht werden spätere Theologen bei einer ökumenischen Neufassung des deutschen VATERUNSER-Textes dem Rat folgen, den ihnen Ferdinand Urbanek, der Sprachwissenschaftler und Fachmann der Germanistik, gegeben hat: „Der Unterschied zwischen göttlichem und menschlichem Vergeben sollte weiterhin herausgestellt werden durch die Änderung des allzu selbstsicher klingenden harten Indikativs im bisherigen Wortlaut ‚wie auch wir *vergeben* unsern Schuldigern' in den lediglich die gute Absicht ausdrückenden Voluntativ ‚wir *wollen* vergeben'."[323]

Ich selbst halte mich in dieser Frage an das eindeutige und unangreifbare Wort aus dem Ersten Johannesbrief: *„Gott ist größer als unser Herz, und er weiß alles"* (1 Joh 3,20). Und wenn ich das bedenke, dann wird mir klar: Die Bitte um Vergebung meiner und unserer Schuld ist wohl doch keine Bitte. Was Jesus schon in seiner Liebeserklärung mit anklingen lässt, und was sich frühe Christen als Vergebungsbitte zurechtgebetet haben, ist ein *Ausdruck tiefen Vertrauens*: dass nämlich *Gott* mir immer schon längst vergeben *hat*, dass ich *trotz* meiner Verfehlungen und Unterlassungen und *obwohl* mein Herz einem anderen nicht so schnell verzeihen kann, mit ihm leben – ja sogar *in* meinen Sünden mit ihm in Beziehung bleiben darf … Dieses Vertrauen erst gibt mir die Kraft und macht es mir möglich, „vollkommener" zu leben, „die Sünde zu meiden", die Verletzungen im Herzen nicht selbstmitleidig zu pflegen – und dann auch meinen Schuldigern etwas „schneller" zu verzeihen. Umso mehr kann ich auch die *Liebeserklärung* Jesu an den Abba-Gott von Herzen mitsprechen.

Nicht Sünder sind wir, sondern Geliebte

Wie sich zeigt, lohnt es sich auch in „Glaubensdingen", „den Dingen auf den Grund zu gehen". Gerade die Bibelwissenschaft und die Theologie der Spiritualität halten Erkenntnisse bereit, die Wesentliches dazu beitragen können, den christlichen Glauben wieder in seiner Ursprünglichkeit, von seinem „Grund" her zu verstehen. Und an der Quelle sind die Wasser frisch. Von der Quelle her kann sich am ehesten erneuern, was im Laufe der Jahrhunderte ausgetrocknet und erstarrt ist. Manches in unserem Glaubensverständnis ist freilich inzwischen dermaßen in die Schieflage geraten, dass nicht nur Auffrischung, Erneuerung und Vertiefung vom Quellgrund her nottut, sondern sogar dringende Korrekturen angesagt sind.

So vermittelt zum Beispiel bis in unsere Tage hinein eine bestimmte Richtung der Glaubensverkündigung – im protestantischen wie im freikirchlichen oder katholischen Raum – den Christen den Eindruck, als sei die Beziehung zwischen Gott und Mensch grundsätzlich ein *Verhältnis zwischen Gott und dem Sünder*. Noch Romano Guardini schreibt, das „Vaterunser mahn(e)“ uns, „zu erkennen, dass wir nicht nur Sünden getan haben, sondern Sünder sind“, und „Christsein heiß(e) ja doch, immerfort aus der Schuld, der einen, großen, samt alledem, was sie an einzelner Schuld umschließt, zu Gott zu kommen“.[324] Hier ist eine Korrektur notwendig. Der VATERUNSER-Vers, dem wir gerade auf den Grund gegangen sind, macht sie möglich.

Mit einem Tafelbild versuche ich in meinen Vorträgen den Exerzitienteilnehmern diese vereinseitigte und dadurch unheilvoll sich auswirkende Sicht folgendermaßen bewusst zu machen:

Gott
der Richter / der Barmherzige / der Gnädige

↑

Jesus Christus
der Erlöser

↑

Kirche
die Priesterschaft, die Gottes Gnade vermittelt

↑

Mensch
der Sünder

Der *Mensch* ist in diesem Schema zuallererst ein Sünder, ja geradezu „von Natur aus“ ein sündiges Geschöpf, das den Zorn Gottes verdient hat. *Gott* ist der Richter über unsere Taten, der uns straft oder – unter bestimmten Bedingungen – Gnade über uns walten lässt. Religiöses Leben besteht vornehmlich darin, gehorsam Gottes Forderungen zu erfüllen, sich dennoch stets als Sünder vor Gott zu wissen und mit zerknirschtem Herzen aus der Tiefe der Unwürdigkeit um Vergebung und Gnade zu rufen. *Jesus Christus* ist in dieser Glaubenssicht zuerst und vor allem der Erlöser aus Schuld und Sünde, der durch sein stellvertretendes Sühneleiden am Kreuz Gottes Zorn über den Menschen besänftigt und abgewendet, für uns Genugtuung geleistet und uns Sünder wieder mit Gott versöhnt hat. Durch die Vermittlung der *Kirche* – sprich: der Priester –, konkret durch den Empfang der Taufe, die unsere Erbschuld abwäscht, und durch das Bußsakrament, das uns die Vergebung der nach der Taufe begangenen Sünden ermöglicht, muss der Mensch darum bemüht sein, an den Verdiensten des Erlösers Anteil zu erlangen und in Gott den Gnädigen und Barmherzigen zu finden ... Alle Bereiche des religiösen Lebens, der Liturgie, der Seelsorge und der Sakramentenpastoral gestalten sich dann mehr oder weniger auf dieser Grundschiene. Über Jahrhunderte hin war die christliche Spiritualität dadurch geprägt. So mancher „Seelenführer" meinte dem, der bewusst religiös leben wollte, raten zu müssen, jedes Gebet mit einer Gewissenserforschung zu beginnen; ohne sich als abgrundtief schuldiger Sünder vor Gott zu wissen, dürfe man nicht wagen, die Augen zu ihm zu erheben. Auch in vielen anderen Bräuchen, in Liedern und Gebeten kommt dieses Grundmodell zum Ausdruck.

Danach schreibe ich ein anderes Modell an die Tafel. Der Mensch blickt hier nicht aus der Tiefe seiner Sündenverfallenheit hinauf zum Gott in der Höhe und ruft um Gnade und Barmherzigkeit, sondern ist „auf gleiche Augenhöhe", mit allen Christen zusammen die Kirche bildend, neben Gott gestellt; er ist für Gott nicht der Sünder, sondern *der Geliebte* – der geliebte Sohn und die geliebte Tochter –, der freilich *auch* ein Sünder ist, einer, der in seiner Unvollendetheit Gutes unterlassen und Böses tun kann. Gott ist in dieser Glaubenssicht nicht der Straf-Richter, sondern *der bedingungslos Liebende*, der Abba, der angesichts der Sünde des Menschen *auch* ein Richter, aber ein *Gerade-Richter* ist, ein Gott, der seine Gnade schenkt,

„Gnade“ nun verstanden im biblischen Sinne dieses Wortes: *charis – Liebe, aufrichtende, befreiend-erlösende Liebe.* Jesus Christus steht auch hier „zwischen“ Gott und den Menschen, aber nicht als Erlöser aus Schuld und Sünde zuerst, sondern als das „Fenster“, durch das hindurch wir Menschen auf den Abba blicken können. Er ist zuallererst *der Offenbarer der Liebe Gottes und der Würde des Menschen*, der *dadurch* zu unserem Erlöser geworden ist: zum Erlöser aus der Knechtschaft und Sklaverei des ambivalenten Gottesbildes und zum Erlöser aus der quälenden Sorge, ob und wie wir denn bei Gott „Gnade finden“ werden. Die Kirche ist nun nicht mehr, in völlig verengter und unbiblischer Sicht, die Priesterschaft der Gnadenvermittler, sondern *die Gemeinschaft all derer, die sich von Gott „begnadet“, sprich: geliebt wissen*, nicht als in sich abgeschlossene Gruppe, sondern offen für alle Menschen auf dieser Erde, die um nichts weniger zu den geliebten Söhnen und Töchtern des Abba-Gottes Jesu gehören. Die Taufe, die ich vier Wochen nach meiner Geburt empfangen habe, hat nicht meine Sünden abgewaschen – weder die eigenen, die ich damals noch nicht begehen konnte, noch die angeblich „ererbten“; sie steht vielmehr als das große „heilige Zeichen“ über meinem Lebensweg, dass ich *trotz aller späterer Verfehlungen ein geliebter Sohn des göttlichen Vaters bin und bleiben werde*, und dass kein noch so schlimmes „Erbe“, dem ich je ausgesetzt sein würde in der Welt der Unvernunft und des Bösen, Gott dazu bewegen wird, über mich den Stab zu brechen. Das Bußsakrament, das die katholische Kirche nach dem Zweiten Vatikanischen Konzil eine „Feier der Versöhnung“ nennt, war mir immer dann eine kostbare Hilfe, wenn mir ein Mensch aus der Gemeinschaft der Kirche sagen konnte, was mir in dunklen Stunden selbst nicht mehr vorstellbar schien: *Du bist dennoch wertvoll und Gott steht trotz allem zu dir!* – Wer Gott und Mensch so, mit den Augen Jesu, sehen gelernt hat, wird Gebet und Gottesdienst, wenn aktuell Anlass dazu gegeben ist, *auch* einmal mit einem (dann aber ehrlich gemeinten!) Schuldbekenntnis beginnen. Vor allem aber wird er das tun, was die geistliche Tradition der Kirche *Vergegenwärtigung Gottes* nennt: Er wird, wenn er betet und mit anderen zusammen Gottesdienst feiert, zuallererst bewusst *an ihn „denken“,* sich von innen heraus zu dem hinwenden, den Jesus mit „Abba, lieber Vater, du“ anzureden lehrt.

Alles, aber auch alles im Leben aus dem Glauben, in der Beziehung zwischen Gott und Mensch und Mensch und Mensch wird dann aufgerichtet aus der Schieflage und erfährt eine erfrischende Korrektur … – Hier also das zweite, korrigierte Tafelbild:

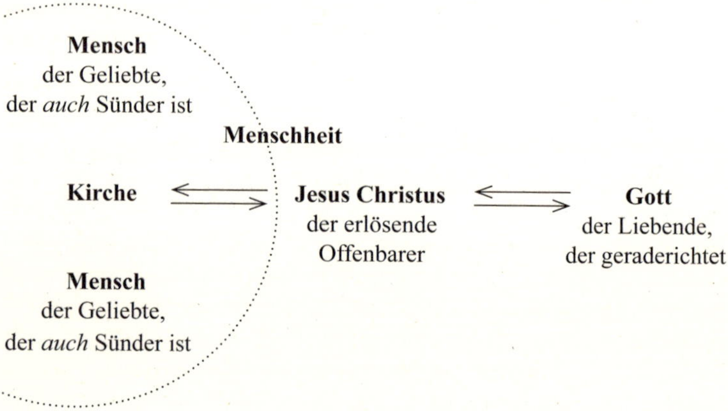

„Ich habe euch Freunde genannt“ (Joh 15,15), sagt Jesus den Jüngern. Mehrfach hat Paulus seine Christengemeinden daran erinnert, sie seien „von Gott geliebt“ (Kol 3,12; Röm 1,7), und das gelte selbst für die Menschen, die sich als „Feinde Gottes“ verhalten (Röm 11,28). Karl-Heinz Menke schreibt:

> „Wenn es einen Grundzug des historischen Jesus gibt, der auch unter den Exegeten völlig unbestritten ist, dann die Tatsache, dass Jesus jeden einzelnen Menschen so angeschaut hat, dass er sich nicht nur ganz und gar durchschaut, sondern – wenn dieser Ausdruck erlaubt ist – auch ganz und gar ‚durchliebt‘ wusste. Das gilt nicht nur von den Zwölfen. Das gilt auch von dem Zöllner Zachäus, von der Ehebrecherin und dem Schächer, der neben ihm gekreuzigt wurde.“[325]

Der Vers im VATERUNSER, in dem Jesus von „unsern Schulden" spricht, ist – in seiner Ursprünglichkeit wiederentdeckt – tatsächlich „existenzerhellend": Hier lässt Jesus nicht den Sünder beten, sondern *den Geliebten mit seinen Liebesschulden, der auch ein Sünder ist.* Und weil hier ein Sünder betet, der sich als Geliebter weiß, ist dieser Vers mehr als eine *Bitte* um Vergebung. Hier betet, im Geiste Jesu, vielmehr einer, der darum weiß, dass ihm längst vergeben *ist*! Dieser Vers ist *Ausdruck der Vergebungsgewissheit.*

So bleibt es also dabei: An dieser Stelle seines UNSER-VATER-GEBETES animiert uns Jesus zuallererst zu einer Liebeserklärung, zur *Liebeserklärung eines staunend-dankbaren Schuldners*, freilich eines immer wieder auch *schuldig gewordenen Schuldners.* Wäre der Vers zuerst oder gar allein eine Vergebungsbitte, wie wäre es dann möglich, das VATERUNSER „drei mal täglich" (DIDACHE, s. Kap. 3) zu beten? Wie sollte ich dann in meinem Klosterkonvent aufrichtig und im vollen Bewusstsein, was ich da sage, von den Laudes am frühen Morgen bis zur Komplet am Abend immer wieder erneut darum bitten, Gott möge mir und uns vergeben?! Wenn ein Beter – vorausgesetzt, er „plappert" nicht gedankenlos daher – vor Gott an sich selbst zuerst denkt, dann ist dies freilich möglich; es gibt ja durchaus immer etwas, was wir heute, zumindest aber vorvorgestern falsch oder doch unvollkommen getan oder was wir an Gutem nicht oder zu wenig getan haben. Wenn ich aber zuallererst an Gott denke, wie Jesus das gleich zu Beginn seines Gebetes lehrt, und zwar an den Abba-Gott, den Gott, der mich – obgleich er mich „durchschaut" – voller Liebe *an*schaut, *kann* ich nicht „dreimal täglich" um Vergebung bitten! Es wäre ja dann ein Ausdruck dafür, dass ich ihm nicht so recht glaube, dass er mir schon nach der ersten Vergebungsbitte am Morgen, ja immer schon längst vergeben hat! Mehr noch: dass er mich trotz meiner Unvollkommenheit überaus gern hat! Würde ein Freund, dem ich vergeben habe, jede Begegnung zwischen uns von Neuem damit beginnen, sich anzuklagen und mich um Vergebung zu bitten, so würde ich ihm, mit Verlaub gesagt, in eine geeignete Stelle treten! Der Jesus-Jünger darf, obwohl er ein unvollkommener Mensch, ein schuldiger

Schuldner ist und bleiben wird, aufrecht stehen und aufrecht einhergehen vor Gott.

An meine Tafel schreibe ich für „Sünder“ ein großes S – und um das S herum ein noch größeres G für „Geliebter“: Das ist der Mensch, wie Jesus ihn sieht. Und dann ein großes A für „Abba“, darin ein X, den griechischen Anfangsbuchstaben von „cháris (χαϱις)“ und von „Christós (Χριστός)“, weil in Gott nichts als *Liebe* ist; die Liebe, die Jesus *Christus*, der „im Herzen des Vaters ruht“ und von ihm „Kunde gebracht hat“ (Joh 1,18), für alle Welt offenbart hat:

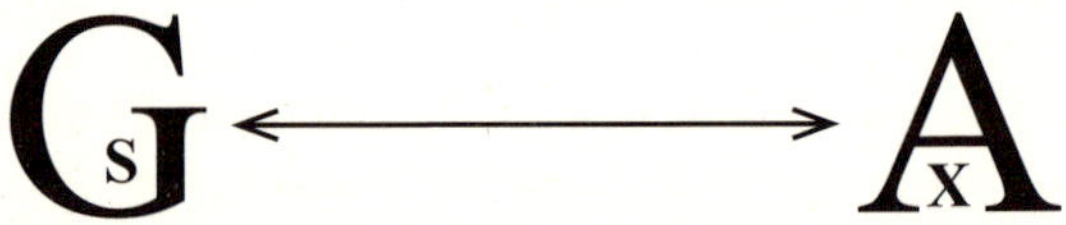

Bilder haben Grenzen, auch meine Tafelbilder, das weiß ich. Manches könnte und müsste hier noch eingefügt und ergänzt werden; und dann blieben sie immer noch zu klein und zu unvollkommen angesichts der Größe Gottes und der Würde des Menschen. Aber in die richtige Richtung müssen sie weisen – so wie das Bild von den *schuldigen Schuldnern*, mit dem Jesus uns an dieser Stelle des VATERUNSERS in seine Lebensschule führt.

Nach einem Exerzitienkurs, in dem ich meine Skizzen einmal wieder an die Tafel gemalt hatte, schrieb mir eine Teilnehmerin: „Nie wieder will ich diese Würde vergessen, von der Sie gesprochen haben. Diese Würde, eine ‚geliebte Tochter‘ zu sein. Ich merke, dass ich seit den Exerzitien ein anderer Mensch geworden bin. Ich hab mich immer nur als schlecht gesehen. Aber ich bin was wert! Mögen alle von mir denken, was sie wollen – ich bin was wert, ich bin unglaublich viel wert! Aus dem Beichtgespräch wissen Sie ja, was ich so alles Abscheuliches getan habe in der langen verrückten Zeit. Das will ich nie mehr tun, das tue ich mir jetzt einfach nicht mehr an!!!“ – Eine andere Teilnehmerin desselben Kurses, eine Ordensschwester, schickte mir den folgenden Text, der ihr nach den Exerzitien von irgendwoher in die Hände gefallen sei:

> „Im Lukasevangelium lesen wir: ‚Etwa eine Stunde später behauptete wieder einer: Wahrhaftig, der war auch mit ihm zusammen; er ist doch auch ein Galiläer. Petrus aber erwiderte: Mensch, ich weiß nicht, wovon du sprichst. Im gleichen Augenblick, noch während er redete, krähte ein Hahn. Da wandte sich der Herr um und blickte Petrus an. Und Petrus erinnerte sich an das, was der Herr zu ihm gesagt hatte: Ehe heute der Hahn kräht, wirst du mich dreimal verleugnen. Und er ging hinaus und weinte bitterlich' (Lk 22,59–62).
>
> Ich hatte ein ziemlich gutes Verhältnis zum Herrn. Ich pflegte ihn um Dinge zu bitten und mich mit ihm zu unterhalten, ihn zu loben und ihm zu danken.
>
> Aber ich hatte stets das unangenehme Gefühl, er wolle mich veranlassen, ihm in die Augen zu sehen. Und ich wollte nicht. Ich redete zwar, blickte aber weg, wenn ich spürte, dass er mich ansah. Immer sah ich weg, und ich wusste, warum. Ich hatte Angst, einen Vorwurf dort zu finden wegen irgendeiner noch nicht bereuten Sünde. Ich dachte, ich würde auf eine Forderung stoßen: irgend etwas wollte er wohl von mir.
>
> Eines Tages fasste ich Mut und blickte ihn an! Da war kein Vorwurf. Da war keine Forderung. Die Augen sagte nur: ‚Ich liebe dich.' Ich blickte lange in diese Augen, forschend blickte ich in sie hinein. Doch die einzige Botschaft lautete: ‚Ich liebe dich.' Und ich ging hinaus, und wie Petrus weinte ich."

Zu Petrus fällt mir ein, dass Jesus ihm den Spitznamen „Kephas – Felsen" (lateinisch: petrus) gegeben hatte (s. Joh 1,42). Als Theologe weiß ich, warum Jesus ihn so nannte. Nämlich nicht ohne Grund: Petrus, der ja eigentlich Simon hieß, muss wohl ein ziemlich arger

„Betonkopf" gewesen sein! Die Schilderungen seines Charakters in den Schriften des Neuen Testaments geben genügend Anlass, die ungewöhnliche Namensgebung so zu erklären. Aber in diesem Simon-Petrus muss sich ein Wandel vollzogen haben. Als er endlich kapiert und ausgeweint hatte, ist aus dem Dickschädel ein ganz brauchbarer Jünger geworden! Er blieb wohl auch dann noch „der alte", doch nun wurde aus ihm ein verlässlicher, glühender Zeuge der Liebe Gottes. Den Christen der ersten Generation wurde er, wie Paulus berichtet, zur „Säule" (Gal 2,9), an der ihre Gemeinden Halt fanden! Sie schätzten ihn so hoch, dass sein Spitzname einen neuen Sinn bekommen konnte: Dieser Simon war mit seinem entschiedenen, unverrückbaren Glauben ein „Fels in der Brandung" geworden. Matthäus wird später in seinem Evangelium Jesus zu ihm sagen lassen: „Selig bist du, Simon Barjona; denn nicht Fleisch und Blut haben dir das offenbart, sondern mein Vater im Himmel. Ich aber sage dir: Du bist Petrus, und auf diesen Felsen werde ich meine Kirche bauen, und die Mächte der Unterwelt werden sie nicht überwältigen" (Mt 16,17–18).

Menschen wie Petrus, die im Anblick Jesu den Abba fanden, weinen konnten und aus Sündern zu *Geliebten* wurden, sind es bis heute, die andere aufrichten und ihnen Halt und Orientierung geben können. Sie tragen die Kirche.

12.

„Und lass uns nicht zurückfallen!“

Als ich während meines Theologiestudiums Praktikant bei einem befreundeten Gehörlosenseelsorger war, lernte ich das VATERUNSER in der Gebärdensprache kennen. *„Und – führe – uns – nicht – in – Versuchung ...“*, betete der Priester gut artikuliert der Gemeinde der Taubstummen vor, sodass sie ihm den Vers von den Lippen ablesen konnten, unterstützt durch entsprechende Zeichen seiner Hände. Bei dem Wort „Versuchung“ machte er eine Geste, die ich aus Illustrationen zum Märchen HÄNSEL UND GRETEL kannte: Wie die Hexe, die die Kinder in ihr Häuschen lockt, krümmte er den Zeigefinger …

Zum ersten Mal wurde mir damals bewusst, was ich an dieser Stelle eigentlich bete. Ich bitte Gott, er möge mich nicht, wie die Hexe im Märchenbuch, verführen und zum Bösen anstiften. Später in der Seelsorge hörte ich von vielen Christen, auch sie hätten sich schon so manches Mal gefragt: Kann denn Gott den Menschen in Versuchung führen?

Die katholische Wochenzeitung CHRIST IN DER GEGENWART veröffentlichte 1996 einige Leserbriefe[326], in denen die Absender ihre selbst zurechtformulierten, in ein verständlicheres Deutsch gebrachten VATERUNSER-Übertragungen vorstellten. Gerade für diesen Vers hatten alle eine neue Fassung anzubieten: „Halte mich fest in jeder Versuchung“, hieß es da zum Beispiel, oder: „Und führe uns in der Versuchung“, „Bewahre uns vor der Versuchung“, „Und lass uns in der Versuchung nicht fallen“ … – Klar verständliche und tiefsinnige Gebetsworte! Aber geben sie wieder, was Jesus gemeint hat? Oder hat vielleicht doch der Besitzer des Eis-Cafés in meinem Nachbarort recht? Er hat über die 30 verlockenden italienischen Eissorten ein Schild mit der Aufschrift angebracht: „Lieber Gott, führe mich in Versuchung – aber richtig!“

Wo der Wurm drin steckt

Es liegt auf der Hand: So wie wir den Vers heute kennen, kann Jesus nicht gebetet haben. Das wussten bereits die Beter der ersten Jahrhunderte. „Fern sei der Schein, als versuche der Herr!“[327], schreibt Tertullian. Wer an dieser Klarstellung Zweifel haben sollte, dem sei noch der folgende Abschnitt aus dem Brief des Herrenbruders Jakobus[328] zitiert, geschrieben wohl schon vor dem Jahr 60 an eine judenchristliche Gemeinde:

> „Keiner, der in Versuchung gerät, soll sagen: Ich werde von Gott in Versuchung geführt. Denn Gott kann nicht in die Versuchung kommen, Böses zu tun, und er führt auch selbst niemand in Versuchung. Jeder wird von seiner eigenen Begierde, die ihn lockt und fängt, in Versuchung geführt. Wenn die Begierde dann schwanger geworden ist, bringt sie die Sünde zur Welt; ist die Sünde reif geworden, bringt sie den Tod hervor.
>
> Lasst euch nicht irreführen, meine geliebten Brüder; jede gute Gabe und jedes vollkommene Geschenk kommt von oben, vom Vater der Gestirne, bei dem es keine Veränderung und keine Verfinsterung gibt“ (Jak 1,13–17).

Irgendwie und irgendwo steckt hier also der Wurm drin! Um herauszufinden, was Jesus wirklich gebetet hat, müssen wir wieder in die frühen Textfassungen schauen.

Matthäus, Lukas und die DIDACHE überliefern den Vers im haargenau gleichen Wortlaut. Wir dürfen also davon ausgehen, dass es sich um authentische Worte Jesu handelt. Im lateinischen PATERNOSTER – und entsprechend dann auch im deutschen VATERUNSER – sind sie allerdings so unglücklich übersetzt worden, dass es zwangsläufig zum Missverständnis kommen musste. Die griechische Wendung, so sagen uns die Sprachanalytiker, die sie ins Aramäische zurückübertragen und mit ähnlichen Gebetsworten des Judentums verglichen haben, müsste ihrem wörtlichen Sinne nach folgendermaßen wiedergegeben werden: „Gib, dass wir nicht in Versuchung hineinkommen“ (François Bovon).[329] Keine Rede also davon, dass Gott gebeten würde, uns nicht zu versuchen! Versuchungen kommen nicht von Gott, sie haben eine andere Ursache.

Bei meinen eigenen Quellenstudien stellte ich mit Erstaunen fest, dass der Vers bereits zur Zeit des Ambrosius, also im 5. Jahrhundert, in diesem ursprünglichen Sinne verstanden und gebetet wurde. In der von ihm überlieferten PATERNOSTER-Fassung heißt es nicht, wie im heute gültigen lateinischen Text: „Et ne nos inducas in tentationem (Und führe uns nicht in Versuchung)“, sondern: „Et ne patiaris induci nos in tentationem“ [330], zu deutsch: „Lass nicht zu, dass wir in Versuchung geführt werden.“ Was hat die späteren Generationen nur geritten, diese Übersetzung wieder fallen zu lassen und die Christenheit über nun schon eineinhalb Jahrtausende hin im PATERNOSTER „Et ne nos inducas in tentationem“ beten zu lassen?! Wo doch schon Origenes erläutert hatte, dieser Vers sei so zu verstehen, „dass wir der Versuchung nicht erliegen möchten“[331] – eine Klarstellung, die sich ähnlichlautend später auch bei Thomas von Aquin wiederfindet: „Damit bitten wir … um Standhaftigkeit in der Versuchung, was mit der Wortverbindung ‚in Versuchung führen‘ angedeutet wird.“[332]

Ich kann die Verärgerung meines Exerzitienleiter-Kollegen aus Frankreich, Louis Evely, verstehen. In seiner Muttersprache betete man früher: „Ne nous laisse pas succomber à la tentation – Lass uns der Versuchung nicht erliegen!“, eine für das Verständnis klare Übersetzung, und sie entspricht durchaus dem Sinn der biblischen Redewendung und den Deutungen der theologischen Tradition. Im Zuge der Bemühungen um eine gemeinsame, ökumenische VATERUNSER-Fassung war der Vers jedoch abgeändert worden in die Formulierung: „Ne nous soumets pas à la tentation – Unterwirf uns nicht der Versuchung“, was inhaltlich in etwa dem deutschen „Und führe uns nicht in Versuchung“ gleichkommt. Es ist ganz augenscheinlich *heiliger* Zorn, wenn Louis Evely kurz nach dieser „Reform“ schreibt:

> „Das ist der Gipfel! Und es ist das Ergebnis der jüngsten Reform! O ja, das Motiv dafür scheint einfach: Da man eine Übersetzung finden musste, auf die sich Orthodoxe, Protestanten und Katholiken einigen konnten, nahm man die wortwörtlichste. Aber wenn man wortwörtlich dasselbe zu Leuten sagt, die durch zweitausend Jahre Kultur voneinander getrennt sind, sagt man ihnen etwas ganz anderes. Buchstäblichkeit ist Untreue; sie respektiert lieber Worte als einen Gedanken. […] Wie kann man eine ‚frohe' Botschaft weitergeben, wenn man gleichzeitig zu verstehen gibt, dass Gott uns unterwirft und versucht?"[333]

Auch im deutschen Sprachraum muss den Fachleuten zu der Zeit, als die ökumenische Fassung erarbeitet wurde, Ende der 1960er-Jahre, bekannt gewesen sein, dass die bei uns über Jahrhunderte hin gebräuchliche Formulierung „Und führe uns nicht in Versuchung" eine ganz und gar unpassende Übersetzung ist. Darauf hatte der evangelische Neutestamentler Joachim Jeremias erst 1962 aufmerksam gemacht und mit Berufung auf den Jakobusbrief „dieses Verständnis scharf abgewiesen".[334]

Im Vergleich mit einem sehr alten jüdischen Abendgebet, das noch zur Zeit Jesu bekannt gewesen sei, war Joachim Jeremias darüber hinaus zu dem Schluss gekommen, dass es in diesem Vers „nicht um Bewahrung *vor* der Versuchung, sondern um Bewahrung *in* der Versuchung" geht, auch nicht darum, „dass dem Beter die Versuchung erspart bleiben möge, sondern dass Gott ihm helfen möge, sie zu überwinden".[335] – Auch dazu noch einmal Louis Evely:

> „Gott führt nicht in Versuchung, Gott liebt. Aber er erweist uns die Ehre, uns nicht vor allem zu bewahren, wie es die Glucken unter den Müttern tun, die ihre Kinder in Watte aufziehen! Gott wollte nicht, dass die Welt wie jene schlechten Kollegs sei, in denen man, um sicher zu sein, dass die Schüler sich anständig benehmen, sie immer von zwei Aufsehern begleiten lässt und furchtsam alle ‚Gelegenheiten

zur Sünde' fernhält, zugleich aber alle Gelegenheiten der bewussten Entscheidung gegen die Sünde unterdrückt."[336]

„Lass uns der Versuchung nicht erliegen, bewahre uns in der Versuchung" – so hat Jesus gebetet.

Wer das VATERUNSER bis zu diesem Vers meditiert und mitgebetet hat, wird nun also plötzlich darauf gestoßen, dass er „in Versuchung" geraten kann. Was konkret mit „Versuchung" gemeint ist, bleibt vom Text her offen: Nicht von „*der* Versuchung", einer ganz bestimmten, ist die Rede, auch nicht von „*den* Versuchung*en*", allen möglichen also, die der Lebensalltag mit sich bringt, sondern einfach von „Versuchung". Ich muss nun in der Tat eine Art „Gewissenserforschung" machen, oder besser: einen realistischen, ehrlichen Blick auf die Wirklichkeit meines Lebens werfen, um den Sinn dieses artikellosen Wortes verstehen zu können. Und das muss ganz persönlich geschehen. Die Frage, die sich dabei stellt, heißt: Wo steckt bei *mir* der Wurm drin? Was ist die Versuchung, was sind die Versuchungen *meines* Lebens? Da auch hier, wie schon in den beiden vorangegangenen Versen, ein „uns" steht, muss ich dabei wohl auch an die Gemeinschaft denken, in der ich lebe, an die Familie, den Ordenskonvent, das Arbeitsteam, die Kirche, die Weltgemeinschaft: *Wo also steckt bei mir und bei uns der Wurm drin?*

Die jüdischen Frauen und Männer um Jesus kannten eine alte Geschichte, die von der Versuchbarkeit des Menschen erzählt. Sogar von einem „Wurm" ist darin die Rede, von dem nämlich, der der wahre Urheber der Versuchung – jeder Versuchung – ist. Die Geschichte stand in der Tora-Rolle und steht heute auf den ersten Seiten der Bibel (Gen 3,1–24). Sie erzählt von *Adam* und *seiner Frau* und von der listigen *Schlange*, dem Wurm, der die beiden mit den Worten verführt: „Ihr werdet sein wie Gott und erkennt Gut und Böse." Richtiger, der Aussageabsicht der Erzähler entsprechender, müssen wir diese Verlockung so übersetzen: „... und ihr werdet selbst entscheiden, was gut und was böse ist."

Adam ist kein Name, schon gar nicht der Name des ersten Menschen, so wissen wir heute; „adam" heißt: „der Erdling", der aus dem „adama“, dem „Erdboden“ Geschaffene. Adam ist jeder Mensch, auch du und ich. Und die Schlange ist nicht, wie Juden und Christen lange glaubten, der Teufel – der tritt in der Bibel erst in den Spätschriften des Ersten Testaments auf. Als die Erzählung um das Jahr 900 v. Chr. entstand, war die Schlange das Tiersymbol für eine *Haltung des Menschen*, wie in unserer Sprache etwa der schlaue Fuchs, der ängstliche Hase oder die diebische Elster. Da die Schlange dem, der ihr begegnet, das Leben lassen oder blitzschnell den Tod bringen kann, verkörperte sie *die Haltung des Herr-Seins über Tod und Leben* und somit auch über Gut und Böse. Bekannt ist uns diese Symbolik bereits aus dem alten Ägypten, wo der Pharao und seine Kinder als Zeichen ihrer selbstherrlichen Macht über die Untertanen eine goldene Stirnschlange trugen. In der jüdischen Erzählung vom Sündenfall ist die Schlange dementsprechend zum Bild für das *bösartige „Herr-Sein“ des Menschen* geworden, für die *Macht des Bösen im Menschen selbst*. Das Böse, so erzählt diese Geschichte, entsteht im Menschen dadurch, dass er eine höhere „Mitte“ – im Bild: den *„Baum des Lebens in der Mitte des Gartens“* – nicht respektiert und sich selbst zum Mittelpunkt macht und zum Maß aller Dinge.

In *dir*, du Erdling Mensch, sagt also die alte Weisheit der Bibel, steckt der Wurm drin! Die Versuchung zum Bösen kommt daher, dass du die Lebens-Mitte des Gartens, in dem du zusammen mit allen Geschöpfen wohnst, ignorierst und dich selbst zum Mittelpunkt machst, um den sich alles bewegen soll.

Und die „Moral von der Geschicht“ ist zeitlos gültig. „Die Paradiesgeschichte“, sagt der katholische Religionspädagoge Hubertus Halbfas, „ist eine Urgeschichte, die in jede Menschengeschichte neu hineinspielt“.[337] Sie spricht von einer „menschlichen Grundbeschaffenheit“[338], denn „die Erzählungen der Urgeschichte sind Geschichten eines ‚mitlaufenden Anfangs‘, der jeder Zeit gleichzeitig bleibt“.[339]

Teresa von Ávila ist der Meinung, es seien nicht die Versuchungen von außen, um die es dem Lehrmeister Jesus hier gehe. Denen solle man sich tapfer wie ein „Soldat Christi“ stellen. Mit ehrlichem Blick auf sich selbst und ihre Schwestern weiß auch sie: Wovor uns der göttliche Vater bewahren muss, sind die Versuchungen *von innen.* Teresa denkt dabei besonders an solche Versuchungen, die sich in scheinbar fromme Gedanken tarnen: die selbstgefällige Meinung zum Beispiel, man sei doch wahrlich ein guter Christ und schon recht weit in der „Vollkommenheit" fortgeschritten, oder – und das sei eine „ganz gefährliche Versuchung", weil sie unter dem Anschein der „Demut" einherkommt – der Zweifel an der Liebe und Barmherzigkeit Gottes, da man doch so schlecht sei, viel zu schlecht und zu unfähig für ein gutes geistliches Leben.[340] Gerade solche Gedanken, die pharisäischen wie die scheinbar „demütigen" und manch andere mehr, zerstören die Beziehung zu Gott und nicht weniger auch das Gemeinschaftsleben. Sie sind ein Zeichen dafür, dass die „höhere Mitte" verloren ging und das Ego um sich selber kreist.

In der Tat: Wenn ich um mich selber kreise, geht all das wieder entzwei, was die Lebensschule Jesu uns von der Abba-Anrede bis zur Liebeserklärung des schuldigen Schuldners gelehrt hat …

Der Vers, mit dem das VATERUNSER in der Lukasfassung endet, ist wiederum alles andere als eine Bitte. Für den, der bis hierher in die Schule Jesu gegangen ist und sich nun bewusst macht, wie schnell ihm all das Große, Kostbare und Herrliche, das er da erkannt und empfangen hat, aufgrund seines inneren Wurms und der realen Lebensumstände wieder aus dem Herzen gleiten kann, ist dieser Satz geradezu ein *Notschrei*[341]! Hier geht es nicht, wie in einer Bitte, um „etwas", das Gott auf unser Bitten hin geben oder auch nicht geben möge, hier geht es um alles! Dieser Vers ist „ein dringlicher Hilferuf von Jüngern, die die Gefahr unmittelbar nahe sehen", schreibt Heinz Schürmann.[342] Der Erfurter VATERUNSER-Forscher ist der Meinung (und nach dem, wie ich ihn persönlich erleben konnte, urteilt hier nicht nur der Wissenschaftler, sondern vor allem der „Jünger"):

> „Die in der letzten Bitte des Gebetes genannte Versuchung muss – wie wir das auch den beiden vorstehenden Bitten anmerkten – in Beziehung stehen zu dem Hauptwunsch

> nach dem Kommen des Reiches. Damit wird die Gefahr des Schwundes dieser Hoffnung, des Glaubens an seine anstehende Nähe, des Abfalls von Jesus nunmehr *die* große Versuchung sein, in der die so dringlich herbeigerufene Hilfe notwendig wird. […] Es geht also in unserem Flehruf nicht um ‚Versuchungen', die überall und immer Menschen bedrohen können, nicht primär um alle Anreizungen zur Sünde, sondern im Schatten der Bitte um das Kommen des Reiches doch wohl viel konkreter um das Ganze der Jüngerexistenz. Es geht hier um Bewahrung im Jüngerstand, um Behütung vor Glaubensabfall."[343]

Weder im Jüngerkreis und bei den vielen im Volk, die Jesus zuhörten, noch in den frühchristlichen Gemeinden kann die Gefahr des „Glaubensabfalls" darin bestanden haben, dass da einer hätte zum Atheisten werden können; der Glaube an Gott war mit Selbstverständlichkeit in Herz und Verstand der Menschen. Aber der *Abba*-Gott, den sie durch Jesus erkannt hatten, das neue Gottesbild und damit verbunden die so befreiende Sicht von sich selbst, vom Mitmenschen, von der Schöpfung, vom religiösen Leben, all das, was sie als Frohbotschaft vom Reich Gottes gehört hatten – das konnten auch damals „die Vögel wegfressen" und „die Dornen ersticken" (Mt 13,1–9). Der Rückfall in das Gottesbild menschlicher Projektionen, zumindest in die Schieflage zwischen einem einerseits liebenden und andererseits strafrichtenden Gott, der Rückfall in Leistungsfrömmigkeit und „Werkgerechtigkeit", in pharisäische Überheblichkeit, in ängstliche Gottesfurcht und knechtische Verdemütigung – *das* war und das ist bis heute die Versuchung des Christen und seiner Gemeinschaft, der Kirche.

Und immer und bei allem schleicht sich die Versuchung ein, zwar über Gott nachzudenken und von Gott zu reden, doch nicht (mehr) *mit* ihm zu leben. Wie schnell wird aus dem Mystiker wieder der „Dogmatiker", der Moralist und der Gottesdienst-„Besucher", aus dem Gottesmann in der Kirche der Kirchenmann der „Amtskirche". Wie schnell ist das alte „Gerechtigkeits-"Empfinden wieder da, und wie schnell wird das auf sich selbst zentrierte Ego zum Maß aller (geistlichen, kirchlichen und weltlichen) Dinge ... – Bischof Joachim Wanke aus Erfurt sprach 1991 in einem Fastenhirtenbrief von der „schleichenden Gottvergessenheit unter aktiven, engagierten Katholiken“, und Bischof Franz Kamphaus aus Limburg fügte dem Zitat in einem 1993 erschienenen Buch ausdrücklich hinzu: „Priester und Bischöfe sind da nicht ausgenommen.“[344]

Auch Jesus selbst hat diese Versuchung gekannt. Matthäus und Lukas erzählen davon in einer Bildgeschichte (jeweils im 3. Kapitel ihrer Evangelien), in der „der Versucher“ in einem dreimaligen Anlauf Jesus dazu bewegen will, die Beziehung zu Gott, dem Abba, aufzugeben. François-Xavier Durrwell, einer der bedeutendsten Bibeltheologen Frankreichs, kommentiert daher den VATERUNSER-Vers auf dem Hintergrund der Erzählung von der Versuchung Jesu so:

> „In der Wüste hatte der Versucher Jesus nicht dazu gedrängt, dieses oder jenes Gebot zu übertreten. Die Versuchung war global. Sie wollte ihn von seinem Gott und Vater abbringen, ihn auf einen Weg bringen, der seiner Sohnessendung zuwiderlief. [...] Die Versuchung, vor der der Vater die Jünger beschützen soll, ist [...] die Versuchung zum Unglauben, der sich gegen das Kommen des Reiches und somit gegen die Vaterschaft Gottes in der Welt sperrt. Jesus richtet die Bitte, die er hier den Jüngern in den Mund legt, selbst an Gott (auch) für Petrus: ‚Ich habe für dich gebetet, dass dein Glaube nicht erlischt‘ (Lk 22,32).“[345]

Abba, du, lass uns nicht zurückfallen in das armselige Knechtsleben, in dem wir religiös dahinvegetierten, bevor wir Jünger deines Sohnes wurden, er uns „Freunde“ nannte – *Das* meint der Hilferuf am Ende des UNSER-VATER-GEBETES Jesu! Dass Gott „uns nicht zurückfallen und der Anfechtung und Versuchung weichen lasse“, darum geht es, sagt Martin Luther; denn „Versuchung und Reizung kann niemand umgehen, solange wir im Fleische leben und den Teufel um uns haben; und da wird nichts anders: wir müssen Anfechtung erleiden, ja sogar darin stecken. Aber dafür bitten dürfen wir, dass wir nicht hineinfallen und darin ersaufen.“[346]

Zurechtbeten muss sich diesen Vers nun wieder jeder selbst, je nach der konkreten persönlichen und gemeinschaftlichen Art seines – und unseres – „Wurms“, seiner und unserer Versuchung, aus dem „Paradies“ zu fallen.

Hilferufe

Auch die Matthäus-Christen haben sich diesen Vers zurechtgebetet. Sie fügten dem Hilferuf die Worte hinzu: *„... sondern erlöse uns von dem Bösen!“*

Die Vokabel, die im heutigen Gebetstext mit „erlösen“ wiedergegeben wird, bedeutete im Sprachempfinden der griechisch sprechenden Christen so viel wie „retten, befreien, hinwegreißen von ...“; mit „libera nos – befreie uns“ gibt sie das lateinische PATERNOSTER wieder. Und mit dem „Bösen“ sind nicht allerlei „Übel“ gemeint, Krankheiten, Misserfolge und sonstige Widerwärtigkeiten des Lebens also – eine Übersetzung, die die älteren Leser und Leserinnen noch kennen. Auf dem Hintergrund der soeben bewusst gewordenen Versuchbarkeit, von dem der ursprüngliche Schlussvers sprach, haben die frühchristlichen Beter wohl eher an die *„Macht des Bösen“* gedacht, an diesen Wurm, der alles wieder zerstören kann, was sie als das Reich Gottes erfahren hatten.

Vom sprachlichen Befund her muss offen bleiben, ob sie mit „*dem* Bösen“ *das* Böse oder *den* Bösen gemeint haben; dem jüdischen Denken zur Zeit Jesu würde beides entsprechen. Wie auch immer: Der Vers würde dann im Klartext lauten: *„... sondern reiß uns hinweg aus der Macht des Bösen!“* Die Erweiterung will also lediglich mit anderen Worten noch einmal sagen, was schon gesagt ist. Doch der „Notschrei“ wird durch diese Hinzufügung noch lauter, der „Hilferuf“ noch dringlicher vor Gott hingetragen.

Noch eine weitere Deutung des „Bösen“ ist möglich: auch an die *böse Situation* ist zu denken, in die der Rückfall geführt hat. Schön wäre es ja, könnten die Matthäus-Christen gedacht haben, wenn wir „nur“ unsere Versuchbarkeit zum Gebet machen müssten. Aber die Wahrheit ist, dass wir ihr längst wieder erlegen sind! Die hinzugefügten Worte würden dann sagen: *„ ... sondern rette uns aus der schlimmen Lage, in die wir uns gebracht haben!“* – Und sie dachten dabei gewiss nicht nur an ihre persönliche schlimme Lage. Sie mussten, ebenso wie wir, die Erfahrung machen, dass sich Unrecht verselbstständigen kann in die Gewohnheiten, ja bis in die institutionalisierten Strukturen in Familie und Gesellschaft hinein. Heute sprechen wir vom „strukturellen Bösen“. Leonardo Boff, der aufgrund seiner Herkunft und seines Lebenslaufes eine besondere Sensibilität für diese Erfahrung hat, schreibt in seinem VATERUNSER-Buch:

> „Die Schwere der Sünde besteht darin, dass sie eine Situation oder eine Struktur schafft. Jede Situation hat dabei ihre besondere Selbständigkeit und Objektivität. Deshalb ist die Sünde nicht nur persönlicher, sondern vor allem gesellschaftlicher und geschichtlicher Art. [...] Die Sünden sterben nicht mit den Menschen, sondern dauern fort in den Werken, die die Menschen überleben, in den Institutionen, Vorurteilen, den moralischen und juristischen Normen, und in den kulturellen Gewohnheiten. Sehr vieles davon dauert fort als Laster, als rassische und moralische Diskriminierungen sowie Ungerechtigkeiten gegen Gruppen und Menschenklassen. Durch die einfache Tatsache, dass jemand als Neger oder Armer geboren wird, ist er schon gesellschaftlich gebrandmarkt. [...] Unabhängig von seinem Willen und seiner Entscheidung befindet sich der Mensch in einer solchen Situation, dadurch hat er teil an der Sünde der Welt. In dem Maß, in dem er diese Situation hinnimmt und akzeptiert, vermehrt er die Sünde der Welt durch seine eigenen Sünden.“[347]

Die „Macht des Bösen“ im Menschen oder das dadurch geschaffene „strukturelle Böse“ – der bibelwissenschaftliche Befund lässt beide Deutungsmöglichkeiten zu, wenn auch die einzelnen Theologen mehr die eine oder die andere Auslegung favorisieren. Eine deutsche Übersetzung, die wortgetreu bleibt und dennoch beide Sinngehalte zugleich heraushören lässt, könnte lauten: *„... sondern entreiße uns dem Bösen.“* Es bleibt dann uns selbst – wie wohl auch schon den frühen Christen – überlassen, ob wir den Vers mit diesem oder mit jenem Akzent beten. In die „Lebensschule Vaterunser“, in die gerade an dieser Stelle auch die Lebenserfahrungen aus ihrer Wirkungsgeschichte eingeflossen sind, gehören sie auf jeden Fall beide.

Mehr als ein feierlicher Ausklang

Die Didache hat die Erweiterung, die Matthäus überliefert, ebenfalls übernommen. Doch um das Gebet nicht mit dem „harten Abschluss“ (Heinz Schürmann)[348] des nun sogar zweimaligen Hilferufes beenden zu müssen, ja wohl auch um es „liturgiefähig zu machen“ (Joachim Gnilka)[349], hat man hier noch einen weiteren Satz hinzugefügt. Er findet sich sogar in späteren Abschriften des Matthäusevangeliums wieder – ein Zeichen dafür, dass das Vaterunser schon bald in vielen Gemeinden des östlichen, griechisch-sprachigen Mittelmeerraumes in dieser ergänzten Form gebetet wurde.[350] (Der westliche, lateinischsprachige Raum scheint diesen Zusatz nicht gekannt zu haben.) In der Didache lesen wir: „Denn dein ist die Kraft und die Herrlichkeit in Ewigkeit.“ In einigen (wie gesagt, späten) Matthäus-Abschriften lautet er so, wie wir ihn heute kennen: *„Denn dein ist das Reich (das Königtum) und die Kraft und die Herrlichkeit in Ewigkeit.“*

Pate gestanden haben könnte für diesen feierlich klingenden Abschluss eine Lobpreis-Formel („Doxologie“) aus dem Synagogengottesdienst der griechisch-jüdischen Diaspora-Gemeinden, denn in der Synagogenliturgie kannte man eine vergleichbare Gebets-Abschluss-Formel schon aus einer der heiligen Schriftrollen des Judentums: „Dein, Jahwe, ist die Größe und die Macht und die Herrlichkeit und der Glanz und die Hoheit, ja alles im Himmel und auf Erden. Dein, Jahwe, ist die Herrschaft und die Erhabenheit über jedes Haupt" (1 Chr 29,11f). Die Ähnlichkeit zwischen diesem Bibeltext und dem Zusatz zum VATERUNSER fällt noch mehr ins Auge, wenn wir bedenken, dass ja (vgl. Kap. 8) für „Herrschaft" und „Reich" im Hebräischen und Griechischen dasselbe Wort („malkut/basileia") steht.

Das Bemühen um einen gefälligeren, vor allem „liturgiefähigen" Gebetsabschluss mag der eine Grund für diese abermalige Erweiterung gewesen sein; ein weiterer verrät sich durch das Wörtchen *„denn"*. Es ist eine begründende Satzpartikel, die sich erläuternd an die vorherigen Worte anschließt. Wir haben demnach nicht nur eine liturgisch-feierliche Abrundung des ganzen Gebetes vor uns, sondern eine Fortführung des letzten Verses[351] – die sich freilich auch ganz gut als Gesamtabschluss eignet. Der ganze, dann also dreigliedrige Vers besteht folglich aus einem einzigen Satz und lautet: *„Und lass uns nicht in Versuchung geraten, sondern entreiße uns dem Bösen, denn dein ist das Reich und die Kraft und die Herrlichkeit – in Ewigkeit!"*

Das ergibt Sinn. Der Beter schreit in seiner Not um Hilfe, Gott möge ihn nicht zurückfallen lassen in die alte Knechtschaft seines Ego, das sich von Neuem ein so verhängnisvolles Gottes- und Menschenbild projiziert. Und sollte er bereits wieder zurückgefallen sein in das Reich des Bösen, dann möge ihn Gott herausreißen aus dieser verfahrenen Situation. Denn wer in die Lebensschule Jesu gegangen ist, weiß doch aus Erfahrung: bei ihm, bei diesem bedingungslos liebenden Abba-Gott allein, ist das *Reich* zu finden, in dem man menschenwürdig leben kann; bei ihm, in der lebendig gelebten Beziehung mit dem Abba Jesu von Ich zu Du, ist die *Kraft* zu holen, die die „Macht des Bösen", woher immer sie sei, überwindet; und durch ihn erst bekommt alles, was zu unserm Leben gehört, *Herrlichkeit*, wird kostbar und schön – und das wird es bleiben bis in die *Ewigkeit* hinein …

13.

„AMEN.“?

Wenn wir heute das VATERUNSER beten, folgt auf die letzten Worte – so sicher wie das Amen in der Kirche – ein „Amen“, und im gedruckten Text steht dahinter noch ein Punkt. Punkt, aus! – das VATERUNSER ist zu Ende ...!

In der frühchristlichen Überlieferung finden wir ein Amen weder in der Fassung des Lukas noch in der des Matthäus. Auch die DIDACHE kennt es nicht. Sparten, was ja denkbar wäre, die Schreiber die Tinte, da man ohnehin gewohnt war, nach jedem Gebet „Amen“ zu sagen?

Ein kreisendes Gebet

Das *Amen* hat eine lange Geschichte. Es stammt wahrscheinlich aus dem Ägyptischen und war ursprünglich, wie der Sprachwissenschaftler unter den gegenwärtigen VATERUNSER-Forschern erläutert, „mehr Hauch und Stimmanklang“, also etwa „omn“ (Ferdinand Urbanek).[352] Es beschloss im Altertum öffentliche Verlautbarungen oder wurde einer wichtigen Aussage als Beteuerung vorangestellt. In rationale Sprache übersetzt, bedeutet es soviel wie „so ist es“, „so sei es“ oder „so geschehe es“.

Seit etwa 600 v. Chr. ist der Ausdruck „amen“ auch in den Schriften Israels bezeugt.[353] In deutschen Bibeln wird er vielfach mit „wahrlich“ übersetzt. Auch Jesus muss seine Reden, wie die Evangelien erzählen, des Öfteren mit der Formel begonnen haben: „Amen, Amen, ich sage euch“ (zum ersten Mal überliefert in Mk 3,28). Zum Gebetsabschluss ist das Amen wohl dadurch geworden, dass der Vorbeter im jüdischen Gottesdienst die versammelte Gemeinde zur Zustimmung zu seinen liturgischen Gebeten aufforderte. So sagt er zum Beispiel nach jedem Vers des KADDISCH: „Sprecht: Amen!“[354]

Bischof Cyrill von Jerusalem, der um das Jahr 350 dazu anleitete, das VATERUNSER in der Eucharistiefeier zu beten, erklärte seinen Neugetauften: „Dann, nach Vollendung des Gebetes, sagst du ‚Amen‘. Durch das ‚Amen‘ – das meint: ‚Es geschehe‘ – besiegelst du das im gottgelehrten Gebet Gesagte.“[355] Romano Guardini schließt seine Betrachtungen zum VATERUNSER sogar mit dem Gedanken, das „Amen – Es geschehe“ sei selbst noch einmal eine Bitte; sie besage: „Herr, sprich Du Amen! Du lass in mir Amen erstehen: Wahrheit, die wurzelt …“[356]

Im diesem Sinne verstanden – als Bekräftigung, etwas sehr Wesentliches gesagt zu haben –, hat ein Amen am Schluss des VATERUNSERS also seinen berechtigten Platz. Doch es schließt es nicht eigentlich ab. Das Gebet Jesu endete, wie die Lukasfassung zeigt, ohne jede liturgische Abrundung, ohne den Schlussakkord einer „Doxologie“ aus feierlichen Worten, ja selbst ohne jede zustimmende Bekräftigung. Der Ruf „Und lass uns nicht in Versuchung geraten!“ bleibt ungeschönt im Raum stehen[357] – selbst noch in seiner bei Matthäus und in der DIDACHE erweiterten, dreigliedrigen Form. Es ist zumindest gut, das zu wissen, denn, so schlussfolgert daraus Heinz Schürmann:

> „Im Beten Jesu finden wir eine existentielle Eindringlichkeit, die das christliche Beten von jeher davor bewahren will, liturgisch zu ‚verfeierlichen‘ und zu ‚verkulten‘ und so vor dem sich erniedrigenden, sich schenkenden und erbarmenden Gott in einen abgehobenen Unernst zu geraten, der die Deszendenz (= den Hinabstieg, R. K.) Gottes nur weihrauchartig verbirgt.“[358]

Das VATERUNSER, wie Jesus von Nazareth es lehrte, bricht so unvermittelt ab wie die Melodie des Turmbläsers von Kraków, dessen

Trompete noch heute mitten in der Tonfolge an der Stelle verstummt, wo einst seinen Vorgänger im 15. Jahrhundert der tödliche Pfeil der asiatischen Eroberer traf. Immer wenn ich bei meinen mehrmaligen Aufenthalten in Kraków vom Marktplatz aus dem Trompeter zuhörte, drängte mich mein musikalisches Empfinden, die Melodie zu Ende zu singen. Erst bei einem späteren Besuch der alten Metropole an der Weichsel konnte ich den Abbruch aushalten; dann begannen die Töne des Türmers zu mir zu sprechen. Sie nahmen mich innerlich mit hinein in das Schicksal der polnischen Stadt, ließen mich über die Jahrhunderte hinweg hineinfühlen in den Menschen da oben auf dem Turm der Marienkirche, den jäh der Todespfeil in die Brust getroffen hatte. Sie erweckten in mir das Ahnen von Endlichkeit inmitten des Lebens. Über mehrere Jahre blieb mir die Melodie im Gedächtnis, unwillkürlich summte ich sie vor mich hin, und wo sie abbricht, summte ich sie wieder von vorn … – Ähnlich, so scheint mir heute, ist es mit dem Vaterunser. Wer dieses Gebet nicht nur aufsagt und gewohnheitsmäßig mitspricht, wer sich einmal die ursprüngliche Bedeutung der Verse und der einzelnen Worte bewusst gemacht, sie meditiert, verinnerlicht, ins „eigene Deutsch" gebracht und zu beten, zu Gott, dem Abba, hinzusprechen versucht hat, und wer dann schließlich bei dem Notschrei des Hilferufes angelangt ist, der kann nicht anders, als innezuhalten – um schließlich wieder von vorn zu beginnen: „Abba, unser Abba, du …" Das Vaterunser ist, so sagt der Bibelwissenschaftler, aber wohl mehr noch der Beter Heinz Schürmann, „ein kreisendes, ein immerwährendes Gebet".[359]

In der Pfarrkirche der kleinen Stadt Sachseln in der Schweiz hängt das ungewöhnliche, in der christlichen Kunstgeschichte wohl einzigartiges Bild, das uns katholischen Christen in Deutschland als Misereor-Hungertuch aus der Fastenzeit der Jahre 1980 und 1998 bekannt ist. Das „Tüchli" entstand um 1480 und befand sich ursprünglich in der Einsiedlerhütte des berühmten Schweizer Eremiten Niklaus von Flüe (1417–1487).[360] Wahrscheinlich hat Bruder Klaus selbst den Anstoß zu diesem Bild gegeben. Auf meisterliche Weise ist hier die geistliche Erfahrung der alten Christenheit am

Ausgang des Mittelalters noch einmal in einem einzigen Gebilde zusammengefasst worden. Der Überlieferung nach betete und meditierte Bruder Klaus mit Hilfe dieser Bildtafel auch das VATERUNSER.[361] Bei der Anrede blickte er auf das Gottes-Antlitz in der Mitte, dann betrachtete er die einzelnen Verse im Zusammenhang mit den kreisförmig angeordneten Rundbildern, die sechs wichtige Szenen aus der Heilsgeschichte Gottes mit den Menschen darstellen; der letzte Vers führte ihn wieder zum Gottes-Antlitz zurück. So wurde auch für Bruder Klaus das VATERUNSER Jesu zu einem „immerwährenden", ja buchstäblich *kreisenden Gebet.*

Ein *„Vaterunser"* dauert 20 Sekunden, geübte Rosenkranzbeter und manche flotte Gottesdienstgemeinde schaffen es in 15 bis 18 Sekunden. Das Gebet Jesu *„Unser Abba, du ..."* endet überhaupt nicht, es braucht Zeit, viel Zeit ... Und die *Gebets- und Lebensschule VATERUNSER* kennt keine Zeit; hat sie einmal begonnen, so hört sie nicht mehr auf.

Studium und Meditation

So manchem Schüler und so mancher Schülerin in der fast zweitausendjährigen Geschichte der „Lebensschule Vaterunser" verdanken wir wertvolle „Lernergebnisse": Erkenntnisse und Erfahrungen, die uns Heutigen die Augen öffnen können für den Reichtum, der in diesen alten Versen steckt. Auch ich selbst durfte davon reichlich profitieren, und das Wichtigste, das ich in dem großen Schülerkreis lernen konnte, habe ich auf den vorangegangenen Seiten weiterzugeben versucht. Einige der Jünger und Jüngerinnen Jesu aus Vergangenheit und Gegenwart haben uns darüber hinaus auch Einblick in ihre „Lern*methoden*" gegeben. Zum Teil war davon schon die Rede.

„Methode" ist ein griechisches Wort, es setzt sich aus „meta (= nach, hinterher)" und „hodos (= Weg, Gang)" zusammen und bedeutet wörtlich etwa: „das Nachgehen, der Weg zu etwas hin". Weil die „Lebensschule Vaterunser" keinen eigentlichen Abschluss kennt – auch nach der Lektüre dieses Buches nicht! –, werden wir solche *Wege*, solche Methoden, um den Worten Jesu nachzugehen, auch weiterhin gut brauchen können.

Einen ersten, sehr entscheidenden Weg weisen uns seit jeher die Theologen der christlichen Kirchen. Man muss das VATERUNSER *studieren*, sagen sie uns; man muss, um die Worte Jesu möglichst in ihrer ganzen Tiefe erfassen oder doch wenigstens annähernd verstehen zu können, nach ihrem ursprünglichen Sinn fragen. Das ist Arbeit und kostet ein wenig Anstrengung, vor allem aber Lernbereitschaft.

Seit Erscheinen der Enzyklika PROVIDENTISSIMUS DEUS im Jahre 1893 bekennt sich (auch) die katholische Kirche zur historisch-kritischen Exegese, d. h. zu einek Bibelverständnis, das wissenschaftlich-kritisch nach dem ursprünglichen (= „historischen") Sinn der alt- und neutestamentlichen Texte fragt. Das betrifft auch das VATERUNSER. „Der Schrifterklärer (muss), um zu erfassen, was Gott uns mitteilen wollte, sorgfältig erforschen, was die heiligen Schriftsteller wirklich zu sagen beabsichtigten und was Gott mit ihren Worten kundtun wollte", heißt es später in den Dokumenten des Zweiten Vatikanischen Konzils.[362] Mit einem Schreiben der Päpstlichen Bibelkommission zur INTERPRETATION DER BIBEL IN DER KIRCHE von 1993[363] hat Johannes Paul II. die Notwendigkeit dieser Vorgehensweise noch einmal in Erinnerung gebracht und jede grundsätzliche Ablehnung der historisch-kritischen Methode als Ablehnung der „Geheimnisse der Inspiration der Heiligen Schrift und der Menschwerdung (Gottes)" zurückgewiesen.[364] Die Kirche nehme, so der Papst, „den Realismus der Menschwerdung ernst, und daher misst sie dem historisch-kritischen Studium der Bibel große Bedeutung zu".[365] Die biblischen Texte haben ein Recht darauf, so gelesen und verstanden zu werden, wie sie in ihrer ursprünglichen „Aussageabsicht"[366] gemeint sind. Gerade in Bezug auf die Evangelien, die uns Leben und Botschaft Jesu – darunter auch sein VATERUNSER – überliefern, ist uns in den vergangenen Jahrzehnten auf diese Weise ein reicher Schatz an Erkenntnis geschenkt worden. Diesen Erkenntnisschatz studieren – das wäre eine erste Methode, ein wichtiger und wesentlicher Weg ins VATERUNSER, in die *Lebensschule Jesu* hinein.

Es ist freilich nicht jedermanns Sache, theologische Bücher zu lesen. Doch es gibt inzwischen viele Schriften – darüber hinaus auch Kurs- und Vortragsangebote –, die uns in allgemeinverständlicher Sprache helfen, den Glaubensdingen auf den Grund zu gehen. Die Mühe des „Studiums“ lohnt sich.

Einen weiteren Weg zeigen die „Lebmeister“ der jüdischen und der christlichen Spiritualität, die „Praktiker“ des Glaubens. Die intellektuelle, gedanklich-rationale Auseinandersetzung mit dem VATERUNSER allein genügt nicht, sagen sie uns. Man muss auch *hinter* die Worte hören, in den Lehrer hinein, der sie spricht.

Edith Stein hat diese „Methode“ unter dem Begriff *Einfühlung* reflektiert.[367] Einfühlend erst, in das Herz Jeschuas, in sein Denken und Fühlen hinein, kann ich eine Ahnung davon bekommen, was er mit seinen Gebetsworten gemeint hat. Denn nicht die Worte sind die Gebets- und Lebensschule, sondern das Leben des Lehrers selbst. Teresa von Ávila wollte diese Art und Weise, das VATERUNSER zu meditieren, vermitteln, als sie ihren Schwestern den Rat gab, sich neben den Lehrer zu setzen und seinem Beten zuzuhören (siehe Kap. 2). Bruder Klaus von Flüe hat die Darstellungen auf seiner Bildtafel zu Hilfe genommen, um sich, kreisend um den Lehrmeister in der Mitte, in das Gebet Jesu hineinzuleben.

Eine besondere Form, auf diese einfühlende Art das VATERUNSER zu meditieren, habe ich von dem evangelischen Theologen Eberhard Fincke gelernt. Er hat mit guten Argumenten dargelegt, dass diese Gebetsworte Jesu, ähnlich wie die Zehn Gebote der Tora, als *Fingerreim* verstanden werden können[368], sodass man sie „an den eigenen Fingern entlang aufsagen“[369] und meditierend bedenken kann.[370] – Und auch diese Methode möchte ich weitergeben: Johannes B. Lotz, der katholische „Altmeister“ der in den 1970er-Jahren wiederentdeckten christlichen Meditation, schrieb am Schluss seines ersten VATERUNSER-Buches (von 1978), das Gebet Jesu enthalte „den Grundentwurf des christlichen Daseins und damit die

Lebensschule (!) des christlichen Menschen", und dies seiner Meinung nach vor allem dann, „wenn wir das Vaterunser von seinem Ende her überblicken".[371] Zwei Jahre später veröffentlichte er ein weiteres Buch, in dem er, wie bereits der Untertitel ankündigt, „das Herrengebet von seinem Ende her" meditierte, beginnend mit dem Schlussvers „Erlöse uns von dem Bösen". Dabei offenbarte sich ihm das VATERUNSER als ein „Läuterungsweg", der „den Menschen von der äußersten Veräußerlichung zur innersten Verinnerlichung, von der dunkelsten Gottesferne in die lichteste Gottesnähe führt".[372] Allerdings möchte ich zu dieser Meditationsmethode bemerken, dass sie erst demjenigen nützlich sein wird, der bereits – wie Johannes B. Lotz selbst – den Weg vom „Abba" bis zum „Amen" innerlich mitgegangen ist. Sonst könnte es geschehen, dass wir nicht in die Lebensschule Jesu gehen, sondern im egozentrierten Denken verhaftet bleiben, das auf die eigenen Nöte, Bedrängnisse und Bedürftigkeiten fixiert ist. Dann träfe uns der Vorwurf Martin Luthers, der „alte Mensch" würde immer nur „vom Übel frei und ledig sein" und „in Glückseligkeit leben" wollen, für Gottes Anliegen aber, auf die Jesus in den ersten drei Versen den Blick lenkt, hätte er kein Interesse; er würde dann – nicht von der Meditationsweise, sondern von seiner ich-verhafteten Grundeinstellung her – das VATERUNSER stets und ständig „hindersich (= rückwärts)" statt „fürsich (= vorwärts) beten.[373]

Beide Wege, das *historisch-kritische Studium* und die *einfühlende Meditation*, gehören zusammen und ergänzen einander. Das Bemühen um die Erkenntnis der ursprünglichen Aussageabsicht eines Textes allein bleibt rein „sach"-orientiert; Einfühlung und Meditation allein können leicht dahin führen, dass man sich aufgrund der zu flach oder gar falsch verstandenen Texte in eine Schein-Persönlichkeit einfühlt, die der Wirklichkeit weder des historischen noch des auferstandenen und fortlebenden Jesus Christus entspricht. Die rein „sach-"liche Beschäftigung mit dem VATERUNSER Jesu führt noch nicht in die Lebensschule, und die Meditation allein birgt die Gefahr in sich, dass man meditiert und verinnerlicht, was gar nicht gemeint ist oder doch zu oberflächlich verstanden wurde. Erst im

Zusammenspiel von historisch-kritischer Bibelbetrachtung und einfühlender Jesus-Beziehung begegnet mir das Leben desjenigen, der auch heute die Welt, meine „innere" und die mich umgebende, verändern kann.

Die Lernmethode, die keine Methode braucht

Das VATERUNSER ist ein Gebet. Es kann daher gar nicht anders sein, als dass ein entscheidender Weg zu seinem Verständnis neben dem Studium und der einfühlenden Meditation das *Beten* ist. Das betonen nicht nur die geistlichen Autoren durch die Jahrhunderte hin immer wieder, auch den streng rational und wissenschaftlich arbeitenden Theologen ist diese Notwendigkeit bewusst. „Letztlich wird freilich nicht der Ausleger, sondern der Beter des Vaterunsers den Schlüssel für die Verkündigung Jesu finden", bekennt ein Bibeltheologe vom Format eines Heinz Schürmann[374], und sein Schweizer Kollege François Bovon gesteht am Schluss seiner wissenschaftlichen Textauslegung: „Um das Vaterunser zu erklären, ist es nötig, beten zu können. […] Die Auslegung würde dadurch eine neue, entscheidende Beleuchtung erhalten. Ich gebrauche absichtlich den Konjunktiv, weil ich rückblickend bemerke, dass ich dieses Programm nicht wirklich realisiert habe."[375] Auch der Schriftsteller Reinhold Schneider (1903–1958) wusste um diese so notwendige „Methode":

> „… das Vaterunser ist vor allem Gebet, und es will immer wieder gebetet werden: wahrscheinlich erschließt es seine Wahrheit auch nur dem Betenden. Wer es ein Leben lang mit immer größerer Inbrunst gebetet hätte, würde vielleicht ahnen, was darin enthalten ist. Nur betend dringen wir weiter; wo das Gebet still steht, endet auch das Verständnis. Es ist, als ob wir den Weg nur finden könnten,

> solange wir mit geschlossenen Augen gehen und dabei die heiligen Worte sprechen; dann weichen die Türen zurück, und wir gelangen weiter. Würden wir ein Licht entzünden wollen, so schlösse sich der Raum. So ist der Gedanke nicht zu lösen vom Gebet."[376]

Der Gebetscharakter des VATERUNSERS ist nicht nebensächlich. Er gehört wesentlich zur Lebensschule, in die dieser alte Text führen will, dazu. Denn darin besteht ja gerade der Kern jener Lebensart, die Jesus von Nazareth lebte und lehrte, dass er in seinem Herzen nicht religiöse Gedanken hegte, sondern eine *Beziehung* pflegte. Leben aber lerne ich nicht dadurch, dass ich mir vom Leben erzählen lasse, wie ich auch Schwimmen nicht dadurch lerne, dass ich Bücher über das Schwimmen lese. Ich muss mich *selbst* ins Wasser begeben. Und erst wenn ich selbst ein wenig Erfahrung damit gemacht habe, wie das Wasser trägt, kühlt und erfrischt, werde ich verstehen können, was ein anderer vom Schwimmen erzählt. Das VATERUNSER *beten* ist also ein sehr entscheidender Weg, um den Text verstehen zu können und daraus leben zu lernen.

Das Beten selbst hat keine Methode, die man erlernen müsste. Beten ist etwas ganz einfaches. Jeder kann es schon. Es ist „ein Weg, der so leicht und so selbstverständlich ist, dass die Luft, die man atmet, nicht selbstverständlicher ist", schreibt Madame Guyon[377], die große französische Lehrmeisterin des inneren Betens. Nur: begonnen – oder wiederentdeckt und wiederaufgenommen – muss er werden. Es mag viele hilfreiche Methoden für das praktische Gebetsleben geben; sie alle beziehen sich nur auf die Ausdrucksformen des Betens, nicht auf den Grundakt des Betens selbst. Beten *ist* die „Methode", der Weg hin zum Verständnis Jesu und seiner Lebensschule. Und seine Lebensschule ist der Weg in ein Beten, das weit mehr ist als immer nur aus den eigenen Nöten heraus „Bitte, bitte, lieber Gott" zu sagen.

14.

„Es komme dein Heiliger Geist auf uns …“

Zum Schluss bleibt noch ein Vers zu bedenken, der zwar nicht zur biblischen Überlieferung des Vaterunsers, wohl aber zu seiner Wirkungsgeschichte gehört. Er ist in zwei Abschriften des Lukasevangeliums aus dem 11. Jahrhundert enthalten[378] und steht dort anstelle des zentralen Gebetswunsches Jesu um das Kommen des Reiches Gottes; er lautet: *„Es komme dein Heiliger Geist auf uns und reinige uns!“* Dieselben Worte sind bereits in der Taufkatechese des Bischofs Gregor von Nyssa (gest. um 395) bezeugt[379]; sie müssen also in der alten Christenheit schon recht früh, in einigen Gebieten vielleicht sogar über mehrere Jahrhunderte hin gebetet worden sein. In der Forschung besteht darüber Konsens, dass es sich hierbei nicht um einen ursprünglichen Lukastext handeln kann. Wir haben es wiederum, ähnlich wie bei dem Matthäus-Vers „Es geschehe dein Wille …“, mit einer später eingefügten Variante des Reich-Gottes-Wunsches zu tun. Sie drückt auf andere, für die Beter vielleicht verständlichere Form das große Herzensanliegen Jesu aus, das „Königtum“ des Abba möge doch schon jetzt immer mehr Wirklichkeit werden in unserer Welt.

Wir haben hier einen weiteren Beleg dafür, wie ungezwungen frei man einst mit Gebetstexten umgegangen ist. Vorformulierte Gebete – selbst aus der Autorschaft Jesu – dürfen, ja müssen „zurechtgebetet“ werden, um Gebet zu sein. „Seid zufrieden, im Vaterunser ein Muster von Gebet zu haben, aber lasset euer Gebet in der Freiheit des Herzens geschehen“, schrieb der große protestantische Theologe Karl Barth, ein Grundanliegen der Reformationszeit zusammenfassend.[380] – Der damals eingefügte Vers ist es also wert, noch eigens betrachtet zu werden.

Er wird euch alles lehren

Schon viele haben das VATERUNSER studiert. Schon viele haben es immer wieder meditiert, und schon viele haben es im Laufe der fast zweitausendjährigen Geschichte der Christenheit ein Leben lang gebetet. Nikolaus Cusanus gehörte zu denen, die es studiert *und* meditiert *und* gebetet haben, und dennoch muss er bekennen:

> „Dies ist nur für jetzt meine Einsicht (in die Worte) des Vaterunsers, und ich hoffe, dass sie von Tag zu Tag in mir gemehrt und vertieft werde, wie ich das auch für euch von Gott erbitte.“[381]

Hinter diesem Bekenntnis steht nicht nur das Wissen darum, dass man in der Gebets- und Lebensschule Jesu nie an ein Ende kommt und „alle Erkenntnis Stückwerk bleibt“ (1 Kor 13,9). Hier spricht einer aus der Erfahrung heraus, dass alles Studieren, Meditieren und Beten wenig Lernerfolg bringt, wenn nicht Gott selbst ihn uns schenkt. Da wir „in göttlichen Dingen träge sind“, so weiß auch ein ebenso großer Theologe und Beter, der im Meditieren geübte Dominikaner Meister Eckhart, sind wir darauf angewiesen, dass Gott uns „erweckt“ und uns „seine Liebe nahebringt“.[382]

„Der Buchstabe tötet“, sagt Paulus, „der Geist aber macht lebendig“ (2 Kor 3,6). Auch die Buchstaben des VATERUNSERS bleiben tot, mag man sie noch so eifrig studieren, meditieren und beten, wenn nicht jenes „Licht aus der Höhe“ (Lk 1,78) sie beleuchtet und sie uns verstehen lässt, jener göttliche Geist, von dem Jesus im Johannesevangelium sagt, er würde uns „alles lehren“ (Joh 14,26). Der Vers „Es komme dein Heiliger Geist auf uns und reinige uns!“ hat also in höchstem Maße Sinn.

Auch dieser Vers ist keine Bitte. Er lautet nicht: „Gib uns deinen Heiligen Geist!“, er ist vielmehr, ähnlich wie der Reich-Gottes-Vers, in der Wunschform formuliert: „*Es komme* dein Heiliger Geist …“ Um den Heiligen Geist müssen wir nicht bitten, er ist immer schon da, völlig gratis „ausgegossen in unsere Herzen" (Röm 5,5). Man kann nur *wünschen*, dass er doch „auf uns komme", in uns *zum Zuge komme*.

Und dass er *„uns reinige"*. Alles Studieren, Meditieren und Beten kann die Worte Jesu nicht zur Schule der Lebenskunst machen – sein ganzes Evangelium nicht und das VATERUNSER, die „Kurzfassung des ganzen Evangeliums" (Tertullian)[383] auch nicht –, wenn man sich nicht immer wieder „reinigen" lässt. Sich „reinigen" lassen, das heißt zuallererst: die Wahrheit an mich heranlassen, dass alles, was ich bis dato von Gott und den Glaubensdingen zu wissen meine, „Stückwerk" ist. Ein *Frei-Raum* ist nötig, in uns und unter uns, im eigenen Herzen, in der Kirche und in jeder Art von Gemeinschaft, damit der Geist Gottes uns von Neuem „an alles erinnern (kann), was ich (Jesus) euch gesagt habe" (Joh 14,26). Nur in dem Maße, wie dieser Wunsch in uns geweckt und zu einem großen, tiefen Herzensanliegen geworden ist, werden wir uns den Wahrheiten des Abba-Geistes öffnen können. Ohne diese Offenheit nützt auch alles „Beten um den Heiligen Geist" nichts.

Wenn der Vers auch nicht *in* das VATERUNSER gehört, so hätte er doch *vor* jedem VATERUNSER seinen „existenzerhellenden" Platz.

Den Heiligen Geist wird er geben

Als ich nach meiner langen Krankheit wieder einigermaßen zu Kräften gekommen war, habe ich in einer Zeitschrift unseres Ordens einen Rundbrief veröffentlicht. Darin stand folgende Passage:

> „Dass ich nun lebe, führe ich nicht darauf zurück, dass für mich gebetet wurde. Gott ließ mich leben *aus freien Stücken,* davon bin ich zutiefst überzeugt; und auch mein Sterben wäre eine *gute* Gabe gewesen – das war mir, als ich den Tod vor Augen hatte, ganz intensiv klar. Dennoch

berührt es mich sehr, dass so viele um meine Gesundung gebetet haben, manche mit dem ganzen Aufgebot ihrer innersten Kraft. Ich sehe darin einen tiefen Ausdruck der Sorge um mich, der Liebe zu mir, und ein Zeichen lebendigen Vertrauens in Gott. Wenn ich diesen Menschen heute begegne (persönlich, per Brief oder am Telefon), erlebe ich eine so noch nicht dagewesene Verbundenheit, die – ohne dass wir es uns sagen müssen – in der Dankbarkeit füreinander und in der Dankbarkeit vor Gott einen neuen, tragenden Grund hat."

Noch nie habe ich auf eine Veröffentlichung so viel Echo bekommen wie auf diesen Brief, und fast immer war auch eine Reaktion auf den hier zitierten Abschnitt dabei. In einer Zuschrift hieß es: „Durch Ihre Zeilen ist mir klar geworden, dass Gott mehr ist als ein Nothelfer, und dass ich für ihn mehr bin als ein Bittsteller." Und in einer anderen: „Dass Gott uns ‚aus freien Stücken' gibt, ohne dass wir ihn erst darum bitten müssen, das ist so schön! Das ist ein ganz neues Gottesbild für mich, das ist richtig befreiend!" Ähnliche Sätze standen in den meisten Briefen, die ich erhielt. Aber es gab auch andere Reaktionen: „Glauben Sie es nur, hätten Ihre vielen Freunde nicht für Sie gebetet, würden Sie heute nicht mehr leben!" Eine Ordensschwester schrieb: „Das Beten ist doch unsere Hauptaufgabe im Kloster. Wenn Gott auch ohne unser Bittgebet hilft, welchen Sinn hat denn dann noch unser ganzes Klosterleben? Was bleibt denn dann noch vom Sinn des Betens übrig?"

Ja, was bleibt dann noch vom Beten übrig? – Diese Frage stellt sich ähnlich vielleicht auch dem einen oder anderen Leser am Schluss meines Buches. Denn auch das VATERUNSER ist, wie sich zeigte, kein Bittgebet, jedenfalls nicht durchgängig und nicht im eigentlichen Sinne. Wie schon gesagt: Eine Bitte liegt ja, genau genommen, nur dann vor, wenn sich der Bittsteller von jemandem etwas für sich selbst oder für andere erbittet. Von den herkömmlich so genannten „sieben Vaterunser-Bitten" – den Heilig-Geist-Vers dann als achte noch hinzugerechnet – ist nur eine einzige übriggeblieben:

die um das „Brot für heute". Und selbst dieser Vers hat einen Akzent, der weit über ein „bitte, gib uns Brot …" hinausgeht. Die drei Verse davor und die drei danach, gezählt nach der Matthäus-Fassung bzw. nach dem heute gebräuchlichen Text, sind keine Bitten. Bewusst habe ich deshalb immer von „Versen" gesprochen und den Ausdruck „Vaterunser-Bitten" absichtlich vermieden.

In der Gebets- und Lebensschule Jesu werden wir vor die Tatsache gestellt, dass Beten mehr ist als Bitten. In seinem Leitgebet hat Jesus für sich und für seine Mitmenschen nicht eine Anzahl von Bittgesuchen, sondern vielmehr eine Art *Gebets-Themen-Katalog* zusammengestellt: „Gesprächsthemen" im Umgang mit Gott, die nach seinem Verständnis vom Beten dem Beten nicht fehlen sollten. Hier hat Jesus in Worte gekleidet, was *die Hauptthemen in seinem Gespräch mit dem Vater*, was seine *tiefsten Herzensanliegen im Leben mit Gott und den Menschen* waren. Und das sind eben nicht nur Bitten. – Der in Berlin-Plötzensee von den Nazis hingerichtete Jesuitenpater Alfred Delp hätte allen Grund und Anlass gehabt, das VATERUNSER in seiner Gefängniszelle als Bittgebet gen Himmel zu schreien. Stattdessen lehrte auch ihn dieser so vertraute Gebetstext, „mit Gott die großen Ordnungen und Anliegen unseres Lebens durchzusprechen", denn das sei „der Inhalt des Herrengebetes."[384]

Einmal haben diese großen Anliegen tatsächlich die Form einer *Bitte*, ein andermal die einer Schulden-bewussten, dankbar-staunenden *Liebeserklärung*, die im Gebet von schuldigen Schuldnern mit dem *Vertrauenserweis* einhergeht, auch als Sünder noch der von Gott Geliebte zu sein. Zwei dieser Anliegen kommen Jesus als *Notschrei und Hilferuf* aus dem Herzen, und die ersten drei Verse bilden zusammen seinen *größten, tiefsten Herzenswunsch* – zuallererst für diesen Abba-Gott selbst.[385] Da bleibt also außer dem Bitten noch viel übrig vom Sinn des Betens!

Beten ist für Jesus von Nazareth mehr als „bitte, bitte …" sagen. Beten ist für ihn ein Teil des Lebens, ja der innerste Kern seiner Art, das Leben zu leben. Daher bringt er nicht nur die alltäglichen oder unerwartet auftretenden Bedürftigkeiten vor Gott hin. *Alles*, was für sein Leben mit dem Vater und mit den Menschen wichtig und in tiefstem

Sinne *wesentlich* ist, ist für ihn Gebets-Thema. Das VATERUNSER Jesu ist *gebetetes Leben.* – Der Vergleich mit einer zwischenmenschlichen Beziehung mag das verdeutlichen: Freunde, oder Liebende gar, kommen nicht nur mit Bitten zueinander, sie teilen miteinander ihr Leben. Es wäre auch mit ihrer Freundschaft nicht weit her, würde sie nur eine Not zum Gespräch zusammenführen. Meister Eckhart bemerkt in seinem kleinen Traktat über das VATERUNSER: „*Das* Gebet gefällt (Gott) sehr, welches von der Liebe, nicht von der Not hervorgerufen ist.“[386] Er meint sogar, „dass nichts Zeitliches von Gott erbittet werden muss“, und dies mit der Begründung: „Weil das Gebet des Herrn selbst nichts dergleichen enthält (!)“.[387]

Auch Jesus kann „bitte“ sagen, aber das ist nicht das Einzige, was sein Beten ausmacht; es ist nicht einmal der Grundtenor in seiner Beziehung zu Gott. Sogar seiner Bitte aus tiefster Not am Abend der Gefangennahme, „Abba, Vater … nimm diesen Kelch von mir!“, fügt er hinzu: „Aber nicht, was ich will, sondern was du willst, soll geschehen“ (Mk 14,36). Selbst hier noch, im Angesicht der drohenden, furchtbaren Hinrichtung, wird seine Bitte verschlungen von dem großen Herzenswunsch, dass Gottes Geist, Gottes „Wille“ ihn ganz erfüllen möge – *trotz* allem und *in* allem, was nun geschehen würde. „Wenn man einmal die Stellen sammelt“, schreibt Karl-Heinz Menke in seinem sehr lesenswerten Buch HANDELT GOTT, WENN ICH IHN BITTE?, „in denen zum Beispiel der Evangelist Lukas vom Beten Jesu spricht, dann fällt auf, dass es stets um die Einheit mit dem Willen des Vaters geht. Jesus betet niemals um dies oder das, sondern nur darum, dass sich in seinem Handeln der Wille – das Handeln – des Vaters erfüllen möge.“[388]

Ja, es ist wahr: Jesus fordert seine Jünger und Jüngerinnen auch dazu auf, sich mit Bitten und Fürbitten an Gott zu wenden. Lukas hat die wohl eindringlichste Aufforderung Jesu zum Bittgebet sogar unmittelbar an das VATERUNSER angeschlossen. Dort lesen wir:

> „Dann sagte er zu ihnen: Wenn einer von euch einen Freund hat und um Mitternacht zu ihm geht und sagt: Freund, leih mir drei Brote; denn einer meiner Freunde,

der auf Reisen ist, ist zu mir gekommen, und ich habe ihm nichts anzubieten!, wird dann etwa der Mann drinnen antworten: Lass mich in Ruhe, die Tür ist schon verschlossen, und meine Kinder schlafen bei mir; ich kann nicht aufstehen und dir etwas geben? Ich sage euch: Wenn er schon nicht deswegen aufsteht und ihm seine Bitte erfüllt, weil er sein Freund ist, so wird er doch wegen seiner Zudringlichkeit aufstehen und ihm geben, was er braucht.

Darum sage ich euch: Bittet, dann wird euch gegeben; sucht, dann werdet ihr finden; klopft an, dann wird euch geöffnet. Denn wer bittet, der empfängt; wer sucht, der findet; und wer anklopft, dem wird geöffnet. Oder ist unter euch ein Vater, der seinem Sohn eine Schlange gibt, wenn er um einen Fisch bittet, oder einen Skorpion, wenn er um ein Ei bittet? Wenn nun schon ihr, die ihr böse seid, euren Kindern gebt, was gut ist, wie viel mehr wird der Vater im Himmel den Heiligen Geist denen geben, die ihn bitten“ (Lk 11,5–13).

Den zweiten Teil dieser Worte überliefert auch Matthäus (7,7–11), ebenfalls bald nach dem VATERUNSER, noch innerhalb der zur „Bergpredigt“ zusammengestellten Jesus-Worte. In beiden Fällen aber, bei Lukas wie bei Matthäus, wird nicht gesagt, dass der Bittende genau das bekommen wird, worum er gebetet (genauer: ge-„bittet“) hat. Den *Heiligen Geist*, also nicht unbedingt das konkret Erbetene, wird der Vater „denen geben, die ihn bitten“, schreibt Lukas, und bei Matthäus heißt es an dieser Stelle, der Vater wird „denen *Gutes* geben, die ihn bitten“! Der Heilige Geist und das Gute – *das* sind die Gaben, die Gott auf unser Bitten hin geben wird. Nur so können auch die bei Markus überlieferten Worte, wollte man sie nicht durch Erfahrung Lügen strafen, gemeint sein: „Alles, worum ihr betet und bittet – glaubt nur, dass ihr es schon erhalten habt, dann wird es euch zuteil“ (Mk 11,24). Der Heilige Geist und das Gute – das ist es, was wir Markus zufolge sogar „schon erhalten *haben*“! Der Geist ist längst da, ohne dass wir um ihn bitten müssten. Und etwas anderes als das Gute – das Gute für uns aus *seiner* Sicht – kann ein guter Gott ohnehin nicht geben. Warum also sollten wir ihn dann immer nur bitten, wenn wir beten?

Wieder ist daraus ersichtlich, dass es Jesus, wenn er uns beten lehrt, um mehr geht, als dass wir Gott mit unseren Bitten kommen. Und eben von diesem „mehr", von dem, was dann noch „vom Sinn des Betens übrig bleibt", hatte das Lukasevangelium kurz zuvor im VATERUNSER gesprochen; in diesem „Leitgebet" war zusammengefasst – und zwar von Jesus selbst –, was außer Bitten vom Beten noch übrig bleibt.

Matthäus hat uns in der „Bergpredigt" noch weitere, nicht unwesentliche Details über die Haltung Jesu zum Bittgebet überliefert. Wenn es einmal etwas zu erbitten gibt, dann betet, so sagt Jesus dort, in dem Bewusstsein, dass „euer Vater weiß, was ihr braucht, noch ehe ihr ihn bittet" (Mt 6,8). Noch einmal dazu Karl-Heinz Menke: „Beten – gerade ausdauerndes, existentielles Beten – geschieht meistens wortlos. Beten, wenn es still geworden ist, bittet nicht mehr um dies oder das, will den Gott, der absolute Liebe ist, nicht zu etwas ‚Liebem' veranlassen – wie sollte absolute Liebe nicht immer schon wollen, was ‚lieb' ist?"[389] – Und ganz und gar liegt Jesus der Gedanke fern, die Menschen würden „nur erhört, wenn sie viele Worte machen" (Mt 6,7): Weder ein hohes Pensum an Bittgebeten noch eine große Anzahl von Betern bringen Gott dazu, unsere Bitten zu erhören. So kann man nur von einem Gott denken, der weit hinter dem zurücksteht, was Jesus über ihn bekanntgemacht und vorgelebt hat. Der Abba Jesu gibt aus freien Stücken.

„Wir beten nicht zu Gott, um ihn umzustimmen", sagt Thomas von Aquin in seinem Artikel zum VATERUNSER, „sondern um in uns das Vertrauen zu wecken, das im Gebet liegt. Vor allem wird es erweckt durch die Betrachtung seiner Liebe zu uns, mit der er unser Wohl will – darum reden wir ihn auch an mit ‚unser Vater'."[390]

Ich glaube tatsächlich, dass ich auch dann gesund geworden wäre, wenn nicht ein einziger Mensch für mich gebetet hätte. Ich bin tatsächlich zutiefst davon überzeugt, dass Gott wusste, was gut für mich ist, gut für ihn und gut für all diejenigen, die um mein

Leben bangten. Heute weiß ich: Er hat mir mehr geschenkt als nur mein Leben. Es mag paradox klingen, aber mich erfüllt ein unsagbar großes Gefühl von Dankbarkeit – nicht zuerst, dass ich überlebt habe, sondern dass ich all das, was nun an Schwerem hinter mir liegt, erleben durfte! Und dabei habe auch ich selbst, das muss ich hier gestehen, in der ganzen langen Krankenhaus-Zeit, soweit ich mich erinnern kann, nicht ein einziges Mal eine Bitte oder gar ein ganzes Bittgebet gesprochen; nicht einmal das VATERUNSER habe ich „richtig" gebetet – oft aber, mehr im Gefühl als mit den Gedanken, geschweige denn in formulierten Worten, „Abba, du bist da …" gesagt, und manchmal auch: „Gott, wie groß bist du, wie herrlich; wie gut, dass du da bist – ganz gleich, wie es mit mir ausgeht …" Und ebenso große Dankbarkeit, ja mehr noch: ein großes Staunen darüber erfüllt mich, welch tiefe Verbundenheit entstanden ist zwischen vielen von denen, die so sehr für mich gebetet haben, wie auch zwischen ihnen und mir … Gott hat ihnen und mir mehr gegeben als das, worum sie alle bittend gebetet haben: etwas mehr von seinem *Heiligen Geist* …

Bei Matthäus wird das VATERUNSER betont eingeleitet mit den Worten: „So sollt ihr beten: …" – *so*, eben nicht nur in Form von Bitten, von denen das VATERUNSER bestenfalls eine einzige enthält, sondern indem ihr zuerst an Gott denkt, nicht an eure Bedürfnisse; an *seine* Anliegen, damit sie eure „Existenz erhellen" und auch zu euren Herzensanliegen werden! Denn: „Euch muss es zuerst um sein Reich und um seine Gerechtigkeit gehen; dann wird euch alles andere dazugegeben" (Mt 6,33). – Einer, der das sehr gut verstanden hat, ist Johannes vom Kreuz. In einem seiner Hauptwerke, dem AUFSTIEG AUF DEN BERG KARMEL, schreibt er:

> „Es gibt Menschen, die mehr ihrer Anliegen als der Ehre Gottes wegen beten. Selbst wenn sie davon ausgehen, dass das, worum sie Gott bitten, nur geschieht, wenn es Gott dienlich ist, und wenn es nicht eintrifft, dann eben nicht, so vermehren sie doch aufgrund ihres eitlen Denkens ihr überzogenes Bitten. Dabei wäre es besser, das Gebet auf

> etwas von größerer Wichtigkeit für sie umzulenken, wie es die wahre Reinigung ihres Gewissens und das echte Verständnis für die Angelegenheiten ihres Heils ist. […] Darum lesen wir, dass Gott dem Salomo, weil er ihn zutreffend um etwas bat, was ihm gefiel, nämlich um *Weisheit*, damit es ihm gelänge, sein Volk gerecht zu regieren, mit folgenden Worten antwortete: ‚Weil die Weisheit dir angenehmer war als irgendetwas sonst und du weder um den Sieg durch den Tod deiner Feinde noch um Reichtum oder langes Leben gebeten hast, gebe ich dir nicht nur die Weisheit, um die du bittest, um mein Volk gerecht zu regieren, sondern ich werde dir auch noch das geben, worum du mich nicht gebeten hast' (2 Chr 1,11 f.). […]
>
> Es ist doch klar, dass unser Herr als einer, der die Wesensart des Ewigen Vaters so gut kannte, seinen Jüngern alles Wichtige gesagt hätte, als diese ihn baten, sie beten zu lehren, damit er uns erhört; doch hat er sie nur jene sieben Bitten des Vaterunsers gelehrt, in denen all unsere spirituellen und zeitlichen Bedürfnisse enthalten sind. Er hat ihnen keine weitere Vielfalt an Worten und Zeremonien beigebracht; vielmehr hat er ihnen an anderer Stelle gesagt, dass sie beim Beten nicht danach verlangen sollten, viele Worte zu machen, weil unser himmlischer Vater doch wohl wüsste, was uns gut für sie ist (Mt 6,7 f.). Er hat uns nur sehr nachdrücklich aufgetragen, im Gebet beharrlich zu sein, nämlich im Beten des Vaterunsers, da er an anderer Stelle sagt, dass man ‚immer beten und niemals nachlassen' soll (Lk 18,1). Er hat keine Vielzahl an Bitten gelehrt, sondern dass man jene oftmals und mit Andacht und Sorgfalt wiederholen solle. Denn, wie ich schon sagte, in ihnen ist alles enthalten, was Gottes Wille ist, und alles, was uns wirklich guttut."[391]

Gewiss, auch Johannes vom Kreuz spricht von den sieben *Bitten* im VATERUNSER. Das war die übliche Bezeichnung von der Zeit der

Vätertheologen an und bis in die Gegenwart verwenden wir diesen Ausdruck. Inzwischen aber sind wir dabei, zu erkennen, dass hier genauer differenziert werden muss. Bereits 1903 hatte der spätere evangelische Landesbischof von Berlin, Otto Dibelius (1880–1967), eine Arbeit vorgelegt – meines Wissens die erste historisch -theologische Arbeit über das VATERUNSER im heutigen wissenschaftlichen Sinne überhaupt –, die zu einer vertiefteren Sicht führen wollte. Das Studium der frühen Vätertheologen brachte ihn zu der Erkenntnis, „in wie hohem Maße das Verständnis des Vaterunsers bei den griechischen Schriftstellern durch vulgäre Vorstellungen und durch griechische Denkweise beeinflusst" gewesen sei.[392] Damals, so Otto Dibelius, galt „das Gebet … überall in erster Linie als Bittgebet".[393] Die Kirchenväter seien aufgrund dieser Vorstellungen, den ersten VATERUNSER-Auslegern Tertullian und Origenes folgend, „meist stillschweigend von der Voraussetzung aus(gegangen)", dass auch das Gebet Jesu „vor allem Bittgebet sei";[394] dadurch und durch weitere zeitbedingte Vereinseitigungen, so urteilte der junge Theologe, trat „der ursprüngliche Charakter des Vaterunsers vollständig zurück".[395] Die Sicht der Kirchenväter blieb dann, zumindest diesbezüglich, unhinterfragt über fast zwei Jahrtausende hinweg.

Leider ist der Hinweis von Otto Dibelius später wenig beachtet worden. Erst Heinz Schürmann hat, freilich ohne die geläufige Bezeichnung „Vaterunser-Bitten" ganz aufzugeben, genauer differenziert und die einzelnen Verse nach Inhalt und grammatikalischer Form als Wunsch, Herzensanliegen, Bitte, Notschrei oder Hilferuf charakterisiert. Ich sehe darin keine exegetische Spitzfindigkeit oder gar bloße Wortklauberei, sondern eine entscheidende Hilfe, um der ganzen Tiefe, wie Jesus uns beten und leben lehrte, gründlicher auf die Spur zu kommen. Beten in seinem Sinne ist mehr als Bitten, weil sein Abba mehr ist als ein „Nothelfer" und die Söhne und Töchter des Abba mehr sind als Bittsteller.

Bedeutet das nun, wir sollten nicht füreinander beten? Das wäre die falsche Schlussfolgerung. Einige aus meinem großen Freundes- und Bekanntenkreis haben mir gesagt oder geschrieben: „Wir haben im Gebet oft an Sie gedacht", oder: „Sie waren immer in meinem

Gebet“, oder sogar: „In dieser schlimmen Zeit ging es zwischen Gott und mir immer nur um dich.“ Durch solche Worte, gerade in diesen Formulierungen, ist auch mir selbst etwas klar geworden, ja ist mir eine tiefe Weisheit der christlichen Spiritualität wieder neu aufgegangen: Füreinander beten heißt nicht nur, füreinander bitten, sondern grundsätzlicher: *einander zum Gebets-Thema haben*, in guten wie in bösen Tagen. Füreinander beten heißt, den Mitmenschen – den Freund wie den „Feind“ (vgl. Mt 5,44) – vor Gott im Herzen haben, ihn einreihen unter die großen Herzensanliegen meines Lebens, um sie, wie Jesus, mit dem Abba zu „besprechen“: für den anderen bitten, für ihn danken, ihn vor Gott „meditieren“, sich um ihn sorgen zusammen mit Gott, sich an ihm freuen zusammen mit dem Abba, ihn loslassen in Gott hinein, ihn als Geschenk empfangen von Gott …

Und wenn ich heute rückblickend genau bedenke, was mir in meiner schweren Zeit geholfen und was mich getragen hat, dann nicht nur, dass so viele für mich gebetet, sondern dass sie für mich und mit mir *geglaubt* haben. Zu dieser Erkenntnis verhalf mir einer meiner „atheistischen“ Freunde, der mir ehrlich sagte: „Du weißt ja, Reinhard, ich bete nicht. Aber ich habe in der Zeit, als du auf der Intensivstation lagst, oft an deinen Glauben gedacht. Und irgendwie habe ich in meinem Herzen mit daran geglaubt, dass dein Gott dich gesund werden lässt …“

Wie ganz anders lebt es sich, wenn man Gott nicht immerfort *nur* mit Bitten kommt – weder für sich selbst noch für den anderen –, nicht mit Bitten um Brot, Gesundheit und Wohlergehen, nicht einmal mit der Bitte um Vergebung! Man starrt dann nicht mehr darauf, ob er all diese Bitten auch erfüllen wird, sondern hat offene Augen für das viele Gute, für die vielen Überraschungen, die er uns beschert, „noch bevor wir ihn bitten“, ganz und gar gratis und aus freien Stücken. Man wird dann des Öfteren sagen können, mitten aus der Alltäglichkeit heraus und mit einem liebevollen Augenzwinkern: Oh, lieber Gott, du hast wieder viel gut bei mir …

Was für immer bleiben wird

Was hat *Jesus* gebetet, wenn er sein UNSER VATER sprach? Wie hat *er* die Worte gemeint, die zum Haupt- und Leitgebet der Christen geworden sind? Das war die Ausgangsfrage am Beginn dieses Buches. Wollte ich nun zusammenfassen, was ich selbst darüber in dem großen Schülerkreis aus Vergangenheit und Gegenwart gelernt habe, wollte ich also das Gebet Jesu so ins Deutsche übertragen, dass der *ursprüngliche Sinn* der Verse – freilich unter dem Vorbehalt: „Alle Erkenntnis ist nur Stückwerk!“ (1 Kor 13,9) – herauszuhören ist, dann würde ich es folgendermaßen wiedergeben:

Abba, du, heilig-glücklich sollst du sein!

Mög' doch dein „Königtum Gottes“ immer mehr
Wirklichkeit werden in unserer Welt.

Gib uns – zum Teilen – heute unser Brot, nur so viel
wie wir nötig haben, für den Leib und für die Seele!

Schuldner deiner Liebe sind wir vor dir, so wie wir es auch
voreinander sind – unendlich viel hast du gut bei uns.

Lass uns nicht zurückfallen in ein Leben ohne dich!

Abba, du ...

Am Schluss eines seiner Kommentare zum VATERUNSER hat Heinz Schürmann in die Zukunft geschaut und sich die Frage gestellt, wie lange man wohl diese Worte Jesu noch beten wird. Seine Antwort: „Wie alle *Worte* Jesu (Mk 13,31), so wird auch dieses *Gebet* Jesu nicht vergehen. Es wird erklingen, bis es verschlungen wird vom kommenden Gottesreich", denn dann erst wird sein „einziger großer Wunsch" erfüllt sein: „Gottes Herrschaft und Reich sind Wirklichkeit."[396]

Und in Gottes Ewigkeit? Was wird dann eigentlich vom VATERUNSER noch übrig geblieben sein?

> „Es bleibt ganz am Ende und für alle Ewigkeit in reiner Gestalt nur der Anfang des Gebetes, der auch immer schon seine verborgene Seele war: ‚Vater, geheiligt werde dein Name!'"[397]

Wir werden dann, vollkommen ausgebildet in der Lebensschule Jesu, „das Leben Gottes leben", sagt Johannes vom Kreuz, „zugesellt der Heiligsten Dreifaltigkeit, mitwirkend deren Werke."[398] Lebenskünstler werden wir sein, „Artisten ohne Seil und Netz", und das „Abba, geheiligt werde dein Name" werden wir uns noch einmal neu zurechtgebetet haben: „Wie herrlich ist es für uns mit euch, ihr heilig-glücklichen einigen Drei …!"

Anmerkungen

(Die Literatur, die sich speziell auf das VATERUNSER bezieht, ist in den folgenden Anmerkungen nur mit Verfasser und Haupttitel angegeben; vollständige Angaben siehe im Literaturverzeichnis.)

1 *Hans-Joachim Höhn*, Zerstreuungen. Religion zwischen Sinnsuche und Erkenntnismarkt, Düsseldorf: Patmos 1998, 21.

2 *Martin Luther*, Amen. Das Weitere findet sich, 47; vgl. Weimarer Ausgabe (WA) Bd. 38 (358–373), 364.

3 Ebd.

4 *Teresa von Ávila*, Das Vaterunser meditieren, 69 (Weg der Vollkommenheit 29,6/7).

5 *Gregor von Nyssa*, Das Gebet des Herrn (V 3), 140.

6 *Bernhard Häring*, Vater unser, 9.

7 *Heinz Schürmann*, Das Gebet des Herrn, 15 f.

8 Ebd. 15.

9 *Rudolf Schnackenburg*, Alles kann, wer glaubt (Neuausgabe 1992), 91. – Diese Schätzung ist durchaus nicht übertrieben, denn allein schon eine Auflistung der Bücher und Zeitschriftenaufsätze zum VATERUNSER, die zwischen 1945 und 1981 erschienen sind, umfasst über 140 Seiten; siehe: *Monica Dorneich*, Vaterunser-Bibliographie, 21–162.

10 Ein guter Überblick über die Geschichte der VATERUNSER-Literatur findet sich in: *Karl Becker / Maria Peter (Hg.),* Das Heilige Vaterunser, 18–37 (mit nachfolgend vielen Textbeispielen).

11 Laut www.buecher.de (Stand: Nov. 2007).

12 *Heinz Schürmann*, Das Gebet des Herrn, 179, Anm. 1.

13 *Teresa von Ávila*, Weg der Vollkommenheit, Kap. 19–42, in: *dies*., Das Vaterunser meditieren.

14 *Nikolaus Cusanus*, Die Auslegung des Vaterunsers in vier Predigten, 101.

15 Ebd. 26 f.

16 So z. B. in den Evangelien-Kommentaren von *Heinz Schürmann, Joachim Gnilka, François Bovon* (s. Literatur-Liste im Anhang); vgl. auch: *Hans Weder*, Die „Rede der Reden“, 174 f.

17 Der rekonstruierte Text der LOGIENQUELLE sowie allgemeinverständliche Beiträge zum gegenwärtigen Forschungsstand über dieses frühe Dokument in: BIBEL UND KIRCHE 2/1999 (eine Zeitschrift des Kath. Bibelwerkes Stuttgart).

18 *Josef Ernst*, Das Evangelium nach Lukas, 269.

19 So z. B. der britische Neutestamentler *Martin Forward*, in: Jesus. Eine Biografie, Freiburg-Basel-Wien: Herder 2000, 91 (Originalausgabe Oxford 1998).

20 *Rudolf Schnackenburg*, Alles kann, wer glaubt, 95.

21 *Heinz Schürmann*, Das Lukasevangelium, 204. So auch schon *Joachim Jeremias*, Das Vater-Unser im Lichte der neueren Forschung, 11.

22 Zweisprachige Neuausgabe (griech.-dt.): Didache. Zwölf-Apostel-Lehre (Reihe: FONTES CHRISTIANI, Bd. 1), übers. u. eingel. v. *Georg Schöllgen*, Freiburg-Basel-Wien: Herder 2000.

23 Ebd. 119–121.

24 *Karl Barth*, Das Vaterunser nach den Katechismen der Reformation, 117.

25 *Josef Ernst*, Artikel „Vaterunser/biblisch-theologisch" in: LThK (2001), Bd. 10, 548.

26 *Josef Ernst*, Das Evangelium nach Lukas, 269 (bezugnehmend auf *Eduard Schweizer*, Das Evangelium nach Matthäus, 92).

27 *Ambrosius,* Über die Sakramente (IV 18–30), 166–169.

28 So die Auskunft auf der Internetseite www.christusrex.org/www1/pater/index.html (Stand: 1. März 2001); das VATERUNSER ist dort in allen Sprachen einsehbar.

29 Aus: *Ferdinand Urbanek*, Das alte Vaterunser in neuer Textform, 59.

30 Siehe dazu: *Albrecht Peters*, Kommentar zu Luthers Katechismen, 15.

31 *Walter Dirks*, Unser Vater und das Vaterunser.

32 Siehe dazu: *Dieter Eckmann*, Zweite Entscheidung. Das Zurückkommen auf eine Lebensentscheidung im Lebenslauf (Erfurter Theologische Studien, Bd. 84), Leipzig: Benno 2002, bes. 59–71 (Das Thema in der spirituellen Tradition); *Heinz Schürmann*, Geistliches Tun, Leipzig: Benno, 3. Aufl. 1986, 9–26, bzw.: *ders.*, Worte an Mitbrüder. Über geistliches Tun, Einsiedeln: Johannes-Verlag 1983, 9–26.

33 *Martin Buber*, Zwei Glaubensweisen, Zürich: Manesse 1950; hier u. im Folgenden zt. n. d. Neuausgabe: Gerlingen: Lambert Schneider, 2. Aufl. 1994, 43.

34 Pastorale Konstitution über die Kirche in der Welt von heute (GAUDIUM ET SPES), Nr. 19.

35 *Joseph Ratzinger*, Einführung in das Christentum. Vorlesungen über das Apostolische Glaubensbekenntnis, München: Kösel 1968, 22–24; Neuausgabe: München: Kösel 2000, 39 f.

36 „A man's best friend is his dogma" – Aufschrift auf einer Plakette, die *Karl Rahner* in einem New Yorker Hippieladen erstand; siehe: *Matthias Wörther,* Als ich noch älter war. Durch Dogmen das Leben entdecken, Würzburg: Echter 1996 (Rückentext).

37 *Eva Strittmatter*, Mondschnee liegt auf den Wiesen, Berlin u. Weimar: Aufbau-Verlag 1975, 116.

38 *Eberhard Tiefensee*, Homo areligiosus, in: LEBENDIGES ZEUGNIS 3/2001, 188–203, 198. – Siehe dazu vom selben Autor auch: „Religiös unmusikalisch"? Ostdeutsche Mentalität zwischen Agnostizismus und flottierender Religiosität, in:

Joachim Wanke (Hg.), Wiedervereinigte Seelsorge. Die Herausforderung der katholischen Kirche in Deutschland, Leipzig: Benno 2000, 24–53, u.: So areligiös wie Bayern katholisch ist. Zur konfessionellen Lage im Osten Deutschlands, in: *Karl Schlemmer (Hg.),* Auf der Suche nach dem Menschen von heute. Vorüberlegungen für alternative Seelsorge und Feierformen (Andechser Reihe, Bd. 3), St. Ottilien 1999, 50–66.

39 *Thomas von Aquin*, Die Gottesbeweise in der „Summe gegen die Heiden" und der „Summe der Theologie" (Philosophische Bibliothek), lat.-dt., hg., eingel. u. kommentiert v. *Horst Seidl*. – Siehe dazu: *Klaus Müller*, Gott erkennen. Das Abenteuer der Gottesbeweise, Regensburg: Topos 2001, u.: *Alister E. McGrath*, Naturwissenschaft und Religion. Eine Einführung, Freiburg-Basel-Wien: Herder 2001, 111–114.

40 *Jean Guitton / Grichka Bogdanov / Igor Bogdanov,* Gott und die Wissenschaft. Auf dem Weg zum Metarealismus, München: Dtv 1992, 74.

41 *Paul Davies*, Gott und die moderne Physik, München: Bertelsmann 1986, 15 (vgl. 294).

42 Ebd. 72.

43 So bereits: *Hans-Jörg Fahr*, Der Urknall kommt zu Fall. Kosmologie im Umbruch, Stuttgart: Franckh-Kosmos 1992; vgl. zusammenfassend auch: *Alexandre Ganoczy*, Unendliche Weiten … Naturwissenschaftliches Weltbild und christlicher Glaube, Freiburg-Basel-Wien: Herder 1998, 49 f.

44 *Jean Guitton / Grichka Bogdanov / Igor Bogdanov,* Gott und die Wissenschaft (s. Anm. 40), 73.

45 Ebd. 74.

46 Zum gegenwärtigen Stand des Dialogs zwischen Theologie und Naturwissenschaft siehe den sehr informativen Artikel: *Andreas Benk*, Unterwegs zum Dialog von Theologie und Physik. Eine Zwischenbilanz nach dem ersten Jahrhundert der modernen Physik, in: Theologie der Gegenwart 4/2001, 282–296. – Als weiterführende, allgemeinverständliche Lektüre zur gegenwärtigen Diskussion um das Verhältnis von Glaube und Naturwissenschaft möchte ich besonders empfehlen: *Johannes Schaber (Hg.),* Torheit des Glaubens – Frömmigkeit des Wissens. Stehen Glaube und Wissenschaft heute im Widerspruch?, Leutesdorf: Johannes Verlag 2001; *Alexandre Ganoczy*, Unendliche Weiten … (s. Anm. 43); *Alister E. McGrath*, Naturwissenschaft und Religion (s. Anm. 39); *Günter Ewald*, Gibt es ein Jenseits? Auferstehungsglaube und Naturwissenschaften, Mainz: Topos 2000; *Arnold Benz,* Die Zukunft des Universums. Zufall, Chaos, Gott?, Düsseldorf: Patmos 1997; *Franz Gruber*, Im Haus des Lebens. Eine Theologie der Schöpfung, Regensburg: Pustet 2001.

47 Siehe z. B.: *Reinhard Breuer*, Das anthropische Prinzip. Der Mensch im Fadenkreuz der Naturgesetze, Frankfurt a. M.: Ullstein1984.

48 Aus: *Klaus Müller*, Gottes Dasein denken. Eine philosophische Gotteslehre für heute, Regensburg: Pustet 2001, 125.

49 Summa Theol. I, 2, 3 (s. Anm. 39), jeweils am Schluss der fünf Wege.

50 Contra academicos III 20,43.

51 *John Leslie Mackie*, Das Wunder des Theismus. Argumente für und gegen die Existenz Gottes, Stuttgart: Reclam 1985.

52 *Milan Machoveč,* Jesus für Atheisten. Mit einem Geleitwort von *Helmut Gollwitzer*, Stuttgart: Kreuz Verlag, 4. Aufl. 1975, 1.

53 Siehe dazu das allgemeinverständlich geschriebene Buch: *Franz von Kutschera*, Die großen Fragen. Philosophisch-theologische Gedanken, Berlin: De Gruyter 2000.

54 In einem Brief vom Dezember 1961, Erstveröffentlichung in: *Hermann Hesse*, Mein Glaube, Frankfurt a. M.: Suhrkamp 1971, 126.

55 Aus: *Emmanuel Jungclaussen*, Beten mit Franz von Assisi, Freiburg-Basel-Wien: Herder, 7. Aufl. 1984, 79–81; auch enthalten in einer Ausgabe des St. Benno Verlags: *Michael Pabel OFM (Hg.),* Er zeige mir sein Angesicht. Die Schriften des heiligen Franziskus von Assisi, Leipzig: Benno 1982, 149 f.

56 Neben ähnlich lautenden alttestamentlichen Texten verweisen die jüdischen und christlichen Fachleute vor allem auf das sogenannte ACHTZEHNGEBET und die GROSSE LIEBE, so z. B.: *Ulrich Luz*, Das Evangelium nach Matthäus, 343; weitere Texte ebd. in Anm. 70. – Siehe dazu auch die Sammlungen jüdischer Gebetstexte: *Jakob J. Petuchowski*, Gottesdienst des Herzens. Eine Auswahl aus dem Gebetsschatz des Judentums, Freiburg-Basel-Wien: Herder 1981, u.: *Leo Prijs*, Du, unser Vater. Gebete aus dem Judentum, Freiburg-Basel-Wien: Herder 1988.

57 *Schalom Ben-Chorin*, Bruder Jesus. Der Nazarener in jüdischer Sicht, München: Dtv, 9. Aufl. 1986, 91.

58 Das Gemeinschaftswerk eines jüdischen und eines christlichen (katholischen) Theologen: *Jakob J. Petuchowski* u. *Clemens Thoma*, Lexikon der jüdisch-christlichen Begegnung. Hintergründe – Klärungen – Perspektiven, Freiburg-Basel-Wien: Herder 1994 (Neuausgabe).

59 Ebd. 422.

60 *Bernhard Lang*, Das Vaterunser, 91–119; *ders.,* Artikel „Vaterunser" in: Neues Bibel-Lexikon, hg. v. *Manfred Görg u. Bernhard Lang*, Düsseldorf-Zürich: Benziger 1991–2001, 994–997.

61 *Rudolf Schnackenburg*, Alles kann, wer glaubt, 95.

62 *Heinz Schürmann*, Das Lukasevangelium, 205. Ähnlich später auch: *Hubert Frankemölle*, Matthäus-Kommentar, 254: „… ein durch und durch jüdisches Gebet – allerdings mit stark jesuanischen Akzenten."

63 *Martin Forward*, Jesus (s. Anm. 19), 93.

64 So die Übersetzung des Titels „Kaddisch" (auch: „Qaddisch") in: *Leo Prijs*, Du, unser Vater (s. Anm. 56), 32.

65 *Rabbi S. Ph. de Vries*, Jüdische Riten und Symbole, Wiesbaden: Fourier, 7. Aufl. 1994, 306–310, 307.

66 Ebd. 310.

67 Vgl. ebd. 30 f. u. *Ulrich Luz*, Das Evangelium nach Matthäus, 343.

68 Vgl. dazu ebd.

69 Die deutsche Fassung wird in der einschlägigen jüdischen und christlichen Literatur unterschiedlich wiedergegeben, z. B. „Königsherrschaft" statt (richtiger) „Königtum".

70 Siehe seine Übertragung der Mt- und der Lk-Version ins Aramäische mit Endreim und rhythmischem Versmaß: *Ernst Lohmeyer*, Das Vater-Unser, 14–18. – Vgl. auch: *Ferdinand Urbanek*, Das alte Vaterunser in neuer Textform, 35–41.

71 Trotz zweifelnder Stimmen (*Heinz Schürmann, Günther Schwarz* u. a.) rechnet *Ulrich Luz* auch weiterhin mit diesem Endreim im Aramäischen, zumindest bestehe „weitgehender Konsens" darin, „dass das aramäische UNSER VATER rhythmisch formuliert war", in: Das Matthäusevangelium, 334 u. 336.

72 Vgl. *Schalom Ben-Chorin*, Bruder Jesus (s. Anm. 57), 91 f.

73 So *Ulrich Luz*, Das Matthäusevangelium, 336.

74 *Joachim Jeremias*, Abba; *ders*., Neutestamentliche Theologie, 1. Teil.

75 *Georg Schelbert*, Sprachgeschichtliches zu „abba", in: *P. Casetti u. a. (Hg.),* Mélanges Dominique Barthélemy (OBO 38), Fribourg-Göttingen: Éditions Universitaires 1981, 395–447.

76 Vorsichtig allerdings *Gerd Theissen / Annette Merz*, Der historische Jesus, Göttingen: Vandenhoeck & Ruprecht 1996: Es sei nicht sicher, dass es sich um ein „absolut singuläres Phänomen" handle, aber „nicht ausgeschlossen", dass diese Anrede auf Jesus allein zurückgeht, ebd. 459.

77 So *Heinz Schürmann*, Das Lukasevangelium, 205 f.

78 *Heinz Schürmann*, Das Gebet des Herrn, 28.

79 Siehe z. B.: *Jakob J. Petuchowski* u. *Clemens Thoma*, Lexikon der jüdisch-christlichen Begegnung (s. Anm. 58), 418–422; der heutige Text des ACHTZEHNGEBETS („Gebet der 18 Segenssprüche") siehe in: *Leo Prijs*, Du, unser Vater (s. Anm. 56), 24–29.

80 *Josef Imbach*, Über Gott und die Welt. Theologische Quergedanken, Würzburg: Echter 2001, 35.

81 *Heinz Schürmann*, Das Gebet des Herrn (zt. nach der 7. Aufl. 1990), 14.

82 *Teresa von Ávila*, Das Vaterunser meditieren, 44 f. (Weg der Vollkommenheit 24,5 f.).

83 *Augustinus*, De magistro – Über den Lehrer, lat.-dt., Stuttgart 1998; in den Schriften Augustins wiederentdeckt durch *Eugen Biser*, in: Der inwendige Lehrer. Der Weg zu Selbstfindung und Heilung, München 1993, siehe vor allem 17–26 (Der Fundort).

84 Siehe: *Teresa von Ávila,* Das Buch meines Lebens. Vollständige Neuübertragung, hg., übers. u. eingel. v. *Ulrich Dobhan OCD / Elisabeth Peeters OCD*, Freiburg i. Br.: Herder 2001, 114–116 (Vida 5,3).

85 Ebd.

86 Vgl. Brief 160 vom 2.1.1577 (Sämtliche Schriften Bd. III, Kösel-Ausgabe, 443). Siehe auch: *Erika Lorenz*, Das Vaterunser der Teresa von Ávila, 8.

87 *Jörg Zink*, Dornen können Rosen tragen. Mystik – die Zukunft des Christentums, Stuttgart: Kreuz Verlag 1997, 194.

88 Ebd. 200.

89 Ebd. 206.

90 *Augustinus*, Brief an Proba (X 20), 27.

91 *Edith Stein*, Endliches und ewiges Sein (ESW II), Freiburg-Basel-Wien: Herder, 3. Aufl. 1986, 28 f.

92 *Thomas von Aquin*, Über die sieben Bitten des Herrengebetes (S. th. II–II 83,9 a. 3), 45 f. u. 172 f.

93 Ebd.

94 *Karl Rahner*, Schriften zur Theologie, Bd. 7, Freiburg i. Br.: Herder 1966, 22.

95 *Martin Buber*, Zwei Glaubensweisen (s. Anm. 33), 14.

96 Ebd.

97 Ebd. 9.

98 Ebd. 45 f.

99 Ebd. 43.

100 *Karl Rahner*, Schriften zur Theologie, Bd. 7, Freiburg i. Br.: Herder 1966, 22; vgl. auch Bd. 14, 181 u. 375. – Vgl. dazu: *Josef Sudbrack*, Mystische Spuren. Auf der Suche nach der christlichen Lebensgestalt, Würzburg: Echter 1990, 50–76 (Karl Rahners Wort vom Frommen, der ein Mystiker sein wird).

101 Ebd. 198.

102 *Willigis Jäger*, Die Welle ist das Meer. Mystische Spiritualität, Freiburg-Basel-Wien: Herder 2000, 83.

103 Ebd. 42.

104 Vgl. ebd. 49.

105 So bereits der Untertitel des Buches (s. Anm. 102).

106 Ebd. 32 u. ö.

107 Ebd. 33 f.

108 Ebd. 43.

109 Ebd. 48.

110 Ebd. 65.

111 Ebd.

112 Ebd. 46; W. J. beruft sich hier vor allem auf die Gedichte des Heiligen: „Ich trat ein und wusst' nicht wo …" und „Wie gut weiß ich den Quell …".

113 Ebd. 47; W. J. zitiert hier (ohne Quellenangabe) einen „christlichen Spiritual" namens *John Chapman*, hinter dessen Aussage er „voll stehe" (ebd.).

114 Ebd., aus demselben Zitat.

115 Siehe vor allem: *Bernhard Dolna*, An die Gegenwart Gottes preisgegeben. Abraham Joshua Heschel: Leben und Werk, Mainz: Matthias Grünewald 2001. – Dieses Buch „stellt den Versuch dar, einen herausragenden Vertreter des geset-

zestreuen Judentums des 20. Jahrhunderts … Christen vorzustellen"; der Leser „soll für die biblische Gotteserfahrung, wie sie im Judentum bewahrt und gelebt wird, empfindsam werden" (ebd. 11).

116 Zt. nach: *Bernhard Dolna*, ebd. 221.

117 So der Titel des genannten Buches (s. Anm. 102); vgl. 32 ff.

118 Siehe dazu auch die Dokumentation eines Gesprächs zwischen *Willigis Jäger* und den Theologen *Gotthard Fuchs, Berhard Fraling u. Ludger Schwienhorst-Schönberger* in: KONTEMPLATION UND MYSTIK, 2. Jg. (2001).

119 *Romano Guardini*, Das Gebet des Herrn, 27 f.

120 Ebd. 20 f. u. 25.

121 A.a.O. (s. Anm. 102), 10.

122 *Martin Buber*, Ich und Du, Gerlingen: Schneider, 13. Aufl. 1997, 18.

123 *Hubert Frankemölle*, Matthäus-Kommentar, 246.

124 Die Schrift, Bd. 3: Bücher der Kündung, verdeutscht v. *Martin Buber* gemeinsam mit *Franz Rosenzweig*, Stuttgart: Dt. Bibelgesellschaft 1992, 612.

125 Ebd. 201–203.

126 *Hans Weder*, Die „Rede der Reden", 176; vgl. 194.

127 *Joachim Jeremias*, Das Vater-Unser im Lichte der neueren Forschung, 19.

128 *Rudolf Schnackenburg*, Alles kann, wer glaubt, 110.

129 *Heinz Schürmann*, Das Gebet des Herrn, 25.

130 Vgl. *Joachim Jeremias,* Das Vater-Unser im Lichte der neueren Forschung, 19.

131 *Josef Imbach*, Über Gott und die Welt (s. Anm. 80), 35.

132 *Friedrich Nietzsche*, Also sprach Zarathustra (III), Werke, Bd. 2, Köln: Könemann 1994, 280 ff.

133 *Joachim Jeremias*, Das Vater-Unser im Lichte der neueren Forschung, 19 u. Anm. 10.

134 *Martin Luther*, Amen. Das Weitere findet sich, 56 (WA 22,138).

135 Ebd. 64 (WA 49,11).

136 *Walter Grundmann*, Das Evangelium nach Matthäus, 199. – So u. a. auch: *Ulrich Luz*, Das Matthäusevangelium, 341; *Heinz Schürmann*, Das Gebet des Herrn, 27.

137 So die Deutung von *Ulrich Luz*, Das Matthäusevangelium, 341.

138 Brief vom 23.3.1938 an Adelgundis Jägerschmidt, in: *Edith Stein*, Selbstbildnis in Briefen II (ESGA, Bd. 3), Freiburg-Basel-Wien: Herder 2000, 300. – Die Freundin hatte ihr zuvor geschrieben: „Vielleicht sind Sie traurig oder enttäuscht, dass ihn (E. Husserl) bis hart an die Schwelle der Ewigkeit die Philosophie begleitet und er zur Religion gar keine Hinneigung zeigt." (ebd. 298 f., Brief vom 17.3.1938).

139 Origenes, Über das Vaterunser (Vom Gebet XXIII,3), 78.

140 *Cyrill von Jerusalem*, Mystagogische Katechesen, 154/155.

141 *Louis Evely*, Das Gebet eines modernen Menschen, Granz-Wien-Köln: Styria, 3. Aufl. 1970, 163–165.

142 Erstmalig wurde die „Vielweltentheorie“ vertreten durch den russisch-amerikanischen Kosmologen *Andrej Linde*; siehe dazu z. B.: *Hans Jörg Fahr*, Die Illusion von der Weltformel. Was weiß die Wissenschaft wirklich?, Frankfurt a. M.: Haag u. Herchen 2000, 60 ff., u.: *Stefan Klein*, Die Tagebücher der Schöpfung. Vom Urknall zum geklonten Menschen, München: Dtv 2000, bes. 59 ff.

143 *Alexandre Ganoczy*, Unendliche Weiten (s. Anm. 43), 32.

144 *Hermann-Josef Venetz*, Das Vaterunser. Das Gebet einer bedrängten Schöpfung.

145 Ebd. 14 f.

146 *Helmut Thielicke*, Das Gebet, das die Welt umspannt, 10.

147 *Martin Luther*, siehe S. 13.

148 *Eduard Schweizer*, Die Bergpredigt, 63; ähnlich: *Ulrich Luz*, Das Matthäusevangelium, 333.

149 *Ferdinand Urbanek*, Das alte Vaterunser in neuer Textform, 62 u. 63.

150 *Rudolf Schnackenburg*, Alles kann, wer glaubt, 107.

151 So u. a. *Hans Weder*, Die „Rede der Reden“, 176 ff.

152 So z. B. *Ulrich Luz*, Das Evangelium nach Matthäus, 332 ff.

153 *Schalom Ben-Chorin*, Bruder Jesus (s. Anm. 57), 90.

154 *Josef Ernst*, Das Evangelium nach Lukas, 269 u. ff.

155 *Martin Buber*, Zwei Glaubensweisen (s. Anm. 33), 163.

156 *Karl Barth*, Das Vaterunser nach den Katechismen der Reformation, 36.

157 *Heinz Schürmann*, Das Gebet des Herrn, 29.

158 *Medard Kehl*, Die Kirche. Eine katholische Ekklesiologie, Würzburg: Echter 1992, 67.

159 *Medard Kehl*, Hinführung zum christlichen Glauben, Mainz: Matthias Grünewald 1984, 130.

160 *August Franzen*, Kleine Kirchengeschichte, Freiburg-Basel-Wien: Herder, 6. Aufl. 2001, 258.

161 Ebd.

162 Ebd. 253.

163 *Eugen Biser*, Der Freund. Annäherungen an Jesus, München-Zürich: Piper, 2. Aufl. 1989, 22.

164 *Eugen Biser*, Die Entdeckung des Christentums. Der alte Glaube und das neue Jahrtausend, Freiburg-Basel-Wien: Herder 2000, 11.

165 In Anlehnung an *Augustinus* („magister interior“); ausführlich in: *Eugen Biser*, Der inwendige Lehrer. Der Weg zur Selbstfindung und Heilung, München 1994.

166 *Eugen Biser*, Der Freund (s. Anm. 163), 32.

167 Sehr eindringlich in: *Eugen Biser*, Glaubensbekenntnis und Vaterunser, 14 u. 187.

168 Siehe vor allem: *Eugen Biser*, Glaubensprognose, Graz: Styria 1991; *ders.*, Überwindung der Glaubenskrise, München: Don Bosco 1997; *ders.*, Einweisung ins Christentum, Düsseldorf: Pattloch 1997.

169 *Wolfgang Beinert*, Das Christentum. Atem der Freiheit, Freiburg-Basel-Wien: Herder 2000, 301.

170 Siehe dazu die theologische Diskussion um die Erklärung DOMINUS JESUS der röm. Glaubenskongregation in: *Michael J. Rainer (Red.),* „Dominus Jesus". Anstößige Wahrheit oder anstößige Kirche. Dokumente, Hintergründe, Standpunkte und Folgerungen, Münster-Hamburg-London 2001, u.: *Albert Franz (Hg.),* Was ist heute noch katholisch? Zum Streit um die innere Einheit und Vielfalt der Kirche, Freiburg-Basel-Wien: Herder 2001, 65–131.

171 *Bernhard Häring*, Vater unser, 44.

172 *Eugen Biser*, Gott im Horizont des Menschen, Limburg: Glaukos 2001, 72.

173 *Karl-Heinz Menke*, Handelt Gott, wenn ich ihn bitte?, Regensburg: Pustet 2000, 102.

174 *Willigis Jäger*, Die Welle ist das Meer (s. Anm. 103), z. B. 10 f. u. 86 ff.

175 *Eugen Biser*, Die Entdeckung des Christentums (s. Anm. 164), 211–213.

176 Ebd. 261

177 Ebd. 310.

178 *David Flusser*, Bubers „Zwei Glaubensweisen", Nachwort zu: *Martin Buber*, Zwei Glaubensweisen (s. Anm. 33), 185–255, 217 f.

179 *Benedikt XVI.*; DEUS CARITAS EST, Nr. 1.

180 *Tilmann Moser*, Gottesvergiftung, Frankfurt: Suhrkamp 1976.

181 *Meister Eckhart*, Tractatus super Oratione Dominica (II), 109.

182 *Helmut Jaschke*, Gott Vater? Wiederentdeckung eines religiösen Symbols, Mainz: Matthias Grünewald 1997.

183 Ebd. 106.

184 Ebd. 106 f.

185 Ebd. 109.

186 *Gerhard Lohfink*, Wie hat Jesus Gemeinde gewollt?, Freiburg: Herder 1982, 57 u. 62.

187 *Jürgen Moltmann*, Evangelische Theologie, Bd. 5, Berlin 1983, 407 f.

188 *Benedikt XVI.,* Das Gebet des Herrn, in: Jesus von Nazareth. Erster Teil, Freiburg i. Br.: Herder 2007, XX.

189 *Albino Luciani*, Vater unser, 11.

190 *Johannes vom Kreuz*, Die Dunkle Nacht. Vollständige Neuübersetzung, hg. u. übers. v. *Ulrich Dobhan OCD / Elisabeth Hense / Elisabeth Peeters OCD*, Freiburg-Basel-Wien: Herder 1995, 32 f. (I 1,2).

191 Als bereichernde Lektüre möchte ich dazu besonders empfehlen: *Johannes B. Brantschen*, Warum lässt der gute Gott uns leiden?, Freiburg-Basel-Wien: Herder 1999 (2. Aufl. 2001).

192 *Georg Baudler*, El – Jahwe – Abba. Wie die Bibel Gott versteht, Düsseldorf: Patmos 1996.

193 Ebd. 241 u. 244. – Vgl. auch: *Georg Baudler*, Die Befreiung von einem Gott der Gewalt. Erlösung in der Religionsgeschichte von Judentum, Christentum

und Islam, Düsseldorf: Patmos 1999, u.: *Heinz Georg Lederleitner*, Erlösung erschließen – Wahrnehmung gewaltloser Gottesmacht nach Georg Baudler, Münster-Hamburg-London: Lit 2000.

194 *Alfred Delp*, Vater unser, 77 f.

195 So nach *Heinrich Fries*, Der christliche Glaube vor der Herausforderung der Leidproblematik, in: *Horst Bürkle / Gerhold Becker (Hg.),* Communicatio fidei. Festschrift für Eugen Biser zum 65. Geburtstag, Regensburg: Pustet 1983, 99–109, 99.

196 *Schalom Ben-Chorin*, Bruder Jesus (s. Anm. 57), 183.

197 Katechismus der Katholischen Kirche, München u. a. 1993, 295, Nr. 1033.

198 Katholischer Erwachsenen-Katechismus. Das Glaubensbekenntnis der Kirche, hg. v. d. *Deutschen Bischofskonferenz*, Bonn 1985, 423.

199 *Johannes B. Brantschen*, Hoffnung für Zeit und Ewigkeit. Der Traum von wachen Christenmenschen, Freiburg-Basel-Wien: Herder 1992, 128.

200 Siehe dazu u. a. die Referate auf der turnusmäßigen Arbeitstagung der deutschsprachigen katholischen Neutestamentler im Frühjahr 1993 in Salzburg, veröffentlicht in: *Hans-Josef Klauck (Hg.)*, Weltgericht und Weltvollendung. Zukunftsbilder im Neuen Testament (QUAESTIONES DISPUTATAE 150), Freiburg-Basel-Wien: Herder 1994.

201 *Johannes vom Kreuz*, Aufstieg auf den Berg Karmel. Vollständige Neuübersetzung, hg. u. übers. v. *Ulrich Dobhan OCD, Elisabeth Hense u. Elisabeth Peeters OCD*, Freiburg-Basel-Wien: Herder 1999, 139 (II 5,3).

202 In der Übersetzung von *K. Aland (Hg.),* Luther Deutsch, Bd. 2, Göttingen: Vandenhoeck & Ruprecht 1981, 19 f.; im lateinischen Original in: *Hans-Ulrich Delius (Hg.),* Martin Luther. Studienausgabe, Bd. 5, Berlin: Ev. Verlagsanstalt 1992 (624–638), 635–637.

203 Faksimile-Ausgabe: *Martin Luther*, Biblia / das ist die gantze Heilige Schrifft Deudsch, Leipzig: Reclam 1983.

204 *Martin Luther*, Amen. Das Weitere findet sich, 65 (WA 46, 718 f.).

205 Vgl. ebd. Kap. 3

206 Vgl. *Teresa von Ávila*, Das Buch meines Lebens (s. Anm. 84), Kap. 9,1; vgl. Einführung 24–26.

207 *Teresa von Ávila*, Das Vaterunser meditieren, 55–59 (Weg der Vollkommenheit, Kap. 27).

208 *Martin Buber*, Zwei Glaubensweisen (s. Anm. 33), 147.

209 *Katharina von Siena*, Briefe an Päpste, eingel. v. *Franz Peter Sonntag*, Leipzig: Benno 1967, 49.

210 *Eugen Biser*, Gott im Horizont des Menschen (s. Anm. 172), 131.

211 Über die Göttliche Offenbarung (DEI VERBUM), Nr. 12.

212 Der Unterschied zwischen der Predigt des Täufers und der Botschaft Jesu, aber auch die Tatsache, dass sich Jesus klar von der Verkündigung des Johannes absetzt, wurde in den vergangenen Jahrzehnten häufig betont; siehe zusammenfas-

send: *Heinz Schürmann*, Das Gebet des Herrn, 31–40; später u. a.: *Josef Ernst*, Johannes der Täufer – der Lehrer Jesu?, Freiburg-Basel-Wien: Herder 1994.

213 Vgl. dazu die erhellenden Klarstellungen des evangelischen Neutestamentlers *Ulrich Luz* in: Die Jesusgeschichte des Matthäus, Neukirchen-Vluyn: Neukirchener Verlag 1993, 163–173 (Matthäus und Paulus).

214 *Manfred Görg*, Artikel „Offenbarung des Johannes“ in: Neues Bibel-Lexikon (s. Anm. 60), 22–26, 25.

215 *Eugen Biser*, Die Entdeckung des Christentums (s. Anm. 164), 83.

216 Ebd. 260 (Hervorhebung: R. K.).

217 *Hans-Joachim Klauck*, Artikel „Johannesbriefe“ in: Neues Bibel-Lexikon (s. Anm. 60), 353–356, 353.

218 Näher dargestellt in meiner Studie: Mystik – Quell der Vernunft. Die ratio auf dem Weg der Vereinigung mit Gott bei Johannes vom Kreuz (Erfurter Theologische Studien, Bd. 60), Leipzig: Benno 1990 (bes. Teil 1, Kap. 1–4).

219 Siehe dazu meinen Aufsatz: Spiritualität des theologischen Denkens. Orientierung an Johannes vom Kreuz, in: *Reinhard Körner*, Mystik konkret. Impulse aus dem Karmel für das geistliche Leben heute, Leipzig: Benno, 2. Aufl. 1999, 64–83.

220 *Andreas Schweizer*, Der erschreckende Gott. Tiefenpsychologische Wege zu einem ganzheitlichen Gottesbild, München: Kösel 2000.

221 In: GEIST UND LEBEN 6/2000 (Zeitschrift für christliche Spiritualität), 475–476, 475.

222 *Rudolf Otto*, Das Heilige. Über das Irrationale in der Idee des Göttlichen und sein Verhältnis zum Rationalen, Breslau: Trewendt & Granier, 10. Aufl. 1923, siehe vor allem Kap. 4–7 (13–53).

223 Vgl. dazu auch: *Günter Ewald*, An der Schwelle zum Jenseits. Die natürliche und die spirituelle Dimension der Nahtoderfahrungen, Mainz: Topos 2001, bes.: Das Phänomen des Heiligen, 122–135.

224 *Friedrich K. Feigel*, „Das Heilige“. Kritische Abhandlung über Rudolf Otto's gleichnamiges Buch, Haarlem: Bohn 1929, 124.

225 Zuletzt in: *Eugen Biser*, Die Entdeckung des Christentums (s. Anm. 164), 173 f.

226 *Aurelius Augustinus*, Bekenntnisse (Bibliothek der Kirchenväter, Bd. 18), München 1914, XI, 9 (278). – Siehe dazu: *Eugen Biser*, Der schwere Weg der Gottesfrage, Düsseldorf 1982, 37 f.

227 *Eugen Biser*, Gott im Horizont des Menschen (s. Anm. 172), 72 f.

228 *Joseph Kardinal Ratzinger*, Das Salz der Erde. Christentum und katholische Kirche an der Jahrtausendwende. Ein Gespräch mit *Peter Seewald*, München 1996, 301 f.

229 Ebd. 302.

230 Ebd.

231 *Wolfgang Beinert*, Gott im Christentum, in: THEOLOGIE DER GEGENWART 2/2001, 94–112, 104.

232 *Heinz Schürmann*, Das Gebet des Herrn, 23 u. 34.

233 *Teresa von Ávila*, Das Vaterunser meditieren, 73 (Weg der Vollkommenheit 30,5).

234 Siehe: *Augustinus*, Brief an Proba (XI 21), 27.

235 *Martin Luther*, Amen. Das Weitere findet sich, 74 (WA 2,92).

236 Katechismus der Katholischen Bischöfe, Zweiter Band: Leben aus dem Glauben, Bonn 1995, 186.

237 *Josef Ernst*, Das Evangelium nach Lukas, 270.

238 *Heinz Schürmann*, Das Gebet des Herrn, 42.

239 *Ulrich Luz* nennt als Beispiele aus dem Ersten Testament: Lev 10,3; Ez 36,22 f; 38,23 u. 39,7, in: Das Evangelium nach Matthäus, 343.

240 Beispiele dafür wären: Ex 20,7; Lev 22,32; Jes 29,23, wiederum nach *Ulrich Luz*, ebd.

241 Ebd. 344.

242 Gegen die Uneindeutigkeit von *Ulrich Luz*, der sagt: „Die Herkunft des Qaddisch aus der Doxologie (Dan 2,20!) lässt eher an eine Heiligung durch den Menschen denken. Wahrscheinlich ist aber die erste Qaddischbitte so offen, dass sie den Gedanken an die Heiligung des Namens durch Gott nicht ausschließt" (ebd.). Auch im heutigen Judentum versteht man diese Worte des Kaddisch als Heiligung Gottes durch den Menschen, siehe z. B.: *S. Ph. De Vries*, Jüdische Riten und Symbole (s. Anm. 65), 307: „Es ist ein Versuch, Gottes Name in der menschlichen Sprache zu heiligen, wobei wir wissen, dass es notgedrungen ein mangelhafter Versuch bleiben muss."

243 *Heinz Schürmann*, Das Gebet des Herrn, 43.

244 Ebd.

245 Ebd. 47.

246 *Hermann-Josef Venetz*, Das Vaterunser, 25.

247 *Heinz Schürmann*, Das Lukasevangelium, 185.

248 Ebd. 184 u. 185 (vgl. *ders*., Das Gebet des Herrn, 35 ff.); so dann z. B. auch: *Rudolf Schnackenburg*, Alles kann, wer glaubt, 113.

249 *Heinz Schürmann*, Das Gebet des Herrn, 37.

250 Ebd. 37 u. 38.

251 *Gerhard Ebeling*, Vom Gebet, 30 f.

252 Außer *Heinz Schürmann* noch: *Rudolf Schnackenburg*, Alles kann, wer glaubt.

253 *Heinz Schürmann*, Das Gebet des Herrn, 38, 42 u. 43 f.

254 *Dietrich Bonhoeffer*, Widerstand und Ergebung, Gütersloh, 16. Aufl. 1997, 188.

255 Zt. n. *Lorenz Wachinger*, Der Glaubensbegriff Martin Bubers, in: *Heinrich Fries (Hg.),* Beiträge zur ökumenischen Theologie, Bd. 4, München 1970, 60.

256 Auf diesen Wortsinn hat meines Wissens als Erster der amerikanische Neutestamentler *Colin H. Roberts* aufmerksam gemacht; siehe: THEOLOGISCHE LITERATURZEITUNG 12/1949, 759.

257 *Heinz Schürmann*, Das Gebet des Herrn, 67.

258 *Eugen Biser*, Überwindung der Lebensangst. Wege zu einem befreienden Gottesbild, München 1996, 18.

259 *Nikolaus Cusanus*, Die Auslegung des Vaterunsers in vier Predigten, 107; vgl. 85.

260 Eine lesenswerte Zusammenfassung der theologischen Diskussion um die Frage „Das Reich Gottes: Im Jetzt oder künftig?" bietet: *Martin Forward*, Jesus (s. Anm. 19), 93–100.

261 *Heinz Schürmann*, Das Lukasevangelium, 186.

262 *Augustinus*, Enchiridion (XXX), 497.

263 *Heinz Schürmann*, Das Lukasevangelium, 191.

264 *Tertullian*, Über das Gebet (IV), 251 (Hervorhebung R. K.).

265 *Cyprian*, Über das Gebet des Herrn (XVI), 179.

266 *Nikolaus Cusanus*, Die Auslegung des Vaterunsers in vier Predigten, 16/17.

267 Ebd. 100.

268 Ebd. 54 f.

269 *Meister Eckhart*, Tractatus super Oratione Dominica (IX), 118.

270 Eine der beiden Handschriften, die den Traktat Meister Eckharts überliefern, der sog. Codex Cusani 21, ist mit Randbemerkungen des Nikolaus Cusanus versehen. Sie dazu *Erich Seeberg* in der Einleitung zu: *Meister Eckhart*, Tractatus super Oratione Dominica, 103.

271 *Heinz Schürmann*, Gebet des Herrn, 80.

272 *Romano Guardini*, Das Gebet des Herrn, 13.

273 Ebd. 12.

274 *Alfred Delp*, Vater unser, 85.

275 Überliefert durch *Schalom Ben Chorin* in: *Hans-Jürgen Schultz (Hg.),* Mein Judentum, Stuttgart 1978, 206; zur Auslegung dieser talmudischen Weisheit siehe: *Johannes Bours*, Der Mensch wird des Weges geführt, den er wählt. Geistliches Lesebuch, Freiburg-Basel-Wien 1987, 9–19.

276 *Johannes vom Kreuz*, Worte von Licht und Liebe. Briefe und kleinere Schriften. Vollständige Neuübersetzung, hg. u. übers. v. *Ulrich Dobhan OCD / Elisabeth Hense / Elisabeth Peeters OCD*, Freiburg-Basel-Wien 1996, 76.

277 *Karl-Heinz Menke*, Handelt Gott, wenn ich ihn bitte? (s. Anm. 173), 59.

278 Ebd.

279 *Heinz Schürmann*, Das Lukasevangelium, 192 f.

280 *Ernst Lohmeyer*, Das Vater-Unser, 96.

281 *Leonardo Boff*, Vater unser, 129 f.

282 Zt. n. *Leonardo Boff*, ebd. 140 f.

283 *Hermann-Josef Venetz*, Das Vaterunser, 63.

284 *Origenes*, Über das Vaterunser (Vom Gebet XXVII,7), 99.

285 *Ambrosius*, Über die Sakramente, 172/173.

286 Vulgata-Übersetzung.

287 Vgl. *Origenes*, Über das Vaterunser (Vom Gebet XXVII 7/8), 99–101.

288 So z. B. *Joachim Jeremias*, Das Vater-Unser, 22 f.

289 *Heinz Schürmann*, Gebet des Herrn, 90; *ders.*, Das Lukasevangelium, 193 f.

290 *Ferdinand Urbanek*, Das alte Vaterunser in neuer Textform, 92.

291 *Gregor von Nyssa*, Das Gebet des Herrn (IV), 129–137; *Johannes Chrysostomos*, 19. Homilie zum Mathäus-Evangelium. – Vgl. *Albrecht Peters*, Kommentar zu Luthers Katechismen, 115.

292 So z. B. bezeugt in: *Cyrill von Jerusalem*, Mystagogische Katechesen, 156 f.

293 *Augustinus*, Brief 149,16 (CSEL 44,362).

294 *Ambrosius*, Über die Sakramente (V 25), 174 f.

295 *Peter Trummer*, „... dass alle eins sind!" Neue Zugänge zu Eucharistie und Abendmahl, Düsseldorf 2001, 174.

296 *Teresa von Ávila*, Das Vaterunser meditieren, 101 (Weg der Vollkommenheit 34,3).

297 Ebd. 105 (Weg der Vollkommenheit 34,10).

298 *Heinz Schürmann*, Das Gebet des Herrn, 97; vgl. 91.

299 *Thomas von Aquin*, Über die sieben Bitten des Herrengebetes (S. th. II–II 83,9), 57 u. 185.

300 *Tertullian*, Über das Gebet (VI 6), 253 f.

301 *Bonaventura*, Expositio orationis dom. 9 (panis corporalis – scramentalis – aeternalis).

302 *Meister Eckhart*, Tractatus super Oratione Dominica (XII), 121.

303 Ebd. (XIII), 122.

304 Ebd. (XII), 120.

305 *Martin Luthers* Kleiner Katechismus, 181 f.; ähnlich, aber ausführlicher noch im Großen Katechismus, 114 f.

306 *François Bovon*, Das Evangelium nach Lukas, 133.

307 *Hubert Frankemölle*, Matthäus-Kommentar, 251 f.

308 Siehe ausführlich in: *Josef Imbach*, Wunder. Eine existentielle Auslegung, Würzburg 1995, 106–120.

309 Zt. n. *Josef Imbach*, Das Gebet Jesu und das Bekenntnis der Kirche, 27 f.

310 *Heinz Schürmann*, Das Gebet des Herrn, 89 (Hervorhebung: R. K.).

311 Siehe: *Gustaf Dalmann*, Die Worte Jesu, Bd. 1, Leipzig, 2. Aufl. 1930, 337 ff.

312 *Heinz Schürmann*, Das Lukasevangelium, 2. Teil, 197.

313 *Heinz Schürmann*, Das Gebet des Herrn, 122.

314 Ebd.

315 *Joachim Gnilka*, Das Matthäusevangelium, 225.

316 *Hubert Frankemölle*, Matthäus-Kommentar, 253.

317 *Martin Forward*, Jesus (s. Anm. 19), 92.

318 *Hubert Frankemölle*, Matthäus-Kommentar, 253.

319 *Joachim Jeremias*, Das Vater-Unser, 25.

320 *Joachim Gnilka*, Das Matthäusevangelium, 225.

321 Ebd.

322 *Meister Eckhart*, Traktatus super Oratione Dominica (XVI), 126.
323 *Ferdinand Urbanek*, Das alte Vaterunser in neuer Textform, 99.
324 *Romano Guardini*, Das Gebet des Herrn, 82 f.
325 *Karl-Heinz Menke*, Handel Gott, wenn wir ihn bitten? (s. Anm. 173), 102.
326 CHRIST IN DER GEGENWART 33/1996, 268.
327 *Tertullian*, Über das Gebet (VIII), 255 f.
328 Siehe zur Verfasserfrage und Abfassungszeit des Jakobusbriefes: *Franz Mußner*, Artikel „Jakobusbrief" in: Neues Bibel-Lexikon (s. Anm. 60), 277 f.
329 So *François Bovon*, Das Evangelium nach Lukas, 136; vgl. die Argumentation ebd.
330 *Ambrosius*, Über die Sakramente, 176 f.
331 *Origenes*, Über das Vaterunser (Vom Gebet XXIX 9), 124.
332 *Thomas von Aquin*, Über die sieben Bitten des Herrengebetes (S. th. II–II 83,9): „... ut a tentatione non vincamur", 57 u. 186.
333 *Louis Evely*, Das Gebet eines modernen Menschen (s. Anm. 141), 177; vgl. 159 f. mit Anm.
334 *Joachim Jeremias*, Das Vater-Unser, 26.
335 Ebd. 27.
336 *Louis Evely*, Manifest der Liebe, 128 f.
337 Die Bibel, erschlossen und kommentiert von *Hubertus Halbfas*, Düsseldorf 2001, 56.
338 Ebd. 41 (Randspalte).
339 Ebd. 41.
340 Siehe: *Teresa von Ávila*, Das Vaterunser meditieren, 124–146 (Weg der Vollkommenheit, Kap. 38–41).
341 Das in diesem Zusammenhang heute von den meisten Kommentatoren gebrauchte Wort „Notschrei" findet sich bereits bei *Martin Luther*, er charakterisiert damit allerdings das gesamte VATERUNSER, siehe: Der Große Katechismus, 104: „Das echte Gebet ist ein Notschrei, wie das Vaterunser zeigt."
342 *Heinz Schürmann*, Das Gebet des Herrn, 130.
343 Ebd. 132/133.
344 *Franz Kamphaus*, Priester aus Passion, Freiburg-Basel-Wien 1993, 50 f. (Zitat von *Joachim Wanke* ebd.).
345 *François-Xavier Durrwell*, Der Vater. Gott in seinem Mysterium, St. Ottilien 1992, 369 f.
346 *Martin Luther*, Der Große Katechismus, 120 f.
347 *Leonardo Boff*, Vater unser, 180 f.
348 *Heinz Schürmann*, Das Gebet des Herrn, 137.
349 *Joachim Gnilka*, Das Matthäusevangelium, 228.
350 Siehe dazu vor allem: *Joachim Gnilka*, ebd.
351 So *Joachim Gnilka*, ebd.
352 *Ferdinand Urbanek*, Das alte Vaterunser in neuer Textform, 115.

353 Vgl. *Klaus Berger*, Artikel „Amen“ in: Neues Bibel-Lexikon (s. Anm. 60), 86 f.
354 Vgl. *S. Ph. De Vries*, Jüdische Riten und Symbole (s. Anm. 65), 307.
355 *Cyrill*, Mystagogische Katechesen, 160/161.
356 *Romano Guardini*, Das Gebet des Herrn, 112.
357 Vgl. *Heinz Schürmann*, Das Lukasevangelium, 200 f.
358 *Heinz Schürmann*, Das Gebet des Herrn, 142.
359 Ebd. 143.
360 Zur Geschichte und zur Deutung des Bildes siehe: *Heinrich Stirnimann,* Niklaus von Flüe (FREIBURGER ZEITSCHRIFT FÜR PHILOSOPHIE UND THEOLOGIE, Bd. 7), Freiburg/Schweiz 1981, 141–296; *Alfons Rosenberg*, Christliche Bildmeditation, München 1975, 115–168; *Reinhard Körner / Gottfried Swoboda*, Ein Bild zum Beten. Die Meditationstafel des heiligen Nikolaus von Flüe, Leipzig 1981.
361 *Alfons Rosenberg*, a.a.O. 166.
362 Dogmatische Konstitution über die göttliche Offenbarung (DEI VERBUM), Nr. 12.
363 Dt. in: Verlautbarungen des Apostolischen Stuhls 115, hg. v. Sekretariat der Deutschen Bischofskonferenz, 2., korr. Auflage, Bonn 1996.
364 Ansprache bei der Veröffentlichung dieses Dokumentes, ebd. 7–20, 13.
365 Ebd. 12.
366 DEI VERBUM, Nr. 12.
367 Die psychologischen und philosophischen Grundlagen dazu erarbeitete sich Edith Stein in ihrer Doktorats-Dissertation: Zum Problem der Einfühlung, Halle 1917; Reprint der Originalausgabe: München 1980; in der Edith Stein Gesamtausgabe (= ESGA, Verlag Herder) geplant als Bd. 5. – Siehe dazu: *Reinhard Körner*, Einfühlung – ein Grundakt der (christlichen) Spiritualität, in: *Ulrich Dobhan / Reinhard Körner*, Lebensweisheit für unsere Zeit. Edith Stein als Lehrerin der Spiritualität, Leipzig 2001, 53–75.
368 *Eberhard Fincke*, Gesang gegen die herrschende Vernunft.
369 Ebd. 17.
370 Zum gründlicheren Verständnis der geistigen Bedeutung der fünf Finger, die dem Menschen der Antike wohl noch vertraut war, sollte man zuvor das Buch desselben Autors lesen: Die Wiederentdeckung der sozialen Intelligenz. Balance der Interessen in einer zukunftsfähigen Gesellschaft, Stuttgart 1997.
371 *Johannes B. Lotz*, Wenn ihr heute Vater unser betet, 124.
372 *Johannes B. Lotz*, Der siebenfache Weg, 9.
373 Diese Mahnung findet sich in Luthers Vaterunser-Auslegungen mehrfach, hier zt. nach: *Albrecht Peters*, Kommentar zu Luthers Katechismen, 21.
374 *Heinz Schürmann*, Das Gebet des Herrn, 17.
375 *François Bovon*, Das Evangelium nach Lukas, 142.
376 *Reinhold Schneider*, Das Vaterunser, 5 f.
377 In: *Emmanuel Jungclaussen*, Suche Gott in dir. Der Weg des inneren Schweigens nach einer vergessenen Meisterin, Jeanne-Marie Guyon, Freiburg-Basel-Wien 1986, 47–120, 53.

378 Siehe dazu: *François Bovon*, Das Evangelium nach Lukas, 128 f., u.: *Heinz Schürmann*, Das Lukasevangelium, 189 f.

379 Siehe: *Gregor von Nyssa*, Das Gebet des Herrn (III 5), 121.

380 *Karl Barth*, Das Vaterunser nach den Katechismen der Reformation, 17.

381 *Nikolaus Cusanus*, Die Auslegung des Vaterunsers in vier Predigten, 26 f.

382 *Meister Eckhart*, Tractatus super Oratione Dominica (I), 109.

383 *Tertullian*, Über das Gebet (I), 249.

384 *Alfred Delp*, Vater unser, 87.

385 Vgl. dazu *Meinrad Lembeck*, Matthäus-Evangelium: Die fast leidenschaftlich vorgetragene Auffassung des katholischen Theologen, Jesus habe „die Menschen immer nur zum Bittgebet auf(gefordert)" (ebd. 103) und das VATERUNSER sei „ein reines Bittgebet" (ebd. 101), wiederspricht dem wohl nur scheinbar, da M. Lembeck sich hierbei lediglich abgrenzt gegenüber „allen Gebetssammlungen und Gebetsschulen, die immer die fünf Bereiche: Lob und Dank, Bitte, Vertrauen und Klage umfassen" (ebd. 103), aber die heute in vielen Kommentaren zu findende distinguiertere Sicht der „Vaterunser-Bitten" als Wunsch, Hilferuf etc. nicht berücksichtigt. Seine Beweisführung erscheint mir aber auch unter dieser Rücksicht nicht nachvollziehbar, zumal er alle Aufforderungen Jesu zu „beten" einfachhin mit der Aufforderung zu bitten gleichsetzt (vgl. ebd. 101–104, bes. 103).

386 *Meister Eckhart*, Tractatus super Oratione Dominica (I), 110.

387 Ebd. (I), 109.

388 *Karl-Heinz Menke*, Handelt Gott, wenn ich ihn bitte? (s. Anm. 173), 49.

389 Ebd. 27.

390 *Thomas von Aquin*, Über die sieben Bitten des Herrengebetes (S. th. II–II 83,9 ad. 5), 58 f. u. 187.

391 *Johannes vom Kreuz*, Aufstieg auf den Berg Karmel (s. Anm. 201), 459 ff. (III 44,1–4).

392 *Otto Dibelius*, Das Vaterunser, 68.

393 Ebd.

394 Ebd.

395 Ebd.

396 *Heinz Schürmann*, Das Gebet des Herrn, 143.

397 Ebd.

398 Der Geistliche Gesang (Cantico B 39,6), in: *Johannes vom Kreuz*, Das Lied der Liebe (Sämtl. Werke, Bd. 3), Einsiedeln, 2. Aufl. 1979, 237.

ANHANG
ZUR NEUAUFLAGE 2021

Das „Brot vom Himmel“ und

die „Versuchung“ des Menschen

15.

Das „Brot vom Himmel“ und die „Versuchung“ des Menschen

Zwei Jahrzehnte ist es her, dass ich dieses Buch geschrieben habe. Es erschien zum ersten Mal im Jahr 2002 und war dann nach der dritten, aktualisierten Auflage im Jahr 2008 lange Zeit vergriffen. Weil immer wieder danach gefragt wurde, liegt nun mit diesem Band ein Nachdruck der letzten Auflage vor.

Die Neuveröffentlichung gibt mir Gelegenheit, dem Buch noch ein Kapitel anzufügen. Denn inzwischen wurden bibelwissenschaftliche und theologische Erkenntnisse gewonnen, die das Verständnis des Vaterunser-Gebets Jesu bereichern und vertiefen können.

Das betrifft vor allem den Vers *„Unser tägliches Brot gib uns heute“* und den Vers, über den Papst Franziskus ein neues Nachdenken in Gang gebracht hat: *„Und führe uns nicht in Versuchung“*. Was ich dazu aus der Fachliteratur lernen konnte, das Wichtigste zumindest, möchte ich in diesem Nachtragskapitel an die Leserinnen und Leser meines Vaterunser-Buches weitergeben.

„Unser tägliches Brot ...“ – ?

Ich beginne mit der sogenannten „Brotbitte“. Zur Erinnerung (siehe Kapitel 10): In beiden Vaterunser-Überlieferungen des griechischen Neuen Testaments, in Mt 6 u. Lk 11, kommt im Brot-Vers das Wort *epioúsion* (sprich: epiúsion) vor. „Unser Brot, das *epioúsion*, gib uns heute/gib uns täglich“ heißt es dort jeweils an gleicher Stelle. Aber schon in den ersten Jahrhunderten der Kirchengeschichte war nicht mehr klar, wie dieses Wort zu verstehen und zu übersetzen sei. Origenes schrieb damals (um 250), dass sich „das Wort

‚epioúsios' bei keinem griechischen Schriftsteller findet und auch nicht im Sprachgebrauch des gemeinen Mannes vorkommt"[1]. Im lateinischen VATERUNSER, dem PATERNOSTER, das die Grundlage für die Übersetzung in alle anderen Sprachen bildet, hat man es deshalb weggelassen und das Wort „täglich" aus der Lukas-Version mit dem Wort „heute" aus der Matthäus-Version kombiniert. Daher betet die Christenheit seit 1500 Jahren: „Panem nostrum *quotidianum* da nobis *hodie*", in deutscher Sprache: „Unser *tägliches* Brot gib uns *heute*" – und was unter dem „täglichen Brot" zu verstehen ist, zeigt in christlichen Haushalten die gleichlautende Umschrift auf den Rändern holzgeschnitzter Brotteller.

In den bisherigen Auflagen meines VATERUNSER-Buches – auch in diesem Nachdruck der 3. Auflage – war zu lesen (siehe S. 165 f.), dass durch den Fund eines Papyrusblattes aus dem 5. Jahrhundert nun doch der Beleg erbracht worden sei, dass das Wort „epioúsios" – „epioúsio*n*" ist davon der 4. Fall – zur Zeit der frühen Kirche in der Umgangssprache gebräuchlich war. Es müsse, erschlossen aus dem Inhalt des Blattes, einer Art Einkaufszettel für Lebensmittelbesorgungen, so viel wie „(sonst noch) Notwendiges/Nötiges" bedeutet haben.

Das muss ich nun berichtigen. Auf dem besagten Papyrusblatt kommt das Wort „epioúsios" gar nicht vor – und damit, nach heutigem Wissenstand, außer im VATERUNSER nirgends sonst.

Auf diese neue Erkenntnis bin ich erstmalig durch einen kurzen Hinweis des katholischen Theologen Eckhard Nordhofen in einem Artikel von 2018[2] aufmerksam geworden. Bei Recherchen in englischsprachigen Internetartikeln[3] fand ich daraufhin heraus, dass das Original des Papyrusblattes nach seiner Auffindung fast ein ganzes Jahrhundert lang verschwunden gewesen war. Die VATERUNSER-For-

1 *Origenes*, Über das Vaterunser, in: Bibliothek der Kirchenväter, Bd. 48, München 1926, 64–137, 99.

2 *Eckhard Nordhofen*, Die Versuchung des himmlischen Brotes. Zur inneren Logik des Vaterunsers, in: *Thomas Söding (Hg.)*, Führe uns nicht in Versuchung. Das Vaterunser in der Diskussion (Reihe: Theologie kontrovers), Freiburg i. Br.: Herder 2018, 63–75, 75, Anm. 5.

3 Vor allem in: https://en.wikipedia.org/wiki/Epioúsios.

schung des zwanzigsten Jahrhunderts hatte sich demnach – den damals aktualisierten Griechisch-Wörterbüchern vertrauend – lediglich auf eine Transkription, also eine Abschrift des Papyrusblattes berufen.[4] Diese Abschrift war 1915 in dem geschichtswissenschaftlichen Werk SAMMELBUCH GRIECHISCHER URKUNDEN[5] veröffentlicht worden. Als aber das Papyrusblatt nun 1998 in der Bibliothek der Universität Yale/USA wiedergefunden wurde, stellte sich heraus, dass sich die einstige Kopistin geirrt hatte: Statt „epioúsios" stand da auf dem schwer lesbaren Original das Wort „élaion" – und das bedeutet schlicht und einfach „Öl".

Von der Übersetzung „Unser Brot, *das notwendige*, gib uns heute/ gib uns täglich" in Mt 6 bzw. Lk 11 müssen wir uns also verabschieden. Und ebenso von den Schlussfolgerungen, die die VATERUNSER-Forschung, auch mein Lehrer Heinz Schürmann, daraus für die Deutung des Brot-Verses (siehe Kapitel 10) gezogen hatte.

Dann aber haben wir es tatsächlich, wie schon Origenes, Ambrosius, Hieronymus und andere frühkirchliche Theologen erkannt oder doch zumindest vermutet hatten, beim „epioúsion" im VATERUNSER mit einem *Neologismus* zu tun – mit einem damals *ganz neuen Wort, das es sonst nicht gab.* Der Autor der sogenannten LOGIENQUELLE, aus der Matthäus und Lukas eine sehr frühe griechische Übersetzung des VATERUNSER-Gebets Jesu gekannt hatten, muss es eigens gebildet haben. „Da es ausgeschlossen ist", schreibt Eckhard Nordhofen, „dass Lukas und Matthäus, die das Koiné-Griechisch der hellenistischen Welt schrieben und keine griechischen Muttersprachler waren, gleichzeitig auf die Idee kommen, denselben Neologismus zu erfinden, ist die Tatsache, dass *epioúsion* bei beiden vorkommt, ein starkes Indiz dafür, dass das Wort aus der gemeinsamen Logienquelle stammt."[6]

4 So noch in der 6. Auflage von 1988 in: Griechisch-deutsches Wörterbuch zu den Schriften des Neuen Testaments und der frühchristlichen Literatur von *Walter Bauer*, Berlin/New York: De Gruyter 1988, Sp. 601.

5 *Friedrich Preisigke (Hg.)*, Sammelbuch griechischer Urkunden aus Ägypten. Bd. I, Lieferung I, o. O. 1915, 522 (Nr. 5224, 20).

6 A.a.O. (s. Anm. 2) 68 f.

Und der Theologe, der auch Kulturgeschichtler und Medienwissenschaftler ist (lange Jahre war er Leiter der Zentralstelle „Bildung“ der Deutschen Bischofskonferenz), geht noch einen Schritt weiter. Er schreibt: Da auch die LOGIENQUELLE in Griechisch verfasst war, muss ihr Autor – oder wer auch immer vor ihm – „den Impuls, einen griechischen Neologismus zu formen, aus dem aramäischen Urtext Jesu bezogen haben“.[7] So schlussfolgert er zu Recht:

> „Für Jesus war also das Brot, das er meinte, so einzigartig wie das neue Wort, mit dem er es auszeichnete.“[8]

Wie das von Jesus gebildete neue Wort gelautet haben mag – in seiner Muttersprache und der Muttersprache seiner Jüngerinnen und Jünger –, das wissen wir freilich nicht. Ein „aramäischer Urtext“ ist uns nun einmal nicht überliefert; und dass eine Rückübersetzung ins damalige Aramäisch keine Gewissheit über den tatsächlichen Wortlaut bringen würde, ist allen seriös arbeitenden Bibelwissenschaftlern klar.

Es bleibt also nur ein einziger Weg: Wir müssen aus den beiden Wortbestandteilen des *griechisch* überlieferten Neologismus, aus der Vorsilbe *epi* und dem Wortstamm von *oúsios*, den von Jesus gemeinten Sinn erschließen – im Vertrauen darauf, dass der frühkirchliche Übersetzer mit der Wortbildung „epioúsios“ genau diesen von Jesus gemeinten Sinn in die Sprache seiner nicht-aramäisch-sprachigen Zeitgenossen „hinüber-setzen“ wollte.

Eine Zeit lang hegten einige Theologen die Vermutung, „oúsios“ könnte sich von „iénai“ herleiten[9], einem Verb, das „folgen/kommen“ und mit der Vorsilbe verbunden „darauf folgen/herankommen“ bedeutet. Dann würde, meinten sie, das „epioúsion“ im Brot-Vers bedeuten: „Unser Brot *für den folgenden/kommenden Tag* gib

---

7 Ebd. 69.

8 Ebd.

9 Siehe näher hin: Exegetisches Wörterbuch zum Neuen Testament, hg. v. *Horst Balz u. Gerhard Schneider*, Stuttgart: Kohlhammer, 3. Aufl. 2011, Teil II, Sp. 79–81.

uns heute/gib uns täglich". Sie dachten, das könnte auch erklären, warum es im lateinischen PATERNOSTER zu der Übersetzung „Panem nostrum *quotidianum* da nobis hodie" – zu Deutsch „Unser *tägliches* Brot gib uns heute" – gekommen ist: Das Wort „quotidianum" wäre dann nicht durch die Kombination von „heute" und „täglich" aus Mt 6 und Lk 11 (s. o.) ins PATERNOSTER geraten, sondern wäre eine frühkirchliche Übersetzung des „epioúsion", die an das *Manna* denken lässt. Das Manna-„Brot", das Gott hatte „vom Himmel regnen lassen" (Ex 16,4), sollten die Israeliten, wie das Buch Exodus erzählt, nämlich am Tag vor dem Sabbat für den folgenden Tag sammeln (vgl. Ex 16,5).

Eine Veröffentlichung des evangelischen Theologen Marc Philonenko aus Frankreich, die im Jahr 2001 (auf Deutsch 2002) erschien,[10] hat dieser Vermutung in den vergangenen zwei Jahrzehnten wieder Auftrieb gegeben. Mit Marc Philonenko übersetzten nun manche: „Unser Brot *für morgen* gib uns heute/gib uns täglich".[11]

Aber diese Auffassung ist wenig überzeugend, sowohl was die Herleitung aus „iénai" als auch die Deutung von der Exodus-Erzählung her betrifft. Ehrlich gesagt, auch mir erscheint das sehr weit hergeholt.

Schon Hieronymus, dessen Muttersprache Griechisch war, fand, daran erinnerte nun Eckhard Nordhofen, eine andere Erklärung. Als er im 4. Jahrhundert die Bibel ins Lateinische, in die Muttersprache der Christen im westlichen Teil des Römischen Reiches übersetzte, gab er, zumindest im Matthäusevangelium, den griechischen Neologismus *epioúsios* mit dem lateinischen Neologismus *supersubstantialis* wieder, also einem ebenfalls neu gebildeten Wort. Die Vorsilbe *super* entspricht dabei der Vorsilbe *epi* und der Wortstamm *substantia* in „substantialis" dem Wortstamm *oúsia* in „oúsios". In beiden Sprachen bedeutet die Vorsilbe „epi" bzw. „super" so viel

10 *Marc Philonenko*, Das Vaterunser. Vom Gebet Jesu zum Gebet der Jünger (aus dem Französischen übers. v. *Catherine u. Karsten Lehmkühler*; mit einem Geleitwort v. *Martin Hengel*), Tübingen: UTB 2002. – Originalausgabe: Le Notre Père. De la Prière de Jésus à la prière des disciples, Editions Gallimard, 2001.

11 Bei Marc Philonenko wörtlich: „Gib uns heute unser Brot für morgen", ebd. 86.

wie „über/darüber hinaus“, und der Wortstamm „oúsia“ bzw. „substantia“ so viel wie „das Wesen, die tiefere Wirklichkeit von etwas“. Würden wir im Deutschen diesen Wortsinn ebenfalls mit einem Neologismus, einem ganz neu gebildeten, sonst nicht vorkommenden Wort wiedergeben, müssten wir die Brotbitte in Mt 6 so übersetzen: „Unser Brot, das *überwesentliche*, gib uns heute“.

Eckhard Nordhofen hält diese Übersetzung – also „supersubstantialis/überwesentlich“ – für ein „Meisterstück“ des Hieronymus.[12] Sie war freilich in der Theologie immer schon bekannt gewesen, aber in der VATERUNSER-Forschung bisher wenig beachtet worden. Wohl aus zwei Gründen: zum einen, weil nun einmal im kirchlich autorisierten PATERNOSTER „quotidianum“ steht, zum anderen, weil Hieronymus in der anderen biblischen VATERUNSER-Version, in Lk 11, das „epioúsion“ mit „quotidianum“ (er schrieb „cotidianum“) übersetzt hatte – so wie es vor der offiziellen PATERNOSTER-Fassung schon in einer lateinischen Bibelübersetzung aus dem 2./3. Jahrhundert, der VETUS LATINA, gestanden hatte. Dass sich die, so Eckhard Nordhofen, „gegenüber der Vetus latina verbesserte Übersetzung“[13] des Hieronymus heute mit solchen Begründungen nicht mehr beiseiteschieben lässt, dürfte einsichtig sein.

Wir kommen also an der Erkenntnis nicht mehr vorbei, dass wir uns nicht nur von der gewohnten Formulierung „Unser *tägliches* Brot gib uns heute“, sondern auch von Übersetzungen verabschieden müssen wie „unser *notwendiges* Brot“ und „unser Brot *für morgen/für den folgenden Tag*“. Verabschieden *müssten* jedenfalls. Sonst bleiben wir hinter der, so noch einmal Eckhard Nordhofen, „wichtigen Revision“[14] zurück, die wir dem großen Theologen der Kirchenväterzeit verdanken: „Aus dem ‚täglichen Brot‘ (ist) etwas ‚Überwesentliches‘ und Einmaliges“[15] geworden.

Es bleibt nun die Frage: *Was aber hat dann Jesus mit diesem „überwesentlichen Brot“ gemeint?* Was war für ihn das „Überwe-

---

12 *Eckhard Nordhofen*, Die Versuchung des himmlischen Brotes (s. Anm. 2), 71.
13 Ebd. 70.
14 Ebd. 70.
15 Ebd. 71.

sentliche“ und „Einmalige“, das ihn dazu brachte, sogar ein neues, einmaliges Wort dafür zu erfinden?

Eckhard Nordhofen ist auch dieser Frage nachgegangen, ausführlicher noch als in seinem Artikel in einem Buch[16], das er ebenfalls 2018 veröffentlichte. Dabei konnte er sich auf die Vorarbeit vieler Theologen stützen, von den Kirchenvätern an bis heute. Sie hatten schon immer an die zahlreichen Bibelstellen erinnert (siehe S. 168–175), in denen – auch durch Jesus selbst – vom Brot nicht nur im buchstäblichen, sondern auch im übertragenen, also *spirituellen* Sinne gesprochen wird, nicht zuletzt an die große Meditation, die wir als die „Brotrede“ (Joh 6,22–59) kennen und einem Christen aus der johanneischen Gemeinde verdanken. Und Marc Philonenko hatte darüber hinaus – das war das wirklich Neue zum Brot-Vers in seinem Buch – den Beleg dafür auch aus dem palästinensischen TARGUM, den aramäischen Schriften des Judentums zur Zeit Jesu, erbracht.[17]

Auf diesem jüdischen und biblischen Hintergrund kann die Antwort nur heißen: Für Jesus war das „überwesentliche“ Brot das *„Brot vom Himmel“* (Joh 6,32 f.) – nicht das Gersten- oder Weizenbrot und auch nicht das Manna-„Brot“ für die leibliche Nahrung, sondern das „*wahre* Brot vom Himmel“: Gottes Liebe, Gottes Weisheit, Gottes Wort ... nicht die religiösen Rituale seines Volkes und nicht einmal die heiligen Schriften, sondern *Gott selbst.* Dieser Gott, den Jesus seinen und unseren „Abba“ nannte, war für ihn das „Einmalige“ und „Über-Wesentliche“, das seine „Speise“ (Joh 4,34) war *noch über alles Spirituell-Wesentliche hinaus*.

So legt sich, schreibt Eckhard Nordhofen, für den vierten VATERUNSER-Vers die Formulierung nahe: *Unser himmlisches Brot gib uns heute.*[18]

Ich persönlich würde nicht „*himmlisches* Brot“ sagen, sondern: „das Brot, *das Gott selbst ist*“ (siehe dazu S. 75 ff.). Das ist zwar

16 *Eckhard Nordhofen*, Corpora. Die anarchische Kraft des Monotheismus, Freiburg i. Br.: Herder 2018 (229–263: Die vierte Bitte: Das Gottesmedium).

17 A.a.O. 79–86.

18 *Eckhard Nordhofen*, Die Versuchung des himmlischen Brotes (s. Anm. 2), 72.

kein Neologismus, aber meines Erachtens eine Übersetzung, die das uns unbekannte neue und einmalige aramäische Wort sinnentsprechend wiedergeben kann.

Den VATERUNSER-Vers würde ich dann so formulieren: „Unser Brot, das *du* bist, gib uns heute."

Und weil ich weiß, dass wir Gott nicht erst darum bitten müssen, dass er sich uns „gibt", habe ich mir den Vers so zurechtgebetet: *„Unser Brot, das du bist, nähre uns heute."*

Selbstverständlich ist damit nicht gesagt, dass die Brotbitte nicht auch, wie immer schon in der Geschichte des Christentums, als Bitte um die *leibliche* Nahrung verstanden werden darf. Das betonen angesichts der himmelschreienden Hungersnöte in vielen Regionen der Erde auch zwei weitere VATERUNSER-Bücher, die im vergangenen Jahrzehnt, also nach dem Buch von Marc Philonenko erschienen sind. So schreibt der katholische Theologe Jürgen Werbick: „Wenn Menschen [...] darum bitten, möglichst schon heute in der Gottesgemeinschaft – in der Gottesherrschaft – zu leben, dürfen sie in diese Bitte freilich auch ihre Sorge um das Brot für heute hineinlegen."[19] Und der evangelische Theologe Hans-Martin Barth vertritt sogar die Auffassung: „Trotzdem halte ich es für selbstevident, dass die Brotbitte zuallererst auf den irdischen Hunger zu beziehen ist. Sie artikuliert ein Vertrauen, das sich auch auf das Kleinste und Nötigste bezieht – ‚heute' und immer wieder."[20]

Ich werde also weiterhin „Unser tägliches Brot gib uns heute" beten und dabei an den Brotteller denken; nicht nur an meinen. Aber ich will immer – *täglich*! – auch an dich denken, Gott. Und an deinen Jesus, der in der „Brotrede" des Johannesevangeliums von sich sagt: „*Ich* bin das lebendige Brot, das vom Himmel herabgekommen ist ..." (Joh 6,51).

---

19 *Jürgen Werbick*, Vater unser. Theologische Meditationen zur Einführung ins Christsein, Freiburg-Basel-Wien: Herder 2011, 134.

20 *Hans-Martin Barth*, Das Vaterunser. Inspiration zwischen Religionen und säkularer Welt, Gütersloh: Gütersloher Verlagshaus 2016, 123.

„Und führe uns nicht in Versuchung“ – ?

Gäbe es einmal eine Neuauflage meines VATERUNSER-Buches, müsste ich den Erläuterungen zum Versuchungs-Vers eigentlich nichts hinzufügen – dachte ich. Dann brach im Advent 2017, angestoßen durch Papst Franziskus, die Diskussion über die Formulierung „führe uns nicht in Versuchung“ los. Mit seiner Anregung, doch besser zu beten „und lass uns nicht in Versuchung geraten“, so wie er es auf Spanisch aus seinem Heimatland Argentinien kennt – „y no nos dejes caer en la tentación“, wörtlich: „und lass uns nicht in Versuchung fallen“ –, sprach mir der Papst aus der Seele. Auch den französischen und italienischen Bischöfen, die sich zu ähnlichen Neuformulierungen entschlossen hatten, konnte ich zustimmen. Und als dann in Deutschland die katholische Bischofskonferenz, führende Persönlichkeiten aus der evangelischen Kirche sowie auch mehrere Theologen, katholische wie evangelische, eine Änderung ablehnten, war ich verwundert … Jedenfalls habe ich dank der ganzen Debatte nun doch noch recht Erhellendes über diesen Vers dazugelernt. Und das möchte ich hier ebenfalls weitergeben.

Ich knüpfe an das einschlägige Kapitel 12 in diesem Buch an: Die Formulierung „und führe uns nicht in Versuchung“ ist die in allen Konfessionen der deutschsprachigen Christenheit gebräuchliche Übersetzung des sechsten VATERUNSER-Verses aus dem lateinischen PATERNOSTER, dem Text, der um das Jahr 500 für alle Übersetzungen maßgebend wurde; er lautet dort: *et ne nos inducas in tentationem.* Im Urtext des Neuen Testaments hat er in beiden Überlieferungen, in Mt 6 und in Lk 11, denselben Wortlaut. Darüber hinaus ist er so auch in der frühkirchlichen DIDACHÉ überliefert. Auf Griechisch, das hatte ich noch nicht ausdrücklich erwähnt, lautet er: *kai mä eisenéngkäs hämás eis peirasmón* (hier so geschrieben, wie man die Wörter ausspricht). Schon der Autor der LOGIENQUELLE – oder andere vor ihm – muss ihn so aus dem Aramäischen wiedergegeben haben. Wie er im O-Ton Jesu gelautet hatte, wissen wir natürlich nicht; eine Rückübersetzung würde uns auch in diesem Fall keine

Gewissheit geben. Hieronymus übersetzte den griechischen Wortlaut um 400 in seiner lateinischen VULGATA-Bibel in Mt 6 mit *et ne inducas nos in temptationem* und in Lk 11 dann, mit einer kleinen Wortumstellung, mit *et ne nos inducas in temptationem* – darauf fußt die etwas spätere Formulierung im kirchlichen PATERNOSTER.

Unsere deutsche Übersetzung geht auf Martin Luther zurück. Ihm erst, auch das hatte ich noch nicht erwähnt, ist es überhaupt zu verdanken, dass das VATERUNSER nicht mehr nur lateinisch, sondern auch deutsch gebetet werden konnte und zum Volksgebet wurde. In seinem damals mit der Bibelübersetzung geschaffenen „Hochdeutsch", das in allen Dialekten verstanden werden konnte, lautete der Vers: *vnnd füre vnns nitt ynn Versuchung.*

In der besagten Debatte nun begründeten diejenigen Theologen, die sich gegen eine Änderung der bisherigen Formulierung aussprachen, ihre Auffassung vor allem mit dem Argument, die deutsche Übersetzung sei völlig korrekt, sie entspreche genau dem griechischen Urtext und dem lateinischen Text des PATERNOSTER.

Das ist, jedenfalls auf den ersten Blick, tatsächlich so. Zur Verdeutlichung übersetze ich den Vers einmal Wort für Wort aus dem Griechischen bzw. Lateinischen: „und (*kai/et*) nicht (*mä/ne*) hineinführe (*eisenégkäs/inducas*) uns (*hämás/nos*) in (*eis/in*) Versuchung (*peirasmón/tentationem*)" – in deutscher Wortfolge und Satzstellung: *und führe uns nicht in Versuchung.*

Das Problem ist aber – und das war ja der Grund für den Änderungswunsch des Papstes –, dass diese Wortfolge zu einer Redewendung geworden ist, die so viel bedeutet wie: „und stifte uns nicht zum Bösen an." Da der Papst auch Deutsch spricht und in den 1980er-Jahren eine Zeit lang in Deutschland lebte, weiß er das. Jeder normale Mensch, ob katholisch, evangelisch oder religionslos, versteht diesen Vers so – jedenfalls solange er nicht eines Besseren belehrt wird. Ich habe das mehrmals schon selbst getestet. Wenn ich katholische oder evangelische Christen frage, was „Führe mich nicht in Versuchung" meint, kommt prompt die Antwort: „Verführ' mich nicht!", „Bring mich bitte nicht in Versuchung!" oder sogar: „Stifte mich nicht zum Sündigen an!" Eine ältere Frau hier aus dem

Ostteil Deutschlands, die religionslos lebt und das Vaterunser mit Sicherheit noch nie gehört hat, sagte, bevor sie ähnlich antwortete, schelmisch zu mir: „Sie Schlingel …"

Das heißt, bei dieser Übersetzung kommt, heute zumindest, in der „Zielsprache" an: Gott verführt uns zum Bösen, und damit er das nicht tut, müssen wir ihn darum bitten, es nicht zu tun. Es kommt somit *nicht* an, was – wie wir sehen werden – in der „Quellsprache", also im griechischen Text der Bibel, gemeint ist. Im Gegenteil: Es kommt an, was gerade nicht gemeint ist. Und da liegt das Problem! *Deshalb* hat Papst Franziskus eine Änderung angeregt.

Merkwürdigerweise war unter denen, die sofort eine Neuformulierung ablehnten, kaum jemand, der auf dieses Problem einging. Unter den elf Theologinnen und Theologen beider großer Konfessionen zum Beispiel, deren spontane Stellungnahmen dann im April 2018 in einem Sammelband[21] veröffentlicht wurden, waren nur wenige, die es überhaupt ansprachen.

Klaus Berger, damals emeritierter Neutestamentler an der Evangelisch-Theologischen Fakultät der Universität Heidelberg, schrieb schon im Dezember 2017 in der Tagespost:

> „Ich finde es naiv zu behaupten, die traditionelle deutsche Übersetzung ‚Und führe uns nicht in Versuchung' sei noch immer genau das, was Jesus gemeint habe, weil sie wörtlich sei, und sie dürfe deswegen, weil sie die gewohnte Übersetzung ist, nicht geändert werden. Blickt man denn gar nicht darauf, was Menschen heute mit dieser Bitte assoziieren? Hat noch niemand gemerkt, dass die traditionelle deutsche Übersetzung viele in Zweifel und Ungewissheit führt, weil sie mit ihrem Gottesbild nicht mehr zurechtkommen?
>
> Vor allem haben sich die Assoziationen geändert, seitdem Luther 1525 den Text so übersetzte. Denn in Versuchung führen heißt heute: an niedere Triebe appellieren, zur Übertretung der Gebote verlocken, mit falschen Ver-

21 *Thomas Söding (Hg.)*, Führe uns nicht in Versuchung. Das Vaterunser in der Diskussion (Reihe: Theologie kontrovers), Freiburg i. Br.: Herder 2018.

> sprechungen verführen wollen. In Versuchung führen heißt heute: verführen wollen, zum Kippen bringen wollen. Genau in diesem Sinne sagt der Jakobusbrief 1,13: Gott versucht keinen. Das steht in klarem Widerspruch wenigstens zu dem, was die Menschen bei der traditionellen deutschen Wiedergabe der Vaterunser-Bitte assoziieren."[22]

Immerhin aber brachten nun namhafte katholische und evangelische Theologen in einer Fülle von Stellungnahmen – auch in den Kirchenzeitungen der Bistümer und Landeskirchen – den *biblischen Hintergrund* in Erinnerung, auf dem der Vers verstanden werden muss.[23] Vor allem wiesen sie darauf hin, dass das griechische Wort *peirasmós* mehr als nur „Versuchung" meint: Es steht, genauso wie dann das lateinische Wort *tentatio* (in älterem Latein: *temptatio*), auch für „Probe", „Erprobung" oder „Prüfung". So schrieb zum Beispiel der Bochumer katholische Neutestamentler Thomas Söding:

> „Die Bibel fängt in zahlreichen Szenen die Erfahrung vieler frommer und gerechter Menschen ein, die ihre Gottesliebe auf eine harte Probe gestellt wissen, weil sie ungerecht leiden müssen oder an eine Grenze geführt werden, die sie aufs Äußerste herausfordert. Im Alten Testament ist immer wieder davon die Rede, dass Gott seine Frommen auf die Probe stellt – damit sie sich bewähren können, nicht damit sie scheitern."[24]

---

22 *Klaus Berger*, Vaterunser: Mit der Bibel in der Übersetzungsfalle, in: TAGESPOST vom 13.12.2017 (Rubrik „Kirche aktuell").

23 Darunter auch die bereits genannten Autoren der beiden VATERUNSER-Bücher aus dem letzten Jahrzehnt: *Jürgen Werbick*, Vater unser. Theologische Meditationen zur Einführung ins Christsein, Freiburg-Basel-Wien: Herder 2011, 177–198 und: *Hans-Martin Barth*, Das Vaterunser. Inspiration zwischen Religionen und säkularer Welt, Gütersloh: Gütersloher Verlagshaus 2016, 159–174.

24 *Thomas Söding*, Um Himmels willen. Die Debatte um die sechste Vaterunserbitte, in: *Ders. (Hg.),* Führe uns nicht in Versuchung (s. Anm. 21), 11–28, 14 f. – Vgl. auch: *Ders.*, Die Versuchung. Zum Sinn der sechsten Bitte im Vaterunser, in: COMMUNIO 47 (2018), 78–81.

Gott führt also nicht in Versuchung; er „versucht" nicht zum Bösen. Vielmehr erleben sich Menschen in Situationen gestellt, in denen sich ihr Glaube bewähren muss. Das wird besonders deutlich, darauf verweisen die Autoren immer wieder, in der Bilderzählung von der „Versuchung (*peirasmós*) Jesu in der Wüste" (Mk 1,12 f.; Mt 4,1 f. u. Lk 4,1 f.).

Magnus Striet, katholischer Fundamentaltheologe an der Universität Freiburg, machte darüber hinaus klar, dass man aber auch für eine „Erprobung" nicht *Gott* verantwortlich machen dürfe – selbst wenn die Bibel, beachtet man den jeweiligen „religionskulturellen" Hintergrund nicht, an manchen Stellen davon zu sprechen scheine[25], wie zum Beispiel in der Erzählung von der sogenannten „Erprobung Abrahams" (Gen 22).[26] „Würde Gott Menschen aktiv auf die Probe stellen … so wäre er abzulehnen", schreibt Magnus Striet; „erproben – gar zum Bösen versuchen, darf auch Gott nicht. Täte er dies, so hätte er als möglicher Gott für den Menschen ausgedient."[27]

Schon Heinz Schürmann vermerkte zur Wendung „in Versuchung führen" in seinem Lukas-Kommentar von 1994:

> „Es ist aber zu beachten, dass hier eine räumliche Vorstellung vorliegt: Der Vater wird gebeten, nicht in den Bereich der Satansmacht, an den Ort und damit in die Situation (!) der Versuchung zu führen, in der das Böse oder der Böse sich auswirken kann."[28]

Den Fachexperten erklärte er in einer Fußnote: „Die Kausativform hat permissiven Sinn, hat nicht die Ursache, sondern die Wirkung im Auge: ‚Lass nicht zu, dass wir in eine Versuchung hineingeraten' …".[29] – Interessant ist, dass neben weiteren Theologen aus unserer Zeit auch schon Bischof Ambrosius diesen Wortsinn er-

---

25 *Magnus Striet*, Versuchung und Freiheit. Von einer unvermeidlichen Not Gottes, in: Thomas Söding (Hg.), Führe uns nicht in Versuchung (s. Anm. 21), 125–138.

26 Siehe dazu: ebd. 130 f.

27 Ebd. 130 f.

28 *Heinz Schürmann*, Das Lukasevangelium. Zweiter Teil (Reihe: Herders Theologischer Kommentar zum Neuen Testament), Freiburg i. Br.: Herder 1994, 202.

29 Ebd., Fußnote 209.

kannte (siehe S. 199). Er formulierte und betete noch vor der dann verbindlich gewordenen PATERNOSTER-Fassung: „Et ne *patiaris* induci nos in tentationem“[30] – auf Deutsch: „und *erlaube nicht/dulde nicht/lass nicht zu*, dass wir in Versuchung geführt werden“.

Bei der „Erprobungs“-Situation, die hier im VATERUNSER gemeint ist, geht es allerdings nicht darum, sagten die Autoren übereinstimmend, ob ein Mensch irgendwelchen Verlockungen nachgibt oder nicht; vielmehr geht es hier – wie bereits Heinz Schürmann betont hatte (siehe S. 204) – „um das Ganze der Jüngerexistenz … um Bewahrung im Jüngerstand, um Behütung vor Glaubensabfall“[31] Es geht „um eine Anfechtung“, so Thomas Söding, „in der die Liebe zu Gott auf dem Spiel steht und zugleich der Sinn des eigenen Lebens“.[32]

Es gab freilich im Laufe der Debatte auch Wortmeldungen – aus beiden Konfessionen –, die von einem „Weichspülen des Gottesbildes“ redeten und die ganze Diskussion um eine Veränderung des bisherigen Wortlauts als „Verrat an der Bibel“ betrachteten. Darauf will ich hier nicht eingehen, dazu ist in den vierzehn Kapiteln dieses Buches alles Wesentliche gesagt.

Aber eine Frage begann mich nun immer mehr zu beschäftigen: Wie verstand eigentlich Martin Luther selbst, auf den die deutsche Übersetzung zurückgeht, die inzwischen in allen Konfessionen gebräuchliche Formulierung?

Als die Debatte gerade die breite Öffentlichkeit erreicht hatte, machte mich Traugott Vogel, ein emeritierter evangelischer Pastoraltheologe, der in unserem Nachbarort wohnt, auf eine interessante Feststellung aufmerksam: Martin Luther habe, schrieb er mir in einer Mail, das hebräische und das griechische Wort für Versuchung/Erprobung an siebzehn Stellen mit *Anfechtung* übersetzt. Obwohl er es im VATERUNSER mit „Versuchung“ wiedergab, habe er dieses Wort doch auch hier immer im Sinne einer Anfechtung – die also ihre

30 *Ambrosius*, Über die Sakramente, in: De Sacramentis / De Mysteriis, lat.-dt. (Reihe: FONTES CHRISTIANI, Bd. 3), Freiburg-Basel-Wien: Herder 1990, 167–179, 176 f.

31 Ebd. 132/133.

32 A.a.O. 16.

Ursache *im Menschen*, nicht in Gott hat – verstanden. „Weder die reformierte Zürcher Bibel noch die katholischen Übersetzungen“, schrieb er dann in einem leider bisher unveröffentlichten Artikel, „haben Anlass zu einer solchen Unterscheidung gesehen; sie gebrauchen einheitlich *Versuchung/versuchen*. Entsprechend fehlt in diesen Traditionen der Begriff der Anfechtung, jedenfalls mit dem Gewicht, das er in der lutherischen Tradition hat.“[33]

Und so las ich dann auch in Martin Luthers GROSSEM KATECHISMUS bei der Erklärung der sechsten Bitte: „Wir müssen Anfechtung (!) leiden, ja darin stecken; aber da bitten wir vor, dass wir nicht hineinfallen und darin ersaufen.“ Im KLEINEN KATECHISMUS bringt er denselben Gedanken noch deutlicher zum Ausdruck:

> „Gott versucht zwar niemand; aber wir bitten in diesem Gebet, dass uns Gott wolle behüten und erhalten, auf dass uns der Teufel, die Welt und unser Fleisch nicht betrüge und verführe in Missglauben, Verzweiflung und andere große Schande und Laster; und ob wir damit angefochten (!) würden, dass wir doch endlich gewinnen und den Sieg behalten.“

Sind evangelische Christen vielleicht besser als wir Katholiken darin geschult, bei der gebräuchlichen Formulierung dieses Verses nicht an ein Versucht-Werden *durch Gott* zu denken? Und ist das dann vielleicht auch dem Umstand zu verdanken, dass sie im Konfirmandenunterricht ihren KLEINEN KATECHISMUS „gelernt“ haben? Jedenfalls hat Martin Luther diesem Missverständnis auch mit seinem Kirchenlied „Vater unser im Himmelreich“ vorbeugen oder entgegenwirken wollen, das er 1538/39 dichtete und das bis heute in evangelischen Gottesdiensten gesungen wird (Ev. Gesangbuch, Nr. 344). Darin heißt es in der Strophe, die den sechsten Vers paraphrasiert:

33 *Traugott Vogel*, Versuchung und Anfechtung – zwei schwierige Gäste im christlichen Leben, unveröffentl. Artikel von 2018, Kap. II.

„Führ uns, Herr, in Versuchung nicht,
wenn uns der böse Geist anficht;
zur linken und zur rechten Hand
hilf uns tun starken Widerstand
im Glauben fest und wohlgerüst'
und durch des Heilgen Geistes Trost."

Das würde dann erklären, warum gerade evangelische Theologinnen und Theologen keinen Anlass für eine Veränderung der bisherigen Übersetzung sahen. Margot Käßmann, die ehemalige Ratsvorsitzende der EKD, schrieb damals in einer Kolumne für Bild am Sonntag: „Ich bin dafür, das Vaterunser zu belassen, wie es ist. […] Wir können diesem Gebet vertrauen, wie unsere Väter und Mütter im Glauben seit vielen Generationen. Und es verbindet." Sie finde aber gut, „dass darüber diskutiert wird, was uns dieses Gebet bedeutet."[34] Und der Theologe und frühere Thüringer Landesbischof Christoph Kähler, der die Revision der Lutherbibel 2017 geleitet hatte, sagte in einem Interview, diese Übersetzung sei „sprachlich richtig" und „außerdem gutes Deutsch".[35]

Aber ist sie wirklich „sprachlich richtig"? Und ist sie wirklich – wie es dann in einer offiziellen Stellungnahme der katholischen Bischofskonferenz hieß – „eng am griechischen Wortlaut des Matthäus- (6,13) und des Lukasevangeliums (11,4) gehalten"?[36]

Wie schon gesagt: auf den ersten Blick ja. Der griechische Vers (und dann auch der lateinische im Paternoster) bedeutet tatsächlich, wortwörtlich ins Deutsche übertragen: „Und führe uns nicht in Versuchung".

Doch einmal außer Acht gelassen, dass für „Versuchung" auch „Erprobung", „Prüfung" oder „Anfechtung" stehen könnte: Die griechische Wendung für „in Versuchung führen" kommt nirgends

34 Bild am Sonntag, 9.12.2017.

35 Siehe: www.meine-kirchenzeitung.de, 18.12.2017.

36 Zur aktuellen Diskussion über die Vaterunser-Bitte „Und führe uns nicht in Versuchung" – Stellungnahme der Glaubenskommission der Deutschen Bischofskonferenz, Pressemitteilung der DBK vom 25.1.2018.

sonst in der Bibel vor, weder im Neuen Testament noch in der SEPTUAGINTA, der noch vor Jesus entstandenen griechischen Übersetzung der alttestamentlichen Schriften; ja, sie kommt nach Ausweis meines sprachgeschichtlichen Wörterbuchs in der gesamten altgriechischen Literatur nicht vor.[37] Sie findet sich nur hier in diesem VATERUNSER-Vers, bei Matthäus und Lukas wie dann auch in der DIDACHÉ und in einem weiteren frühchristlichen Text, der den Vers als Zitat enthält.[38] Wir kennen zwar die *deutsche* Wendung „in Versuchung führen" noch aus anderen Bibelstellen, nämlich aus fünf Stellen in der katholischen Einheitsübersetzung – wie zum Beispiel „Jesus … wurde vom Satan in Versuchung geführt" in Mk 1,13 oder „denn da er (Jesus) … selbst in Versuchung geführt wurde" in Hebr 2,18. Aber dort wie auch an den drei weiteren Stellen (1 Thess 3,5; 1 Kor 7,5; Jak 1,13 f.) steht im *griechischen* Text immer nur das bloße Tätigkeitswort *peirázein*, das „versuchen", „erproben" oder „prüfen" bedeutet. Von „*versuchen*" ist da die Rede, nicht von „in Versuchung *führen*"; von „*versucht* werden", nicht von „in Versuchung *geführt* werden". Martin Luther selbst hat solche Stellen immer korrekt übersetzt, konkret auch an den beiden zitierten Stellen: „er (Jesus) … wurde versucht von dem Satan" (Mk 1,13) und „denn da er (Jesus) … versucht worden ist" (Hebr 2,18). – Aber was bedeutet das dann für seine Übersetzung des VATERUNSER-Verses?

Halten wir zunächst fest: Die Wendung „in Versuchung führen" kommt, außer in Mt 6 und Lk 11, nicht nur in der gesamten griechischen Bibel und der altgriechischen Literatur nicht vor. Sie kommt auch in Martin Luthers Bibelübersetzung sonst nicht vor; sie findet sich bei ihm nur im VATERUNSER. – Das war mir bisher noch nicht bewusst gewesen.

Hat dann Martin Luther also mit seiner Übersetzung „und führe uns nicht in Versuchung" gar nicht gemeint, dass Gott uns versuchen könnte?

---

37 Siehe: Griechisch-deutsches Wörterbuch zu den Schriften des Neuen Testaments und der frühchristlichen Literatur von *Walter Bauer*, 6. Aufl., Berlin/New York: Guyter 1988, Sp. 1291.

38 Siehe ebd.

Diese Frage ist klar zu beantworten: Das hat er nicht gemeint! Dass er „peirázein/versuchen“ nie mit „in Versuchung führen“ übersetzt – wie fälschlicherweise die Einheitsübersetzung – und wie er zudem den Versuchungs-Vers in den beiden Katechismen erklärt, belegt das eindeutig. Ja es ist davon auszugehen, dass es die Wendung „in Versuchung führen“ bis dahin im Deutschen noch gar nicht gab, Martin Luther sie also erst geschaffen hat: Im wissenschaftlichen Online-Archiv, das Texte aus dem deutschsprachigen Raum von 1473 bis 1927 dokumentiert, taucht diese Wendung jedenfalls erstmalig 1558 außerhalb der Werke Luthers auf, dann allerdings bereits in der Bedeutung von „versucht werden“.[39]

Und die Frage: Hat Martin Luther den griechischen Wortlaut „sprachlich richtig“ übersetzt, darf – „sprachlich“ im Sinne von rein philologisch verstanden – ganz zu Recht ebenfalls mit Ja beantwortet werden.

Aber: Ist seine Übersetzung *heute noch* „sprachlich richtig“, heute, nachdem die Wendung „in Versuchung führen“ im allgemeinen deutschen Sprachverständnis, anders als noch bei ihm selbst, die Bedeutung „zum Bösen anstiften“ bekommen hat? Könnte man, ja müsste man nicht heute – wenn man schon nicht auf den Übersetzungsvorschlag des Papstes eingehen will – eine andere, weniger irritierende Übersetzung finden, selbstverständlich wiederum „eng am griechischen Wortlaut“ orientiert? Und: Wäre nicht vielleicht eine solche andere Übersetzung auch möglich?

Dieser Frage, so musste ich feststellen, scheint in der neu aufgekommenen Debatte über den Versuchungs-Vers niemand nachgegangen zu sein. Also habe ich sie mir selbst beantwortet: Ja, eine andere Übersetzung dieses Verses wäre möglich.

Um das zu erkennen, muss man nicht einmal Theologe und Bibelexperte sein. Wer sich in den alten Sprachen etwas auskennt (das

---

39 Deutsches Textarchiv (1473–1927), in: Digitales Wörterbuch der deutschen Sprache (DWDS), siehe: https://www.dwds.de/r?corpus=dta;q=in%20Versuchung%20f%C3%BChren – dort belegt im „Haußbuoch“ des Zürcher protestantischen Theologen Heinrich Bullinger: „dass wir nit in versuochung gefürt werdind“.

sind freilich die wenigsten unter den VATERUNSER-Betern), der weiß, dass „in“ mit dem Akkusativ (4. Fall) – und genauso „eis“ mit dem Akkusativ – eine Richtung angibt: „eis“ im Griechischen wie auch „in“ im Lateinischen meinen dann so viel wie „hinein in …“ oder „hin zu …“. Im Falle des Versuchungs-Verses steht das „eis“ bzw. „in“ sogar doppelt vor dem Akkusativ „peirasmón“ bzw. „tentationem“: als Vorsilbe zum Tätigkeitswort „führen“ (*eis*enégkäs bzw. *in*ducas) und als selbstständiges Verhältniswort (*eis* bzw. *in*). Ganz wörtlich wiedergegeben bedeuten also „kai mä eisenégkäs hämás eis peirasmón“ bzw. „et ne nos inducas in tentationem“ auf Deutsch: „und nicht hineinführe uns *hinein in* Versuchung“ oder auch: „und nicht hinführe uns *hin zur* Versuchung“.

Andere, „eng am griechischen Wortlaut“ orientierte Übersetzungen wären demnach durchaus möglich! Sie könnten lauten: *Und führe uns nicht zur Versuchung*, oder auch: *Und führe uns nicht in Versuchung hinein.*

Zugegeben, „gutes Deutsch“ wären diese Übersetzungen nicht. Aber sie würden zumindest besser zum Ausdruck bringen, was mit dem Vers gemeint ist, besser jedenfalls als die heute missverständliche Übersetzung „und führe uns nicht in Versuchung“. Und sie würden vor allem *nicht* zum Ausdruck bringen, was auf keinen Fall gemeint ist: dass Gott uns zum Bösen anstiften will, sodass wir ihn darum bitten müssten, es nicht zu tun. Freilich, die Wendung „führe uns“ in diesen beiden Formulierungen würde wohl immer noch an das gewohnte „führe uns nicht in Versuchung“ denken lassen.

Den Vers tatsächlich so abzuändern, wäre also auch keine Lösung. Aber wir könnten nach einer Formulierung suchen, die diesen anderen Übersetzungsmöglichkeiten *dem Sinn nach* im heutigen Deutsch entspricht. Und da wüsste ich keine treffendere als die, die Papst Franziskus vorgeschlagen hat und die im spanischen Sprachraum längst üblich ist. Sie bringt genau das hier Gemeinte herüber und ist zugleich völlig korrekt, weil der Aussagesinn in der Zielsprache dem Aussagesinn in der Quellsprache ganz und gar entspricht: *Und lass uns nicht in Versuchung geraten.*

Auch Papst Franziskus selbst ist sich der Schwierigkeit, eine in jeglicher Hinsicht zufriedenstellende Übersetzung zu finden, bewusst. In der Katechese, die er während seiner Generalaudienzen im Advent 2017 über das VATERUNSER hielt, sagte er:

> „Wir […] kommen nunmehr zur vorletzten Bitte: ‚Führe uns nicht in Versuchung' (Mt 6,13). Eine andere Version lautet: ‚Lass uns nicht in Versuchung geraten.' […] Bekanntlich kann der in den Evangelien enthaltene griechische Urtext nur schwer ganz genau wiedergegeben werden, und alle modernen Übersetzungen hinken etwas. Einem Element können wir jedoch einmütig zustimmen: Wie auch immer man den Text versteht, wir müssen ausschließen, dass Gott der Urheber der Versuchungen ist, die auf dem Weg des Menschen auftauchen – so als läge Gott auf der Lauer, um seinen Kindern Hinterhalte und Fallen zu stellen. Eine solche Haltung steht vor allem im Widerspruch zum Text selbst, und sie steht dem Bild von Gott fern, das Jesus uns offenbart hat. Wir dürfen nicht vergessen: Das ‚Vaterunser' beginnt mit ‚Vater'. Und ein Vater stellt seinen Kindern keine Fallen. Die Christen haben es nicht mit einem neidischen Gott zu tun, der im Wettstreit mit dem Menschen steht oder der Spaß daran hat, ihn auf die Probe zu stellen. Das sind die Bilder vieler heidnischer Gottheiten …"[40]

Meinem evangelischen Nachbarn, dem ich weit mehr als nur ein paar Informationen über Martin Luthers VATERUNSER-Verständnis verdanke, schrieb ich damals in einer Mail:

> „Dass die katholischen Bischöfe sich gegen eine Änderung entschieden haben, begründen sie nicht zuletzt

40 *Papst Franziskus*, Lasst uns beten, wie es der Herr uns gelehrt hat … Meditationen zum Vaterunser, Leipzig: Benno 2019, 93 f. – Vgl. auch: *Ders.*, Vater unser. Das Gebet Jesu neu gelesen, München: Kösel 2018, 95 f.

mit der Rücksicht auf die Ökumene (so Kardinal Marx im Namen der Dt. Bischofskonferenz). Eine Änderung allein in der katholischen Kirche würde schlimme Folgen für die Ökumene haben, und deshalb stimme auch ich dieser Entscheidung voll und ganz zu.

Die protestantischen Kirchen tun sich freilich mit einer Änderung, denke ich, schon deshalb schwer und verteidigen die gebräuchliche Übersetzung, weil sie nun mal auf Martin Luther zurückgeht. Auch dafür habe ich volles Verständnis, wenn ich auch der Meinung bin, dass es gerade im Sinne Luthers wäre, ‚den Leuten aufs Maul zu schauen' und seine Übersetzung heute so zu ‚revidieren', dass sie bei den Menschen unserer Zeit angemessen rüberkommt.

Ich erhoffe mir, dass die jetzige Diskussion auf beiden Seiten (katholisch wie evangelisch) nicht zu den Akten gelegt wird und, nachdem sie mehr theologische Klarheit gebracht hat, zur gemeinsamen Suche nach einer besseren Formulierung führt."

Inzwischen sind fast drei Jahre verstrichen. In der Theologie und in den Kirchenleitungen ist der Versuchungs-Vers kein Thema mehr.

Aber unter den Christen haben viele eine bessere Formulierung gefunden. Sie warten nicht mehr auf eine Anweisung, was und wie sie zu beten haben. Sie beten zum Beispiel „und führe uns *in* der Versuchung" oder „und führe uns *durch* die Versuchung" – zumindest denken sie sich den Vers im Stillen so, wenn sie das VATERUNSER gemeinsam mit anderen sprechen, auch im Gottesdienst. Gewiss, diese Formulierungen treffen nicht ganz den in der Bibel gemeinten Sinn, denn sie lassen vielleicht zuerst an alle möglichen „Versuchungen" denken, nicht an die eigentliche und schwerwiegendste „Versuchung", die Jesus hier vor Augen steht: *den Rückfall in ein Leben ohne Gott* (siehe Kapitel 12), oder wie Papst Franziskus sagt: in ein Leben mit einem „heidnischen Gott". Und dennoch:

Diese Formulierungen sind allemal besser als der heute gebräuchliche Wortlaut.

Für mich selbst habe ich inzwischen eine Formulierung gefunden, die ich dem oben genannten Artikel von Magnus Striet verdanke. Es sei letztlich, so schrieb er im erwähnten Artikel, das „Sich-Verschweigen-Gottes“[41], seine grundsätzliche und ihm wesenseigene *Verborgenheit*, die dem Menschen zur Erprobung werden kann – ja sogar zur Versuchung, sich vom Glauben an ihn und vom Glauben an seine Liebe abzuwenden. Als ich das las, kam mir als mögliche Formulierung in den Sinn: *Und werde uns nicht zur Versuchung.* – Ich musste dabei an Johannes vom Kreuz denken, aus dessen Beschreibung der „dunklen Nacht“ ich gelernt habe, dass erst dann, wenn der Mensch Gott *die Verborgenheit zugesteht* – ihm zugesteht, dass er ist, wie er ist – eine echte und ehrliche Liebe zu ihm wach werden kann.[42]

Seitdem bete ich den Vers manchmal so. Manchmal. Im Herzen, in der Stille: *„Und werde uns nicht zur Versuchung, Abba, du!“*

Ein Gebet zum Beten

Das VATERUNSER ist zum Beten da. Nicht zum Darüber-Nachdenken allein. Wer über die Worte dieses Gebets nur nachdenkt, und sei es auf höchst anspruchsvollem wissenschaftlichem Niveau, dem wird es sich nicht erschließen. Und wer es nur „betet“, ohne nach dem Sinn der Worte, die er da spricht, zu fragen, dem bleibt der Reichtum und die Tiefe der *Gebets- und Lebensschule* verschlossen, in die Jesus mit diesem Gebet führen will.

Das VATERUNSER ist zum betenden Nachdenken und zum nachdenkenden Beten da. Das ist auch meine persönliche Erfahrung – zwei Jahrzehnte, nachdem ich dieses Buch geschrieben habe, immer noch.

41 A.a.O. 127.

42 Siehe vor allem: Die Dunkle Nacht I, 14.

Ja, das VATERUNSER „verbindet". Aber nicht nur miteinander. Nicht nur über die Konfessionen und nicht nur über die Generationen hinweg. Es verbindet uns – wird es *gebetet*, nicht nur gesprochen – zuallererst *mit dem, der es vorgedacht und vorgebetet hat*. Und es verbindet uns mit seinem und unserem Gott, den er am Beginn seines „zurechtgebeteten" Kaddisch mit „Abba" anspricht. Erst verbunden mit ihm sind wir verbunden als Schwestern und Brüder, ja *weltumspannend* verbunden mit allen seinen Menschen.

Literatur zum Vaterunser

(Weitere in diesem Buch zitierte Literatur siehe in den Anmerkungen.)

1. Bibelwissenschaftliche Kommentare und Studien (Auswahl)

Bovon, François, Das Evangelium nach Lukas. 2. Teilband (Evangelisch-Katholischer Kommentar zum NT), Zürich-Düsseldorf: Benziger 1996.

Ernst, Josef, Das Evangelium nach Lukas (Regensburger NT), Regensburg: Pustet, 6., überarb. Aufl. 1993.

Frankemölle, Hubert, Matthäus-Kommentar, Bd. 1, Düsseldorf: Patmos 1994.

Gnilka, Joachim, Das Matthäusevangelium. Erster Teil (Herders Theologischer Kommentar zum NT), Freiburg-Basel-Wien: Herder 1986 (Sonderausgabe 2000).

Grundmann, Walter, Das Evangelium nach Matthäus (Theologischer Handkommentar zum NT), Berlin: Evang. Verlagsanstalt, 5. Aufl. 1981.

ders., Das Evangelium nach Lukas (Theologischer Handkommentar zum NT), Berlin: Evang. Verlagsanstalt, 9. Aufl. 1981.

Jeremias, Joachim, Das Vater-Unser im Lichte der neueren Forschung, Stuttgart: Calwer, 2. Aufl. 1963.

ders., Abba. Studien zur neutestamentlichen Theologie und Zeitgeschichte, Göttingen: Vandenhoeck & Ruprecht 1966.

ders., Neutestamentliche Theologie. Erster Teil: Die Verkündigung Jesu, Gütersloh: Gerd Mohn, 2. Aufl. 1971; darin besonders: Die Gottesanrede Abba (67–73) u. Das neue Beten (180–196).

Limbeck, Meinrad, Matthäus-Evangelium (Stuttgarter Kleiner Kommentar – NT), Stuttgart: Kath. Bibelwerk, 5. Aufl. 1998.

Lohfink, Norbert, Das Vaterunser, intertextuell gebetet, in: Georg Braulik u. Norbert Lohfink, Liturgie und Bibel, Frankfurt/M.: Lang 2005, 343–365.

Lohmeyer, Ernst, Das Vater-Unser, Göttingen: Vandenhoeck & Ruprecht 1952.
Luz, Ulrich, Das Evangelium nach Matthäus. 1. Teilband (Evangelisch-Katholischer Kommentar zum NT), Zürich: Benziger, 3., durchgesehene Aufl. 1992.
Philonenko, Marc, Das Vaterunser. Vom Gebet Jesu zum Gebet der Jünger (aus dem Französischen übers. v. Catherine u. Karsten Lehmkühler; mit einem Geleitwort v. Martin Hengel), Tübingen: UTB 2002.
Schnackenburg, Rudolf, Alles kann, wer glaubt. Bergpredigt und Vaterunser in der Absicht Jesu, Freiburg i. Br.: Herder 1984 (Neuausgabe 1992).
Schürmann, Heinz, Das Gebet des Herrn als Schlüssel zum Verstehen Jesu, Leipzig: Benno, 7. (letzte), überarb. Aufl. 1990.
ders., Das Lukasevangelium. Zweiter Teil (Herders Theologischer Kommentar zum NT), Freiburg-Basel-Wien: Herder 1994 (Sonderausgabe 2000).
Sand, Alexander, Das Evangelium nach Matthäus (Regensburger NT), Regensburg: Pustet 1986 (Leipzig: Benno 1989).
Schweizer, Eduard, Die Bergpredigt, Göttingen: Vandenhoeck & Ruprecht, 2. Aufl. 1984.
ders., Das Evangelium nach Matthäus, Göttingen: Vandenhoeck & Ruprecht 1973.
Weder, Hans, Die „Rede der Reden“. Eine Auslegung der Bergpredigt heute, Zürich: Theol. Verlag, 3. Aufl. 1994, 174 f.
Wiefel, Wolfgang, Das Evangelium nach Matthäus (Theologischer Handkommentar zum NT), Berlin: Evang. Verlagsanstalt 1998.

2. Aus der Geschichte der Vaterunser-Auslegung

a) Vätertheologen (2.–5. Jh.)

Ambrosius, Über die Sakramente (4,18–30), in: De Sacramentis / De Mysteriis, lat.-dt. (Reihe: Fontes Christiani, Bd. 3), Freiburg-Basel-Wien: Herder 1990, 167–179.

Aurelius Augustinus, Enchiridion (Handbüchlein für Laurentius), Kap. 30, in: Bibliothek der Kirchenväter, Bd. 49, München 1925, 495–497.
ders., Brief an Proba XI/XII, in: Bibliothek der Kirchenväter, Bd. 30, München 1917, 27–30.
Cyprian, Über das Gebet des Herrn, in: Bibliothek der Kirchenväter, Bd. 34, München 1918, 161–197.
Cyrill von Jerusalem, Mystagogische Katechesen V 11–18 (Reihe: FONTES CHRISTIANI, Bd. 7), Freiburg-Basel-Wien: Herder 1992.
Gregor von Nyssa, Das Gebet des Herrn, in: Bibliothek der Kirchenväter, Bd. 56, München 1927, 89–152.
Origenes, Über das Vaterunser, in: Bibliothek der Kirchenväter, Bd. 48, München 1926, 64–137.
Tertullian, Über das Gebet II–IX, in: Bibliothek der Kirchenväter, Bd. 7, München 1912, 247–273.

b) Hochmittelalter (13.–15. Jh.)

Franz von Assisi, Die Auslegung zum Gebet des Herrn, in: *Emmanuel Jungclaussen*, Beten mit Franz von Assisi, Freiburg-Basel-Wien: Herder, 7. Aufl. 1996, 79–82.
Cusanus, Nikolaus, Die Auslegung des Vaterunsers in vier Predigten, in: Cusanus-Texte I/6, hg. u. untersucht v. *Josef Koch u. Hans Teske*, Heidelberg: Carl Winter 1940.
Meister Eckhart, Tractatus super Oratione Dominica, in: Die deutschen und lateinischen Werke II/5, hg. v. *Erich Seeberg*, Stuttgart: Kohlhammer 1936, 101–129.
Thomas von Aquin, Über die sieben Bitten des Herrengebetes (S. th. II–II 83,9); lat.-dt. in: *ders.*, Religion – Opfer – Gebet – Gelübde, hg. v. *Arthur F. Utz*, Paderborn: Bonifazius 1998.

c) Neuzeit (16.– Mitte 20. Jh.)

Dibelius, Otto, Das Vaterunser. Umrisse zu einer Geschichte des Gebets in der alten und mittleren Kirche, Giessen: Ricker'sche Verlagsbuchhdlg. 1903.

Luther, Martin, Amen. Das Weitere findet sich. Gelebtes Vaterunser, ausgew. u. eingel. v. Hans-Martin Barth, Freiburg i. Br.: Herder 1989.
ders., Auslegung deutsch des Vater unser für die einfältigen Laien, München: Kaiser 1929 (WA: II 74–130).
ders., Der Große Katechismus, Gütersloh: Gütersloher Verlagshaus, 2. Aufl. 1998, darin: Das dritte Hauptstück / Das Vaterunser, 100–124.
ders., Martin Luthers Kleiner Katechismus. Mit Erklärung, Neuhausen-Stuttgart: Hännsler, 24. Aufl. 1998, darin: Das dritte Hauptstück / Das Vaterunser oder das Gebet des Herrn, 166–195.
Schneider, Reinhold, Das Vaterunser, Kolmar i. Els.: Alsatia 1941.
Stolz, Alban, Das Vaterunser (Kalender für Zeit und Ewigkeit 1845/1846), Erster Teil: Freiburg i. Br.: Herder, 29. Aufl. 1922; Zweiter Teil: Freiburg i. Br.: Herder, 28. Aufl. 1922.
Teresa von Ávila, Weg der Vollkommenheit, Gesammelte Werke, Bd. 2, hg., übers. u. eingel. v. Ulrich Dobhan OCD u. Elisabeth Peeters OCD, Freiburg i. Br.: Herder 2002.
dies., Das Vaterunser meditieren. In der Gebetsschule Jesu (Kap. 19–42 aus: Weg der Vollkommenheit), übers. u. hg. v. Reinhard Körner, Leipzig: Benno, 5. Aufl. 2001.

3. Theologische Studien, meditative Auslegungen (Auswahl)

Bader, Wolfgang (Hg.), Vater unser. Stimmen und Variationen zum Gebet des Herrn, München-Zürich-Wien: Neue Stadt 1999.
Barth, Karl, Das Vaterunser nach den Katechismen der Reformation, Zürich: EVZ 1965.
Barth, Hans-Martin, Das Vaterunser. Inspiration zwischen Religionen und säkularer Welt, Gütersloh: Gütersloher Verlagshaus 2016.
Becker, Karl u. Peter, Maria (Hg.), Das Heilige Vaterunser. Ein Werkbuch, Freiburg i. Br.: Herder 1951.

Benedikt XVI., Das Gebet des Herrn, in: Jesus von Nazareth. Erster Teil, Freiburg i. Br. 2007, 161–203.

Biser, Eugen, Glaubensbekenntnis und Vaterunser. Eine Neuauslegung, Düsseldorf: Patmos 1993.

Boff, Leonardo, Vater unser. Das Gebet umfassender Befreiung, Düsseldorf: Patmos, 4. Aufl. 1986.

Burchartz, Alfred, Jesus lehrt beten. Das „jüdische" Vaterunser, Neukirchen-Vluyn: Aussaat 2000.

Delp, Alfred, Vater unser, in: Der Herrgott, hg. v. Roman Bleistein, Frankfurt a. M.: Josef Knecht 1985, 77–93.

Dirks, Walter, Unser Vater und das Vaterunser, München: Kösel 1972.

Dorneich, Monica (Hg.), Vaterunser-Bibliographie (Jubiläumsausgabe der Stiftung ORATIO DOMINICA), Freiburg i. Br.: Herder 1982.

Drewermann, Eugen, Das Vaterunser, München: Kösel 1993.

Ebeling, Gerhard, Vom Gebet. Predigten über das Unser-Vater, Tübingen: Siebeck 1963.

Evely, Louis, Manifest der Liebe. Das Vaterunser, Freiburg 1958.

Finke, Eberhard, Gesang gegen die herrschende Meinung. Das Vaterunser – ein Fingerreim, Stuttgart: Radius 2000.

Finze-Michaelsen, Holger, Vater unser – unser Vater. Entdeckungen im Gebet Jesu, Göttingen: Vandenhoeck & Ruprecht 2004.

Franziskus (Papst), Lasst uns beten, wie es der Herr uns gelehrt hat … Meditationen zum Vaterunser, Leipzig: Benno 2019.

ders., Vater unser. Das Gebet Jesu neu gelesen, München: Kösel 2018.

Gruber, Elmar, Im Himmel auf Erden. Betrachtungen zum Vaterunser, München: Don Bosco 2000.

Guardini, Romano, Das Gebet des Herrn, Mainz: Matthias Grünewald, 8. Aufl. 2000.

ders., Gebet und Wahrheit. Meditationen über das Vaterunser, Mainz: Matthias Grünewald, 3. Aufl. 1998.

Hahn, Scott, Das Vaterunser, Augsburg: Sankt Ulrich 2007.

Häring, Bernhard, Vater unser. Lobpreis, Bittgebet und Lebensprogramm, Freiburg/Schweiz-Konstanz: Kanisius, 2. Aufl. 1997.

Heer, Josef (Hg.), Vater unser im Himmel. Anregungen für das Bibelgespräch zum Gebet des Herrn, Stuttgart: Kath. Bibelwerk 1990.

Imbach, Josef, Das Gebet Jesu und das Bekenntnis der Kirche. Betrachtungen zu zwei urkirchlichen Zeugnissen, Freiburg/Schweiz: Kanisius 1999.

Lang, Bernhard, Das Vaterunser: Ursprung und Wandel eines politischen Gebets, in: *ders.,* Heiliges Spiel. Eine Geschichte des christlichen Gottesdienstes, München: Beck 1998, 91–119.

Lorenz, Erika, Das Vaterunser der Teresa von Ávila. Anleitung zur Kontemplation, Freiburg-Basel-Wien: Herder 1987.

Lotz, Johannes B., Wenn ihr heute Vater unser betet. Meditationen, Freiburg-Basel-Wien 1978.

ders., Der siebenfache Weg. Das Herrengebet von seinem Ende her, Frankfurt/M. 1980.

Luciani, Albino (Johannes Paul I.), Vaterunser. Gedanken zum Gebet des Herrn, Graz: Styria 1995.

Nordhofen, Eckhard, Die Versuchung des himmlischen Brotes. Zur inneren Logik des Vaterunsers, in: Thomas Söding (Hg.), Führe uns nicht in Versuchung. Das Vaterunser in der Diskussion (Reihe: Theologie kontrovers), Freiburg i. Br. 2018, 63–75.

ders., Corpora. Die anarchische Kraft des Monotheismus, Freiburg i. Br. 2018 (bes. 229–263: Die vierte Bitte: Das Gottesmedium).

Peters, Albrecht, Kommentar zu Luthers Katechismen, Bd. 3: Das Vaterunser, Göttingen: Vandenhoeck & Ruprecht 1992.

Söding, Thomas (Hg.), Führe uns nicht in Versuchung. Das Vaterunser in der Diskussion (Reihe: Theologie kontrovers), Freiburg i. Br.: Herder 2018.

Stutz, Pierre / Enderli, Lisianne, Tastend unterwegs. Gottesbilder im Mutterunser-Vaterunser, Luzern-Stuttgart: Rex, 2. Aufl. 1992.

Thielicke, Helmut, Das Gebet, das die Welt umspannt. Reden über das Vaterunser, Gießen: Brunnen 2000 (Neuausgabe).

Urbanek, Ferdinand, Das alte Vaterunser in neuer Textform für den kritischen Beter heute. Ein hermeneutisch-rhetorischer Versuch, Hamburg: Verlag Dr. Kovac 2000.

Venetz, Hermann-Josef, Das Vaterunser. Gebet einer bedrängten Schöpfung, Fribourg: Exodus, 2. Aufl. 1990.

Werbick, *Jürgen*, Vater unser. Theologische Meditationen zur Einführung ins Christsein, Freiburg-Basel-Wien: Herder 2011.

Zink, Jörg, Das Vaterunser. Das Gebet, in dem alles gesagt ist, Stuttgart: Kreuz 2005.

Personenregister

Weitere Bücher von Reinhard Körner
im St. Benno Verlag

5. Auflage

Reinhard Körner
Credo
Mein christliches Glaubensbekenntnis
96 Seiten, 11,5 × 16 cm, gebunden,
durchgehend zweifarbig gestaltet
ISBN 978-3-7462-5749-5

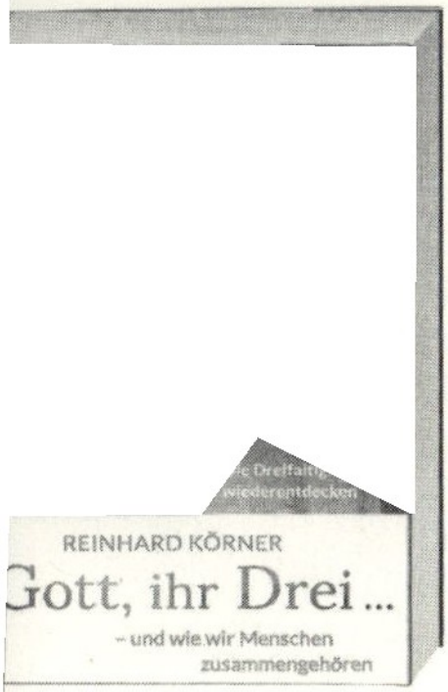

2. Auflage

Reinhard Körner
Gott, ihr Drei …
– und wie wir Menschen zusammengehören
80 Seiten, 10,5 × 16,5 cm, Klappenbroschur
ISBN 978-3-7462-5796-9

Reinhard Körner
Zu dir gesagt, Jesus
128 Seiten, 11,5 × 16 cm, Flexcover,
durchgehend zweifarbig, mit Schmuckfarbe
ISBN 978-3-7462-5201-8

6. Auflage

Reinhard Körner
Warum ich an das ewige Leben glaube
Ein persönliches Bekenntnis zur christlichen Hoffnung
160 Seiten, 11 × 19 cm, gebunden
ISBN 978-3-7462-5115-8

Reinhard Körner
Was mich bewegt
Unsere Chance in einer schweren Zeit
80 Seiten, 12,5 × 19,5 cm, gebunden, durchgehend zweifarbig gestaltet
ISBN 978-3-7462-5907-9

Reinhard Körner
Wie Jesus zur Welt kam
Ein Weihnachtsbuch für Kleinbauern und solche, die es werden wollen
ca. 64 Seiten, 12,5 × 19,5 cm, gebunden
ISBN 978-3-7462-5974-1